21世纪高职高专精品系列规划教材·国际商务专

# 国际支付与结算

## GUOJIZHIFU YU JIESUAN

高倩倩　顾永才●主　编
王斌义　郑建军●副主编

首都经济贸易大学出版社
·北京·

# 前　言

　　国际支付与结算是国际贸易、国际金融类专业的一门专业必修课,主要内容包括国际结算过程中所涉及的结算制度、结算工具、结算方式与结算单据等方面的基本知识、基本理论和基本技能。本书就是为高职高专和应用型本科国际支付与结算课程所编写的教材。

　　在本教材的编写过程中,我们突出教材的先进性,紧扣本专业课程教学大纲的要求,贯彻"工学结合"、"管用、够用、实用"的教学指导思想,充分吸取高职高专在探索培养应用型人才方面取得的成功经验和教学成果确定课程内容。全书分7章:第一章,国际结算概述;第二章,国际结算中的票据;第三章,以商业信用为基础的结算方式——汇款、托收;第四章,以银行信用为基础的国际结算方式——信用证;第五章,以银行信用为基础的其他国际结算方式;第六章,支付方式的选择与综合运用;第七章,国际结算中的单据。

　　为方便学生学习,我们在每章开篇设有学习目标,在介绍基本理论知识的同时,还运用图表、案例、例题及知识链接、注释等形式进行说明。并且,针对高职高专和应用型本科教学的实践性特点,在每章列出了针对各章重点内容的个案分析与操作演练、复习思考题,并对个案分析与操作演练提供参考答案。为了方便教师教学,我们编写了配套的PPT,有需要的教师可与首都经济贸易大学出版社联系。

　　国际支付与结算课程有着较强的实践性、应用性,结合本课程的性质和特点,本课程的教学方法应主要包括两个方面,即系统讲授课程知识和引导学生开展实践演练,有条件的教学单位还可以安排学生进行模拟实验。学生通过本课程的学习和模拟实训,要达到如下目标:熟练掌握汇票、本票、支票等信用工具,通过比较,了解各种信用工具在国际结算过程中的使用方式和各当事人的关系;熟练掌握汇款、托收和信用证等国际结算方式,通过对比,了解各种结算方式的特点和各当事人的职责;熟练掌

1

握发票、货物运输单据和保险单等商业单据,了解各种商业单据的缮制和使用方法;了解国际商会制定的一系列国际结算方面的国际惯例,学会解决金融和贸易结算领域中的实际问题;掌握国际结算的业务流程与操作规程,学会在实际工作中加以运用。

由于本书所述知识的实用性与操作性,除可作为高校教材外,也可作为贸易、金融人员的培训用书,同时也适合国际贸易、国际金融人员在工作实践中学习与参考。

本书由厦门大学、对外经济贸易大学、厦门理工学院、浙江工业大学、湖北财税职业学院、湖北经济高等专科学校等高校的教授、副教授联合编写,由高倩倩、顾永才任主编,王斌义、郑建军任副主编。参加编写与资料收集工作的还有陈幼端、李冬青、胡远华、陈加强、徐凯、苏倩倩、徐培中、段环秀、马周琴等。在写作过程中,我们参考了许多著述和资料,特向这些作者表示由衷的感谢。由于我们的水平有限,书中如有不当与遗漏之处,敬请读者批评指正。

编　者

2010 年 9 月

# 目　录

# 第一章　国际结算概述

## 学习目标

通过本章的学习,要求学生:

● 理解国际结算、国际贸易结算、非贸易结算的定义;

● 了解国际结算的发展过程及发展的特点;

● 掌握国际结算业务的基础;

● 了解国际结算中依据的法律和国际惯例。

国际结算是以国际金融、国际贸易和商业银行学为基础形成的交叉学科,主要研究国际债权债务的清偿所使用的信用工具(结算工具)、结算方式和结算单据。本章对国际结算的基本概念、分类、业务基础及国际结算适用的惯例与规则予以概括性陈述。

## 第一节　国际结算及其发展特点

国际结算作为以货币表示的债权债务的清偿行为,主要研究对象是国际贸易结算。国际结算的产生和发展与国际贸易的产生和发展有着密切的关系,它是随着国际贸易的发展而逐渐产生和发展起来的。当今国际结算的发展表现出了一些新的特点,如国际结算与贸易融资更加紧密地结合;清算系统网络化;结算单据标准化、电子化(无纸化);等等。

### 一、国际结算的含义与分类

国际上因经济、政治、军事及文化交流等原因,产生了不同国家政府间、企业间或个人间的债权债务关系,这些债权债务关系可以通过货币收付、易货(又称为对销贸易、对等贸易、反向贸易、无汇贸易等)、黄金清偿等手段进行清偿,但后二者在国际债权债务清偿中所占的比例很小。国际债权债务的清偿主要通过货币收付手段来实现。用货币的收付结清国际债权债务关系的行为,就是国际结算,有时也被称为国际支付。

## （一）国际结算的概念

当前,国际结算已从早期的现金结算①发展到非现金结算,从买卖方直接结算发展到以银行为中介的间接转账结算,从凭货付款发展到凭单付款。因此,现代国际结算(International Settlement)是指通过银行办理两国间的货币收付以清偿国际债权、债务的业务活动,是以票据为基础、以单据为条件、以银行为中枢、结算与融资相结合的非现金结算体系,属于银行的一项中间业务。

简单地说,国际结算即通过银行进行的跨国货币收付。这个概念有三个要点:通过银行,两国间,货币收付。

**知识链接**

### 产生国际结算的原因

（1）国际贸易;
（2）因提供劳务而产生的结算;
（3）对外投资和借贷资金的转移;
（4）政府间的资金收付;
（5）其他:如国际旅游所支付的款项、国外亲友赠款、出国留学所支付的学费、继承遗产以及股票红利的汇回等。

国际结算与国内结算的区别见表1-1。

表1-1　国际结算与国内结算的区别

| 项　目 | 国际结算 | 国内结算 |
|---|---|---|
| 活动范围 | 跨越国界 | 一国(地区)国(地区)内 |
| 使用货币 | 双方货币不同,需要兑换 | 双方使用同种货币 |
| 结算制度 | 多种类型,如双边结算制度、多边结算制度等 | 单一制度 |
| 法律规范 | 国际惯例或事先商定的某方法律或第三国法律 | 同一法律 |
| 结算方式 | 托收、汇款、信用证等 | 按国内结算管理办法规定 |

## （二）国际结算的分类

产生国际债权债务关系的原因可归结为贸易原因和非贸易原因。国际结算根

① 现金结算在国际贸易发展初期占统治地位,现逐渐被淘汰。现金结算存在着很多弊端,如点钱费时费力、运输成本高、风险大等。所以,随着国际贸易的发展,非现金结算逐渐取代了现金结算。非现金结算是指使用代替现金流通手段的各种支付工具(例如票据),通过银行间的划账冲抵来结算国际债权债务关系。

据引起国际货币收付的起因不同,分为国际贸易结算和国际非贸易结算。

1. 国际贸易结算

国际贸易结算(Settlement of International Trade)是指国与国之间办理货币的收支、调拨,以结清位于不同国家的当事人因为经济贸易活动而发生的债权债务行为。

国际贸易结算以商品贸易结算为主,包括贸易从属费用的结算。贸易从属费用是指在进出口交易中必然产生的运费、保险费、银行服务费等劳务费用,由于这些费用与商品贸易密切相关且必不可少,因此也列入国际贸易结算的业务范围。

2. 国际非贸易结算

国际非贸易结算(Non-trade Settlement)是与国际贸易结算相对而言的。它是由于位于不同国家的当事人因资本的移动、利润的汇回以及侨民的汇款、捐赠、援助等活动而发生的国际借贷和货币转移的结算。

本书主要阐述的是国际贸易结算而不是国际非贸易结算。

## 二、国际结算的发展历史和发展特点

国际结算的产生和发展与国际贸易的产生和发展有着密切的关系,它是随着国际贸易的发展而逐渐产生和发展起来的。前已述及,国际结算已从早期的现金结算发展到非现金结算,从买卖方直接结算发展到以银行为中介的间接转账结算,从凭货付款发展到凭单付款。

早期的国际结算主要以金银铸币作为结算手段,买方直接支付金银货币给卖方,以清偿债务。当交易量较大、交易活动频繁、交易距离遥远时,现金结算越来越难以满足国际贸易进一步发展的需要。15 世纪末 16 世纪初,随着资本主义的发展、地理上的大发现以及海外殖民地的开拓,逐步形成了区域性的国际商品市场。为适应贸易发展的需要,出现了以商业票据结算债权债务的方式。16~17 世纪,票据在欧洲大陆被广泛使用,国际结算已从现金结算进入票据结算时期。18 世纪 60 年代,在最主要的资本主义国家相继完成产业革命的同时,银行业由高利贷性质的封建银行转变为担任信用和支付中介的资本主义银行,银行信用迅速加入国际结算中来,尤其是 19 世纪末 20 世纪初之后,商人之间的直接结算变为银行之间的转账结算,国际结算方式逐步由凭货付款转变为凭单付款。凭单付款方式的出现,使银行可凭借抵押的单据向出口商融资,逐步形成了贸易结算与融资相结合、以银行为中枢的国际结算体系。

目前,随着信息技术的发展,国际结算正朝着电子化、无纸化、标准化和一体化的趋势发展,具体体现出以下特点。

## (一)国际结算与贸易融资的结合更加紧密

国际贸易融资(Finance of Foreign Trade),又称国际结算融资,是指围绕国际贸易结算的各个环节而发生的资金和信用融通活动。这项业务不仅可以使银行获得利息收益,而且可以改善银行的资产质量,所以现代国际结算越来越突出了与贸易融资紧密结合的特点。不论是出口商还是进口商,只要符合规定的条件,即可从往来的结算银行处获得短期或长期的资金融通,这既可以提高贸易的成交率,又能增强商品在市场上的竞争力,而银行亦会从中受益。在此,银行与客户的利益是一致的。为适应市场的快速变化,满足客户的要求,银行在开展融资业务时,不断推出方便、快捷的手段。例如,在传统的押汇、贴现等业务中,银行普遍使用授信额度的做法,围绕贸易结算环节提供多方面的融资。客户在与银行签订授信额度协议后,可以较灵活地使用各种资金,从而大大方便了贸易,促进了贸易的发展,银行同时也拓展了业务,增加了收益。

## (二)清算系统网络化

信息技术的发展加速了资金与单证的流转过程,国际结算业务可以通过计算机网络系统来快速完成资金调拨。目前,可通过 SWIFT、CHIPS、CHAPS 以及欧洲跨国清算系统等办理国际结算中的资金调拨。

### 1. SWIFT

SWIFT(Society for Worldwide Interbank Financial Telecommunication)是环球银行间金融电信协会的英文缩写。SWIFT 是一个国际银行同业间非盈利性的国际合作组织,其目的是利用其高度尖端的通讯系统在会员间传递信息、账单和同业间的头寸划拨。该组织的总部设在比利时的布鲁塞尔,成立于 1973 年 5 月,由北美和西欧 15 个国家的 239 家银行发起。SWIFT 在荷兰和美国设有运行中心,在各会员国分别设有地区处理站。SWIFT 成立以来,其成员银行数逐年增加,目前该网络已扩展到全球 206 个国家和地区的 8 000 多家金融机构。我国中国银行于 1983 年加入该系统,之后我国国内各银行也先后加入该系统。

SWIFT 自投入运行以来,以其高效、可靠、低廉和完善的服务,对促进国际贸易的发展,加速全球范围内的货币流通和国际金融清算,促进国际金融业务的现代化和规范化发挥了积极的作用。SWIFT 电文标准格式已经成为国际银行间数据交换的标准语言,用于区分各家银行的代码就是"SWIFT Code"。

### 2. CHIPS

CHIPS(Clearing House Interbank Payment System)是美国银行自动收付系统的

简称,创建于1970年4月,是纽约银行间电子支付系统,同时也是最重要的美元支付系统,由纽约的美国银行以及设在纽约的外国银行组成。每天世界各地的美元清算最后都要直接地在这一系统中处理。

CHIPS 中的清算银行(Clearing Bankers)在美国联邦储备银行开立银行清算账户,其他银行则需要将 CHIPS 中的清算银行中的一家作为清算银行,在该行开立美元账户,用于美元清算。参加这一银行间清算系统的银行都必须向纽约清算所(New York Clearing House)提出申请,在获得纽约清算所批准后成为该所的成员银行,同时,获得一个美国银行会号码(American Bankers Association Number,ABA 号码)作为参加该系统清算时的代码,以及一个通用认证号码(Universal Identification Number,UID 号码)作为收款人的代码。

CHIPS 系统是一个贷记转账系统,在转账时,付款方命令银行将资金划转给收款方。CHIPS 累计多笔支付业务的发生额,并且在日终进行净额结算。CHIPS 的会员行分为每个营业日末的 CHIPS 结算的会员行和非结算会员行。在非结算会员行中,绝大部分是外国银行在美国的分行或代理机构。凡通过 CHIPS 支付和收款的双方必须都是 CHIPS 会员银行,才能通过 CHIPS 直接清算。通过 CHIPS 的每笔收付均由付款一方开始进行,即由付款一方的 CHIPS 会员银行主动通过其 CHIPS 终端机发出付款指示,注明账户行 ABA 号码和收款行 UID 号码,经 CHIPS 电脑中心传递给另一家 CHIPS 会员银行,收在其客户的账户上。

**3. CHAPS**

CHAPS(Clearing House Automated Payment System)是英国伦敦银行自动收付系统的简称,该系统不仅是英国伦敦同城的清算交换中心,也是世界所有英镑的清算中心。它创建于1984年,由12家清算银行组成,非清算银行进行英镑支付时需借助这12家清算银行来完成。

**4. 欧洲跨国清算系统**

欧盟为了扩大欧元的影响力,不断筹划和推广欧元跨国清算系统。目前,在欧元区内,主要有泛欧自动实时清算系统(TARGET)、欧洲银行协会清算系统(EURO1)和法兰克福同城电子清算系统(EAF2)三大跨国欧元清算系统。

**(三)结算单据标准化、电子化(无纸化)**

在国际结算中,单据占有重要的地位,它起着资金结算、货物交接、物权转让以及索赔等作用。同时,随着国际结算业务的发展,单据的种类越来越多,使得在单据的缮制、审核和转递等工作中耗费了大量的人力、物力和时间。随着科学技术的发展,国际上越来越多地使用计算机制单,同时运用计算机进行信用证管理、运输单据的储存等。

电子数据交换①EDI(Electronic Data Interchange)将国际结算中的单据内容标准化、数据化,并运用电信手段进行国际传递和审核,极大地减轻了纸质单据国际传递的压力和人工审单的工作强度,大大提高了工作效率,降低了人工操作中难以完全避免的差错。

# 第二节　国际结算的业务基础

国际结算业务是通过银行进行的跨国货币收付活动。因此,国际结算业务离不开结算工具、结算方式、结算单据以及货币、银行的资金划拨和相关的结算制度。这些内容构成了国际结算业务的基础。

## 一、国际结算的工具与结算单据

银行作为服务部门来完成跨国的货币收付时,需要使用支付凭据或者支付手段,国际结算业务中涉及的支付凭据,就是国际结算的票据和单据。

### (一)结算工具

当代国际结算基本上都是非现金结算,为了表明资金的转移收付关系,需要一定的工具,这就是票据。票据有汇票、本票、支票三种基本类型。汇票、本票和支票均为可流通票据,可以背书转让。远期汇票和远期银行本票可以贴现,因而可将其作为一种融资手段。本书将在第二章中详细阐述国际结算三大票据的实务。

票据流通代替现金流通,债务人(如受票人、出票人)以票据清偿其债务,这种结算就是票据结算(Settlement by Negotiable Instrument)。例如,在国际贸易中,卖方发货后,开立汇票指示买方付款;某债务人开立以银行为付款人的即期付款汇票,向债权人支付一定金额。在贸易结算中,多采用逆汇法结算,即票据的流动方向与资金的流动方向相反。例如,在信用证和托收业务中,债权人(卖方或受益人)开立汇票,通过银行将其传递给债务人(开证银行、付款银行或买方),指示其付款;债务人将票款以相反方向再传递给债权人,履行其付款义务。

---

①　EDI(Electronic Data Interchange)即电子数据交换,是将贸易、运输、保险、银行和海关等行业的信息,用一种国际公认的标准格式,通过计算机通信网络,使有关部门、公司和企业之间进行数据交换和处理,并完成以贸易为中心的全部业务过程。

**——  知识链接  ——**

## 票据结算的三个阶段

汇兑票据时期:11~12世纪,票据仅具有收据和兑换的作用。

市场票据时期:13世纪前后,票据开始有了支付的功能,但必须是到期的票据。

流通票据时期:16~17世纪,有了背书制度,使得票据具有信用融资和流通转让功能。

### (二)结算单据

在采用票据结算的发展过程中,贸易、运输、保险等逐渐成为各自独立的行业,运输单据(如海运提单)、保险单、产地证明也逐渐问世,成为贸易中的主要商业单据,贸易商的履约则实行了单据化。

商品单据化、单据商品化,是当代国际贸易的基本运作要求。为了使资金的转移和货物的交接能顺利结合,保障当事人的合法权益,以利于国际贸易的进行,各种说明商品情况的单据就成为国际结算的一个重要内容。国际结算单据主要包括运输单据、保险单、商业发票和跟单汇票等。其中海运提单和多式联运提单代表了货物所有权,是最重要的单据。除以上单据外,还有众多的附属单据。本书将在第七章中详细阐述国际结算各主要单据的实务。

卖方凭商业单据要求买方付款,买方也只凭商业单据而非凭货物向卖方履行付款义务,这种结算就是凭单付款结算(Payment against Documents for Trade)。在多数信用证和托收业务中,作为受益人或卖方通常将票据结算与凭单付款结算相结合,即受益人或卖方开立汇票,指示开证银行或买方付款,同时还必须提交履行交货义务凭证的商业单据,开证银行或买方凭汇票和商业单据履行付款义务。在即期付款信用证和延期付款信用证业务中仅采用凭单付款结算。

## 二、国际结算方式

国际结算方式又称国际支付方式,在国际货物买卖合同中叫做支付条件,是指国际债权债务采取一定的形式,按照一定的条件,使用一定的信用工具,进行货币收付的程序和方法。在国际结算中,它主要解决资金(外汇)如何从进口地转移到出口地的问题,这是国际结算的最主要内容。在国际贸易实务中,买卖双方在结算方式条款中必须订明具体类别、付款时间、使用货币、所需单据和凭证。

（一）国际结算方式的类别

根据不同的分类标准,国际结算方式可以分为不同种类。

1. 按照结算工具和使用方式划分

按照结算工具和使用方式来划分,国际结算方式有汇款、托收、信用证、银行保函、保理、福费廷等。其中,汇款、托收和信用证是传统的国际结算方式,银行保函、保理和福费廷则是适应国际贸易发展需要而出现的更灵活、更便捷的国际结算方式。本书将在第三、第四、第五、第六章详细阐述这些主要的结算方式及其选择与综合运用。

2. 按照资金的流向和结算工具传递方向的不同划分

按照资金的流向和结算工具传递的方向不同来划分,国际结算方式可分为顺汇和逆汇。

顺汇(Remittance)也称汇付法,指客户主动将款项交给银行,委托银行用某种结算工具将款项汇往国外收款人。在顺汇方式中,资金的流向与结算工具的传递方向是一致的,都是从债务人到债权人的移动。银行的汇款业务就是顺汇。

逆汇(Reverse Remittance)也称出票法,是指由债权人或收款人向银行提供收款凭证,委托银行通过国外代理行向国外债务人索取款项。在逆汇方式中,结算工具的传递方向是从债权人到债务人移动,恰与资金的流向相反。托收与信用证方式都属于逆汇。

3. 按照结算方式所依据的信用基础不同划分

按照结算方式所依据的信用基础不同来划分,国际结算方式分为以商业信用为基础的结算方式和以银行信用为基础的结算方式。

汇款和托收是由债权方和债务方根据它们之间的合同互相提供信用的,故属于商业信用。信用证、保理、保函等都有银行信用作保证,故属于银行信用。

目前,信用证是使用最广泛的国际结算方式,全球国际贸易结算的一半左右是通过这一方式进行的。国际货物买卖中具体的结算方式通常是结合交易情况、市场销售情况和对方资信情况由买卖双方协商订立。

（二）国际结算方式的付款时间

国际结算方式的付款时间可分为:①预先付款(Payment in Advance);②装运时付款(Payment at Time of Shipment);③装运后付款(Payment after Shipment)。

银行依据的装运时间是以运输单据(如提单)的日期为准,所以银行的付款时间是:①交单前预付;②交单时付款,又称即期付款;③交单后付款,又称远期付款。

## （三）国际结算使用的货币

国与国之间债权债务的清算与支付，最终都要通过货币，并且要通过本国货币与外国货币之间的兑换来完成。

### 1. 国际结算使用的货币

国际结算所使用的货币应是可兑换的货币，它可以是出口国货币，也可以是进口国货币或第三国货币。美元是世界通用货币，对于买方和卖方来说，使用美元易被买卖双方所接受，因此，世界上大多数的国际贸易都使用美元作为结算货币。

至于是使用出口国货币或是进口国货币，须由买卖双方协商决定。但付款货币不同，所涉及的要素就有所不同。有的货币收付不用通过票据交换所，有的则必须通过票据交换所。因此，在选择结算货币时，除了考虑汇率因素外，还应考虑银行结算的便利性。

（1）付出口国货币。进口国的某银行在出口国某银行总行开有出口国货币的存款账户。出口国账户行在其来账上划转（借记），或通过交换进行转账。前者不涉及出口国的票据交换所，而后者要涉及出口国的票据交换所。

（2）付进口国货币。出口国的某银行在进口国某银行总行开有进口国货币的存款账户。进口国银行可直接收进（贷记），或通过交换收进。前者不涉及进口国的票据交换所，而后者要涉及进口国的票据交换所。

（3）付第三国货币。如果进出口国的银行同在第三国同一家银行开有当地货币的存款账户，就形成了碰头行转账结算。由第三国银行直接借记进口国的第三国货币存款，转而贷记出口国的第三国货币存款，不用通过票据交换所转账。如果进出口国的银行在不同的代理行开立了存款账户，而没有碰头行，那么就要通过第三国的货币清算中心的票据交换所交换转账，完成收付。

### 2. 国际结算中的标准化货币符号

随着国际贸易和国际金融活动的发展以及电子计算机的广泛应用，各国银行与贸易机构在贸易与金融信息的交换中，要求各国在货币的表示方法上具有一致性和通用性，以便准确地传递和接受货币信息。所以，每种货币都要有一个易于识别和专一的表示方法。如果在信息交换中频繁出现的货币名称长短不一，或各国沿用自己的习惯表示法，那将给国际清算和结算带来严重的混乱或降低结算速度，严重时还会引起整个银行体系运作的瘫痪。

为了能够准确而简洁地表示各国货币的名称，便于开展国际金融业务和计算机数据通信,1973 年,国际标准化组织(International Organization for Standardization, ISO)第 68 届技术委员会在其他国际组织的通力合作下制定了一项适用于贸易、商业和银行使用的货币和资金代码,即国际标准 ISO－4217 三字符货币代码①。ISO－4217 是在 ISO－3166 的基础上稍作变化而来的,它很快得到了世界范围内的推广和应用。这套代码的前两个字符代表该种货币所属的国家和地区,它采用的是早已被国际社会承认和接受的 ISO－3166《国家名称代码》,在此基础上,再加一个字符表示货币单位,如中国 CN 加上中国货币单位 Y(Yuan 的第一个字母),二者组成人民币的通用代码 CNY;美国 US 加上美国货币单位 D(Dollar 的第一个字母),二者组成美元的通用代码 USD;英国 GB 加上英国货币单位 P(Pound Sterling 的第一个字母),二者组成英镑的通用代码 GBP。

3. 国际结算中的外汇和汇率

国与国之间债权债务的清算与支付,要通过本国货币与外国货币之间的兑换来完成。由于各国实行不同的货币制度,在进行债权、债务结算和货币收付时,就需要确定以哪一种货币作为支付手段及按什么汇率进行货币之间的兑换等,因此产生了外汇与外汇汇率的问题。外汇与汇率总是紧密联系在一起的,外汇解决了两种货币兑换行为的工具问题,汇率解决了两种货币兑换的比例问题。

外汇(Foreign Exchange)是指外国货币或以外国货币表示的能用于国际结算的支付手段和资产,主要包括信用票据、支付凭证、有价证券及外汇现钞等。

汇率,又称汇价,指一国货币以另一国货币表示的价格,或者说是两国货币间的比价,通常用两种货币之间的兑换比例来表示。比如:USD/CNY =6.7,表示 1 美元等于 6.7 元人民币,这里美元被称为单位货币或基准货币,人民币被称为计价货币。

(1)汇率的标价方法。汇率的标价方法有以下两种分类:

①按照银行向本国居民公布外币与本币的兑换汇率的标价方式,可分为两种:直接标价法和间接标价法。直接标价法,又叫应付标价法,是以一定单位(1,100, 1 000,10 000)的外国货币为标准来表示若干单位的本国货币。如中国外汇市场 USD 1 = CNY 6.72,即 1 美元可以兑换 6.72 元人民币。目前,除美元、英镑、澳大利亚元、新西兰元和欧元以外,其他货币的汇率大多采用直接标价法。间接标价法又

---

① 这套符号没有采用传统的特殊字符,如 $ 、£ 、¥,因而避免了许多计算机输入缺少这些特殊字符所造成的麻烦,从而为数据的处理和通信创造了有利条件,也为国际结算业务经办人员迅速识别和记忆货币创造了条件。

称应收标价法。它是以一定单位(如 1 个单位)的本国货币为标准来表示若干单位的外国货币,如伦敦外汇市场 GBP 1 = USD 1.581 1。

直接标价法下,外币币值与汇率涨跌成正比。间接标价法下,外汇币值与汇率升跌成反比。

②按国际外汇交易市场的报价习惯,可分为美元标价法和非美元标价法。美元标价法指以美元为基准货币,其他货币为标价货币。在国际外汇市场上,日元、瑞士法郎、加元等均为美元标价法,如"日元 85.40"是指 1 美元兑换 85.40 日元的意思。非美元标价法指以其他货币为基准货币,美元为标价货币。在国际外汇市场上,欧元、英镑、澳元等均为非美元标价法。如"欧元 1.305 7"是 1 欧元兑换 1.305 7 美元。

(2)银行在外汇结算中涉及的汇率种类。其中包括:

①买入汇率和卖出汇率。买入汇率,即买入价。在采用直接标价法报价时,银行报出的外币的两个价格中,前一个数字(即外币折合本币数较少的那个汇率)就是买入价;在采用间接标价法的情况下则反之,银行报出的本币的两个外币价格中,后一个较大的外币数字是银行愿意以一定单位的本币而买进的外币数,即外汇的买入价。

卖出汇率,即卖出价。在采用直接标价法时,银行报出的外币的两个本币价格中,后一个数字(即外币折合本币数较多的那个汇率)是卖出价;在采用间接标价法报价时,本币的两个外币价格中,前一个较小的外币数字是银行愿意以一单位的本币而付出的外币数,即外汇卖出价。

买入价和卖出价都是站在银行(而不是客户)的角度来定的;另外,这些价格都是外汇(而不是本币)的买卖价格。此外,买入汇率分现钞买入价和现汇买入价两种,而卖出价只有一种。

【例 1-1】间接标价法下,伦敦外汇市场:1 英镑 = 1.445 0/1.446 0 美元。其中,1.445 0/1.446 0 分别是美元的卖出价和买入价,银行出售 1 美元将得到 1/1.445 0 英镑,银行购买 1 美元时,只需付出 1/1.446 0 美元,因此,每买卖 1 美元,银行的利润是 1/1.445 0 - 1/1.446 0 = 0.000 5 英镑。

②中间汇率。中间汇率是买入汇率和卖出汇率的算数平均数,是银行外汇操作中的一个参考汇率。(买入价 + 卖出价)÷2 是中间价。如某日香港外汇市场美元兑港元的汇率是 1 美元 = 7.769 0/7.809 0 港元。7.769 0 港元是买入价,7.809 0 港元是卖出价。中间价为 7.789 0。

③钞汇,即银行购买外币现钞的价格。

### 三、银行结算资金的划拨

当代国际结算是以有关银行间的资金划拨而得以实现的。在国际结算业务中,所有的收付行为都要通过银行间的清算才能完成。为了安全、迅速、高效地办理好相关的业务手续,建立好银行间的联行、代理行和账户行等关系,并能根据实际业务需要,从密集的银行业务网络中选出最便捷的途径和手续,也成为国际结算的内容之一。

国际上的跨国交易所引起的货币收付活动,不可能由一家银行单独完成,而必须由不同国家或地区的两个或两个以上的银行在国际金融市场上共同来完成。办理国际结算的基本条件是要有一个国际性的银行网络。办理国际结算的银行,除了在本国国内有相当的分支机构,在境外必须有相当多的往来银行,这些在境外的往来银行主要有以下几种情况:

#### (一)境外分行

境外分行(Branch)是经营国际结算业务的商业银行在得到东道国许可后,在境外设立的经营性分支机构。它不是独立的法律实体,没有独立的法人地位,其业务范围及经营政策要与总行保持完全一致,并且分行的业务活动限制以总行的资本、资产及负债为基础来衡量,其资产负债和相关的费用成本、收益都并入总行的会计报表,总行对分行的活动承担完全法律责任。

#### (二)子银行

子银行(附属银行,Subsidiary)是商业银行以不同于总行的名称、经东道国批准后设立的、独立的、具有法人资格的公司性质的银行机构,它对自身的债务仅以其注册资本为限负有限责任。根据子银行的注册资金的来源,可分为全资子银行和控股子银行两类。子银行是属总行拥有的合法注册公司,其股权的全部或大部分为总行所控制。子银行经营范围较广,通常能从事东道国国内银行所能从事的全部银行业务,同时,还可经营非银行业务,如证券、投资、信托、保险等业务。由于外资控制着境外分行和子银行,东道国有可能对这两类银行的业务范围作出某种限制,但国际结算业务通常是对这些银行开放的。

#### (三)联营银行

联营银行(Affiliate)又称为合资银行。这是外国投资者与东道国共同出资组建的银行,其中,外国投资者可能有多个,但其出资比例都没有达到控股的程度,往往由东道国控股。因此,东道国对这类银行业务范围的限制比前两类较少。

## (四)代理行

一家银行办理的国际结算业务可能遍及全球各国,但从本身经营管理的核算角度考虑,以及受到东道国的法律政策的限制,最多也只能在国外的金融中心和部分中心城市设立分支机构和子银行、联营银行,而不可能在有结算业务的国外地点都设立分支机构。对于未能设立分支机构的地方,结算业务就只能通过当地的银行办理。因此,开办国际结算业务的银行之间往往通过平等协商、签订代理行协议,彼此建立代理行关系。代理行(Correspondent Bank)就是指与其他国家或地区银行签订协议,接受对方委托,代办国际结算业务或提供其他服务,并建立相互代理业务关系的银行。对一家银行来说,代理行实际上不附属于本银行,代理行关系就是不同国家银行之间建立的结算关系。如果两家银行签订了代理协议,彼此便成为对方银行在本国的代理行。

代理行之间提供的金融服务主要有国际结算和融资、彼此交换政策信息、提供银行咨询服务等。国际结算和融资包括:汇款的解付与偿付,托收的提示与收款,信用证的通知与保兑,外汇交易和资金融通。

银行彼此之间建立代理关系,一般应包括以下内容:

### 1. 密押与印鉴

密押(Test Key)与印鉴(Specimen of Authorized Signature)是银行间代理关系的主要内容,是核对与验证银行间信息传递文件真伪的依据。密押是由银行事先设定并用来核验银行间传递的电讯信息的一组数字组成的密码。印鉴则是银行保留的对方银行相关人员的预先签字式样,它主要被用于核验银行间信函方式传递信息的真伪。

### 2. 费率表

银行通过代理关系协助国外银行办理收付款或者其他业务,都是要收取费用的。费用的收取标准事先通过费率表(Schedule of Terms and Conditions)加以规定。代理行之间互相交换费率表,可以让对方明确偿付的标准和方法。费率一般由双方协定。这些代理费用最终会转嫁给客户。

### 3. 账户的设置

银行办理国际结算,代客户从事收付款业务时,都需要通过银行间设立的账户来划拨款项。代理行中有账户行和非账户行的区别,与非账户行之间的货币收付需要通过第三家银行办理。

在现代银行体系中,银行之间建立一定的代理关系是必要的。但如果一家银行同国外银行订有双边关系并保持大量的银行往账,则对这个银行而言必将产生低效率,因为大量的往账往往会造成银行资金占用过多以及费用支出的上升。因此,银行建立代理关系时必须充分考虑自身业务发展的需要,以便更好地为客户提供服务。

### 四、国际结算制度

国际结算制度(System of International Settlement)又称为国际结算体系,是指各个国家(地区)之间结算债权债务关系的总的方法和基本原则。实行何种国际结算制度,取决于各国经济发展水平及国际政治状况。在国际结算的演进发展过程中,经历了以下三种国际结算制度。

#### (一)管制的双边国际结算制度

双边结算制度是指两国政府签订支付协定,开立清算账户,用集中抵消债权债务的办法,清算两国之间由于贸易和非贸易往来所产生的债权债务的一种结算制度。

在这种制度下,两国政府用集中抵消债权债务的方法清算两国之间贸易往来所产生的债权债务关系,但是,一国对另一国的债权不能用来抵偿对第三国的债务,只能用来清偿对对方国家的债务。

#### (二)自由的多边结算制度

多边结算制度是指在外汇买卖自由的情况下,使用可兑换货币自发地在各国之间进行结算的一种制度。使用多边结算制度必须具备的条件主要有:必须使用可自由兑换货币;必须在指定的金融中心开立各国清算账户;账户之间可以自由调拨。

在这种制度下,各国国际结算使用自由兑换货币,各账户行之间互设账户,通过账户的增减变动使国际贸易所致的债权债务彼此抵消。多边结算减少了资金调拨和结算的手续,在条件许可的情况下,应尽可能地使用多边结算方式。

 案 例

某月某日法国巴黎银行对外发生如下经济交易:

(1)法国商人甲从沙特阿拉伯进口石油,支付 USD200 000 000;

(2)法国商人乙对英国出口汽车,获得收入 USD25 000 000;

(3)法国商人丙从美国购买农产品,支付 USD30 000 000;

(4)新加坡银行贷给巴黎银行三年期信贷 USD30 000 000;

(5) 法国商人丁汇给其瑞士子公司 USD100 000 000。

问：应如何对以上交易进行结算？

【案例分析】

以上交易涉及六个国家,如实行双边结算,至少有五次资金调拨和清算。如果巴黎银行在纽约花旗银行开立一个美元账户,则所有对这些国家的债权、债务可以集中在账户上相互冲抵,如下所示：

[巴黎银行]

| 借方（付方） | 贷方（收方） |
| --- | --- |
| (1) USD200 000 000 | |
| | (2) USD25 000 000 |
| (3) USD30 000 000 | |
| | (4) USD30 000 000 |
| (5) USD100 000 000 | |

由上可以看出,法国因对外经济联系而与不同国家发生的债权、债务可以通过商业银行的账户变动,使其大部分得到抵消,剩下需要结算的仅是一个差额。实际上,即使这个差额也不需要每月底或每年底进行结算。因为在商业银行之间一般都相互提供透支额度,只要不超过这个额度就无需清偿。

### （三）多元化混合型的国际结算制度

在多元化混合型的国际结算制度下,既有全球性的多边的国际结算,也有区域性的和集团性的多边结算,还存在着个别国家之间的双边结算。

# 第三节　国际结算适用的规则与惯例

由于国际结算涉及不同国家的法律,而目前各国法律对此的规定并不完全统一,为了保证国际结算的顺利进行,充分发挥其在国际贸易或其他国际活动中的功能和作用,国际社会已发展和形成了国际结算的统一做法和相关规则,这些统一做法和规则就是目前国际结算中广泛适用的国际惯例与规则。随着交易量的不断增加,在国际结算业务中发生的纠纷,以及在不同结算方式下的欺诈等现象也相应增加,从而使有关国际惯例和规则在国际结算业务中的作用日益加强,成为各国银行处理业务时共同遵守的准则。这些规则的制定者也不断根据国际商务和国际结算的实践,不断进行内容完善。

┌─────────────────────────────────────────────┐
**━━ 知识链接 ━━**

## 国际结算惯例的特点

国际惯例,是指在长期的国际交往实践中约定俗成的,被国际社会公认的国际交往行为的惯常模式、规则、原则等,对当事人之间的关系、权利和义务均有明确的规范。国际结算惯例具有如下特点:

(1)国际通用性。它被许多国家和地区认可,成为各国的共同行为准则。

(2)非强制性。国际结算惯例本身不是法律,不具有强制性,当交易双方都同意采用某种惯例来约束该项交易,并在合同中作出明确规定时,这项约定的惯例才具有强制性。

(3)相对稳定性。国际结算惯例是在长期的经贸活动中,经过反复使用、约定俗成而形成的具有相对稳定性的规范。但稳定并不等于一成不变,惯例也会适时地修改和完善,以适应国际经贸活动发展的需要。
└─────────────────────────────────────────────┘

国际结算中适用的国际规则与惯例,通常包括以下几种。

## 一、票据法

票据在非现金结算中发挥着重要的作用。票据法就是对票据的形式、内容以及票据行为等作出规定的法律规范的总和。为便于票据的流通,将票据的纠纷减少到最低程度,各国都制定了本国的票据法。

在票据领域影响最大的法律有以下两部:

一是英国《票据法》。英国于 1882 年制定了《票据法》(Commercial Instrument Law in U. K.),此后对其中少部分内容做了适当修改。虽然该《票据法》属于英国的国内法,但由于其具有权威性且历史悠久,在涉及国际结算问题时,许多当事人通常约定援引该法作为依据,因此,该法具有国际惯例的性质和特点。

二是日内瓦《统一汇票本票法》及《统一支票法》。1930 年和1931 年国际联盟在日内瓦召开国际票据法会议,通过了《统一汇票本票法》(Uniform Law on Bill of Exchange and Promissory Notes)和《统一支票法》(Uniform Law on Cheques)。上述公约现在已被法国和德国等大多数国家所接受,因此,大陆法系各国的票据法基本趋于统一。

## 二、国际商会《国际贸易术语解释通则》

《国际贸易术语解释通则》的调整范围主要包括货物的交付、进出口手续的办理、风险的转移、费用的划分和部分通知义务的履行等。虽然不涉及国际结算问题，但国际结算与国际贸易密不可分，所以，这里我们仍然把《国际贸易术语解释通则》归为国际结算惯例。

《国际贸易术语解释通则》（International Rules for the Interpretation of Trade Terms，INCOTERMS）由国际商会（International Chamber of Commerce，ICC）于 1936 年制定，经过历次修订，目前为 2000 年版本——《2000 年国际贸易术语解释通则》（简称《INCOTERMS2000》），即国际商会第 560 号出版物。

《INCOTERMS2000》的主要内容是把国际贸易长期形成的 13 种交易条件以缩写英文字母表示和排列，并对每种贸易术语中买卖双方应承担的义务做了清楚明确的列举，当事人采用了贸易术语，就意味着应把该术语表示的买卖双方的权利义务列入合同。《INCOTERMS2000》对于该交易条件的规定，是对交易条件含义的唯一解释，与合同有同等效力。

《INCOTERMS2000》的 13 种贸易术语、13 种国际贸易术语对比分别见表 1 - 2 和表 1 - 3。

表 1 - 2 《INCOTERMS2000》的 13 种贸易术语

| 组　别 | 贸易术语 | 适用的运输方式 | 共同特征 |
|---|---|---|---|
| Group E：起运术语 | EXW：工厂交货 | 适用于各种运输方式 | 这是卖方责任最小、买方责任最大的一种术语 |
| Group F：主运费未付术语 | FCA：货交承运人<br>FAS：装运港船边交货<br>FOB：装运港船上交货 | 适用于各种运输方式<br>只适用于海运及内河运输<br>只适用于海运及内河运输 | 买方订立运输合同，支付主运费。合同属于装运合同 |
| Group C：主运费已付术语 | CFR：成本加运费<br>CIF：成本加保险费、运费<br>CPT：运费付至<br>CIP：运费、保险费付至 | 只适用于海运及内河运输<br>只适用于海运及内河运输<br>适用于各种运输方式<br>适用于各种运输方式 | 卖方订立运输合同，支付主运费。合同属于装运合同，风险划分点与费用划分点相分离 |
| Group D：到达术语 | DAF：边境交货<br>DES：目的港船上交货<br>DEQ：目的港码头交货<br>DDU：未完税交货<br>DDP：完税后交货 | 适用于各种运输方式<br>只适用于海运及内河运输<br>只适用于海运及内河运输<br>适用于各种运输方式<br>适用于各种运输方式 | 卖方将货物运送到约定的目的地或地点，并承担货物运至该处的一切风险和费用。合同属于到达合同 |

17

表1-3　13种国际贸易术语对比表

| 术语 | 交货地点 | 运输 | 保险 | 出口手续 | 进口手续 | 风险转移 | 所有权转移 |
|---|---|---|---|---|---|---|---|
| EXW | 出口国工厂 | 买方 | 买方 | 买方 | 买方 | 交货地转移 | 随买卖转移 |
| FAS | 装运港船边 | 买方 | 买方 | 卖方 | 买方 | | |
| DAF | 进出口边境 | 买方 | 买方 | 卖方 | 买方 | | |
| DES | 目的港船上 | 卖方 | 卖方 | 卖方 | 买方 | | |
| DEQ | 目的港码头 | 卖方 | 卖方 | 卖方 | 买方 | | |
| DDU | 进口国指定地点 | 卖方 | 卖方 | 卖方 | 买方 | | |
| DDP | | 卖方 | 卖方 | 卖方 | 卖方 | | |
| FOB | 装　运　港 | 买方 | 买方 | 卖方 | 买方 | 装运港船舷 | 随交单而转移 |
| CIF | | 卖方 | 卖方 | 卖方 | 买方 | | |
| CFR | | 卖方 | 买方 | 卖方 | 买方 | | |
| FCA | 出口国指定地点 | 买方 | 买方 | 卖方 | 买方 | 货交承运人 | |
| CIP | | 卖方 | 卖方 | 卖方 | 买方 | | |
| CPT | | 卖方 | 买方 | 卖方 | 买方 | | |

 案　例

国内某公司按 CIF 条件向欧洲某国进口商出口一批草编制品。合同中规定由我方向中国人民保险公司投保了一切险,并采用信用证方式支付。我出口公司在规定的期限、指定的我国某港口装船完毕,船运公司签发了提单,然后在中国银行议付了款项。第二天,出口公司接到客户来电,称:装货的海轮在海上失火,草编制品全部烧毁。客户要求我公司出面向中国人民保险公司提出索赔,否则要求我公司退回全部货款。我方果断拒赔,并提出了解决的办法,区分了买卖双方的责任,了结了此案。问题:(1)我方拒赔是否有理? 为什么? (2)从本案中你得到了关于CIF 合同的哪些启示?

【案例分析】

(1)我方拒赔有理。上述案例中的合同属 CIF 性质,按《INCOTERMS2000》的规定,双方有关货物风险的划分,是以货物在约定的装运港装船越过船舷的时间为界限的。凡是货物在装船后发生的风险,应当由买方负责。既然货物是在装船后的运输途中受损,该风险应由买方承担,并由买方持卖方转让给其的保险单证向保险公司提出索赔。另外,按照 CIF 价格成交的合同是一种特定类型的合同,它的特

点是"凭单据履行交货义务,并凭单据付款"。只要卖方按照合同的规定将货物装船并提交齐全的、正确的单据,即使货物在运输途中丢失,买方也不能拒收单据或向卖方索要支付的货款。

(2)本案例的两点启示如下:第一,在 CIF 合同中,卖方只要按期在约定地点完成装运,并向买方提交合同规定的包括物权凭证在内的有关单据,就算完成了交货义务,而无需保证到货。第二,在 CIF 合同中,卖方是凭单交货,买方是凭单付款。只要卖方如期向买方提交了合同规定的全套合格单据,即使货物在运输途中损坏或丢失,买方也必须履行付款义务。

### 三、国际商会《托收统一规则》(URC522)

为了在全球范围内统一托收的做法,减少各有关当事人之间可能产生的争议,国际商会早在 1958 年就制定了《商业单据托收统一规则》。现行的《托收统一规则》(Uniform Rules for Collection, ICC Publication No. 522,URC522)是 1996 年 1 月 1 日开始实施的。该规则自实施以来,已被各国银行和贸易商广泛采用,已成为托收业务的国际惯例。

《托收统一规则》的内容包括:总则与定义,托收的形式和结构,提示的形式,义务和责任,付款,利息、手续费和开销以及其他条款等共 26 个条款。以下是该规则所涉及的部分内容:

(1)在托收业务中,银行除了检查所收到的单据是否与委托书所列一致外,对单据并无审核的责任。但银行必须按照委托书的指示行事,如无法照办时,应立即通知发出委托书的一方。

(2)未经代收银行事先同意,货物不能直接发给代收银行。如未经同意就将货物发给银行或以银行为收货人,则该行无义务提取货物,仍由发货人承担货物的风险和责任。

(3)远期付款交单下的委托书,必须指明单据是凭承兑还是凭付款交单。如未指明,银行只能凭付款交单。

(4)银行对于任何由于传递中发生的遗失或差错概不负责。

(5)提示行对于任何签字的真实性或签字人的权限不负责任。

(6)托收费用应由付款人或委托人负担。

(7)委托人应受国外法律和惯例规定的义务和责任所约束,并对银行承担该项义务和责任。

(8)汇票如被拒付,托收行应在合理时间内作出进一步处理单据的指示。如提示行发出拒绝通知书后60天内未接到指示,可将单据退回托收行,而提示行不再承担进一步的责任。

《托收统一规则》的所有条款只有和托收委托书的内容没有抵触时才可以运用。如果两者有抵触时,应服从托收委托书的规定。

## 四、国际商会《跟单信用证统一惯例》(UCP600)和国际商会 eUCP

国际贸易中,跟单信用证是一种重要的支付方式,国际商会自1930年第一次颁布《商业跟单信用证统一规则》以来,历经7次修订,目前使用的是2006年10月修订的于2007年7月1日开始实施的国际商会第600号出版物《跟单信用证统一惯例》(Uniform and Practice for Documentary Credit,UCP600)。

近年来,随着电子商务的迅速普及,使用网络传递信用证逐渐成为国际潮流,在国际贸易中普遍使用的信用证交易方式中也产生了电子提示和电子签章。为规范电子信用证交易,国际商会于2006年底在UCP600的基础上,对电子信用证交易中的电子提示等问题制定了一个补充规则,即《跟单信用证统一惯例电子提示补充规则》(Supplement to UCP600 for Electronic Presentation Version I. I,简称 eUCP),eUCP与UCP600共同适用于信用证交易。

## 五、国际商会《跟单信用证项下银行间偿付统一规则》(URR725)

当信用证开立后,开证银行根据受益人提示的相符单据,向受益人或其指定银行付款。这种付款也可以通过开证银行指定的其他银行来完成,此时被开证银行指定的付款银行称为偿付银行。在此情况下的结算就涉及开证行、偿付行及出口地索偿行之间的授权及款项转移等一系列问题。1996年,国际商会制定了《跟单信用证项下银行间偿付统一规则》(Uniform Rules for Bank to Bank Reimbursement under Documentary Credits,URR525),专门作为处理上述结算业务的统一惯例。为了使URR525与UCP600相适应,国际商会于2008年7月对URR525予以修订,定为URR725,并于2008年10月1日起实施。

## 六、国际商会《国际备用证惯例》(ISP98)

自UCP实施以来,备用信用证的使用一直适用跟单信用证统一惯例。尽管备用证与跟单信用证有许多相似之处,但两者在实际操作中毕竟也有许多不同之处。因为UCP并非是专为备用信用证而制定的,这就导致了有别于一般跟单信用证的备用信用证的特点在UCP中得不到体现,从而使许多问题无从解决。1998年在美国国际金融服务协会、美国国际银行法律与惯例协会和国际商会银行技术与实务委员会的共同努力下,国际商会以第 590 号出版物(ICC590)颁布了《国际备用证惯例》(International Standby Practices,ISP98),并于 1999 年 1 月 1 日起开始实施,从此国际上有了专门规范备用信用证的统一惯例。ISP98 适用于银行开立的备用信用证和非银行机构开立的备用信用证,以及不以"备用信用证"命名的独立担保书。

### 七、国际商会《审核跟单信用证项下单据的国际标准银行实务》(ISBP)

国际商会在 2002 年通过了《审核跟单信用证项下单据的国际标准银行实务》(International Standard Banking Practice for the Examination of Documents under Documentary Credits),简称《国际标准银行实务》(ISBP)。ISBP 是国际商会依据 UCP 的规定而制定的,其目的是明确银行审单标准,减少对单据不符点的争议,巩固和加强信用证在国际贸易中的地位和作用。

2007 年 7 月 1 日起,国际商会开始实施 UCP600。为了与 UCP600 衔接与配合,国际商会又对 ISBP 进行了更新(ICC 出版物 681 号)。ISBP 中所反映的国际标准银行实务与 UCP600 以及 ICC 银行委员会发布的意见和决定是一致的,它并不修订 UCP600,而仅是解释 UCP600 中所提及的实务惯例如何为信用证的当事人和关系人所使用,即 ISBP 是 UCP600 的组成部分。因此,ISBP 应与 UCP600 一起整体使用,而不能单独地、孤立地解读。

### 八、国际商会《跟单票据争议解决专家意见规则》(DOCDEX)

在信用证争议中最常见的是瑕疵单据被拒付的问题。一般情况下,解决的方法是由当事人自行协商、仲裁或提出诉讼由法院判决。但当事人自行协商很难达成和解,而诉讼所花的费用和时间有可能得不偿失,且由于各国法院与律师对国际贸易惯例的理解和适用存在差异,误判的情况在所难免,也不易使当事人信服。为此,国际商会曾于 1996 年制定了《跟单信用证争议解决专家意见规则》(ICC Rules for Documentary Credit Dispute Resolution Expertise),以解决由于适用 UCP 和 URR 而引发的争议。随着国际贸易的不断发展,以及信用证争议和有关结算单据纠纷的大量增加,2002 年 3 月,国际商会对该规则进行了修订,将其适用范围由原来的 UCP,URR 扩大到其他的国际商会规则,包括《托收统一规则》和《见索即付保函统一规则》。其名称也由原来的《跟单信用证争议解决专家意见规则》改为《跟单票据争议解决专家意见规则》(ICC Rules for Documentary Instruments Dispute Resolution Expertise,简称 ICC DOCDEX 规则),从而使该规则被确定为以专家意见为基础的解决国际结算纠纷的机制。

## 九、独立保函惯例与规则(Customs and Rules for Independent Guarantees)

为了向国际贸易和国际结算的有关当事人在国际商事中使用的信用担保提供统一的指导规则,国际商会自 20 世纪 60 年代就开始致力于此项工作。到目前为止,国际商会先后制定并实施了以下相关的惯例与规则:《合同保证统一规则》(Uniform Rules for Contract Guarantee,1978 年国际商会 325 号出版物)、《见索即付保函统一规则》(Uniform Rules for Demand Guarantees,1992 年国际商会 458 号出版物)、《合同保函统一规则》(Uniform Rules for Contract Bonds,1993 年国际商会 524 号出版物)、《国际备用证惯例》(International Standby Practice,1998 年国际商会 590 号出版物)等。1996 年联合国国际贸易法委员会正式通过了《联合国独立担保与备用信用证公约》(United Nations Convention on Independent Guarantees and Standby Letter of Credit)。上述惯例与规则对国际贸易和国际结算中常用的保函问题进行了统一规范。

除上述惯例与规则外,国际商会的其他出版物,如各种答疑和意见汇编、案例分析与研究等,都是国际结算可适用的统一惯例与规则,均可作为处理相关结算业务的依据。

### 个案分析与操作演练

1. 我国某出口商出口货物,结算货币为美元,结算方式为托收。货物出运后,出口商将全套单据送到 A 银行,委托其办理托收,在托收指示中,出口商指定 B 银行为代收行。A 银行在接受了托收指令后,发现其与 B 银行没有账户关系,但 A 银行的纽约分行与 B 银行同为 CHIPS 的参加行。于是 A 银行在给 B 银行的托收委托书中写明如下指示:"When collected, please remit the sum to our New York Branch via CHIPS (ABA:×××) for credit of our account (UID:×××) with them."

(1)结合本案例资料,分析 CHIPS 是怎样运作的?

(2)什么是 ABA 号码?

(3)什么是 UID 号码?

2. M 国的进口公司向 N 国的出口公司进口锅炉设备。他们决定用 T 国货币支付。但在实际支付货款时,发现两国的银行在 T 国没有碰头行,在支付货款过程中延误了不少时间。请回答:在国际结算中,在选择支付货币时应该考虑哪些因素?从本案中,你得到了什么启示?

3. 某进口公司需用汇 30 000 美元,当日银行买入价为每 100 美元兑换人民币 682 元,卖出价为每 100 美元兑换人民币 686 元,问银行应从该公司账户扣减多少人民币?

4. 操作:在国际商会的出版物与相应的适用方面之间画线:

ICC458　　　　　　　　托收

INCOTERMS2000　　　　银行保函

URC522　　　　　　　　跟单信用证

UCP600　　　　　　　　备用信用证

ISP98　　　　　　　　　规定贸易术语

### 复习思考题

1. 名词解释:国际结算、国际贸易结算、国际结算方式、国际结算制度、外汇、汇率、代理行。

2. 简述国际结算与国内结算的区别。

3. 简述现代国际结算呈现出的新的特点和趋势。

4. 简述国际结算方式的类别。

5. 简述买卖双方需要确定的国际结算方式的主要内容。

6. 在国际结算的演进发展过程中,经历了哪几种国际结算制度?

7. 银行在外汇结算中涉及的汇率种类有哪几种?

8. 列举国际结算中常用的国际惯例和规则。

# 第二章　国际结算中的票据

票据是国际结算的信用工具,主要可分为汇票、本票和支票三大类。本章分别阐述这三类票据的基本理论与实务。

## 第一节　票据的含义、特性及作用

票据作为有价证券的一种,具有设权性、要式性、无因性、文义性、提示性、缴回性和流通性等特性。它可以发挥支付工具、结算手段和信用工具的作用。

### 一、票据的概念和分类

在国际贸易结算中,人们通常将发票、运输单据、保险单据等称为商业单据或货运单据,而将以支付一定金额为目的,可以自由流通转让的证券称为票据(或金融单据)。

#### (一)票据的概念

在国际结算中,票据是重要的工具,但因各国法律的差异,票据的概念也不完全相同,但多数认为,票据(Instrument)是指出票人自己承诺或委托他人(付款人)在见票或指定日期向收款人或持票人无条件支付一定金额,且可流通转让的一种有价证券。

理解上述定义要把握好以下三点:

第一,无条件地支付。票据上记载的支付文句必须以无条件为限。所谓无条件,是指出票人或者其他票据行为人不得将交易中的条件记载在票据上,出票人也不得将其与委托付款人之间的委托付款关系的条件记载在票据上,据以确保票据流通的便捷。

第二,票据是一种支付一定金额给权利人的有价证券。所谓有价证券,是指体现着某种民事权利的文书,该文书与其所体现的权利紧密结合。票据的标的是无条件支付一定的金钱而非其他物品或劳务,所以票据不同于其他债权证券如各类提单、仓单等。

第三,票据可以流通转让。转让无需通知债务人,受让人可以获得完整的权利。

### (二) 票据的分类

票据在法律上的分类因各国的立法不同而有所差别。依英国《票据法》的规定,票据可分为汇票、本票和支票三种;美国《统一商法典》将票据分为汇票、本票、支票及存款单四种;《中华人民共和国票据法》也将票据分为汇票、本票和支票三种。尽管存在着各国立法上的差异,一般认为票据应分为汇票、本票和支票三种。

## 二、票据的特性与作用

票据作为非现金结算工具,具有自己的特性。票据本身的特性使票据能适应商品交易支付上的需要,在国际结算中发挥着重要作用。

### (一) 票据的特性

#### 1. 设权性

票据是一种设权证券。所谓设权,是指持票人的票据权利随着票据的设立而产生,离开了票据,就不能证明其票据权利。而票据权利的产生必须做成票据,权利的转移要交付票据,权利的行使要提示票据,无法提示票据就无法实现票据权利。这里的票据权利是指付款请求权、追索权以及转让票据权等。

#### 2. 要式性

票据是一种要式证券,所谓要式是指票据的做成必须符合法定的形式要求。各国的票据法都非常强调票据的要式性,票据的制作必须符合票据法的规定,票据上所记载的文义也必须在票据法规定的范围内,才能发生票据法上的文义效力。票据行为也必须符合票据法的规定。

也就是说,票据的要式性表现在:票据的存在不重视其原因,但却非常强调其形式和内容;只有形式和内容都符合法律规定的票据,才是合格的票据。

**3. 无因性**

票据是一种不过问原因的证券,这里所说的原因是指产生票据上权利义务关系的原因,如:商品交易、金融交易、资金借贷等。

票据的无因性是指,票据关系虽然需要基于一定的原因关系才能成立,但是票据关系一经成立,就与产生或转让票据的原因关系相分离,两者各自独立。票据具备票据法上的条件,票据权利就成立,至于票据行为赖以发生的原因关系是否存在和有效,对票据关系不发生影响,票据债权人只要持有票据即可行使票据权利。票据债务人不得以原因关系无效为理由,对善意的持票人进行抗辩①。

**4. 文义性**

文义即文字上的含义或其思想内容,指票据的效力是由文字的含义来决定的,债权人和债务人只受文义的约束,债权人不得以票据上未记载的事项向债务人有所主张,债务人也不能用票据上未记载的事项对债权人有所抗辩。

**5. 提示性**

票据债权人享有票据权利是以占有票据为必要条件,故为了证明其占有的事实以行使票据权利,必须提示票据。持票人如向付款人请求承兑时,需提示票据;如向付款人或承兑人请求付款时,也必须提示票据;如付款请求权未能实现而向其前手行使追索权时,也必须提示票据。如果持票人不提示票据,付款人就没有履行付款的义务。一些国家的票据法还规定了票据的提示期限,超过期限,付款人的责任即被解除。

**6. 缴回性**

票据是一种缴回证券。持票人收到票款后,应将票据交还付款人。当付款人是主债务人时,票据关系消灭;若是次债务人,付款后可向其前手追索。如不返还,债务人可不付款。

**7. 流通性**

票据是一种流通证券,可以流通转让是票据的基本特性。各国票据法都规定票据一旦设立就具有流通转让的功能,仅凭交付或经适当背书后交付给受让人即可合法完成转让手续,无须通知票据上的债务人,票据受让人获得全部票据权利,能以自己的名义提出起诉。一张票据,尽管经过多次转让,几易其主,但最后的持票人仍有权要求票据上的债务人向其清偿,票据债务人不得以没有接到转让通知为理由拒绝清偿。

---

① 票据的抗辩是指票据义务人根据票据法的规定,提出相应的事实或理由,否定票据权利人提出的请求,依法拒绝履行票据义务的行为。

在上述的各种特性中,最重要的是流通性,它是票据的基本特性。正是因为票据的流通性,使得票据在国内外经济交易中被广泛地使用,发挥着多种经济职能。其次是无因性和要式性。它们是为流通性服务的,受让人往往无从了解票据产生或转让的原因,但对票据是否符合法定要式却一目了然,因此,要"式"不要"因"的目的,在于能使票据的接受更加方便地进行,以保证票据的正常流通。

## 案例

我国 A 房地产有限责任公司从韩国 B 贸易进出口公司购进 1 800 吨水泥,总价款 48 万元。水泥运抵后,A 房地产有限责任公司为 B 贸易进出口公司签发一张以 A 房地产有限责任公司为出票人和付款人、以 B 贸易进出口公司为收款人的,三个月后到期的商业承兑汇票。一个月后,B 贸易进出口公司从 C 公司购进木材一批,总价款 45 万元。B 贸易进出口公司就把 A 房地产有限责任公司开的汇票背书转让给 C 公司,余下的 3 万元用支票方式支付完毕。后来,A 房地产有限责任公司发现 1 800 吨水泥中有一半质量不合格,双方发生纠纷。汇票到期时,C 公司把汇票提交 A 房地产有限责任公司要求付款,A 房地产有限责任公司拒绝付款,理由是 B 贸易进出口公司供给的水泥不合格,不同意付款。

**【案例分析】**

A 房地产有限责任公司不可以拒绝付款。票据行为特征之一是票据行为的无因性,票据是无因证券。本案中,B 贸易进出口公司与 A 房地产有限责任公司之间的水泥购销关系是本案汇票的原因关系。汇票开出后,A 房地产有限责任公司就与票据持有人产生票据关系。原因关系与票据关系是相互分离的。A 房地产有限责任公司提出水泥质量不合格是原因关系有瑕疵,其拒绝付款就是用原因关系来对抗票据关系。但现在汇票已被背书转让,持票人不再是原因关系的当事人,所以 A 房地产有限责任公司不得以水泥不合格为由来对抗 C 公司,A 房地产有限责任公司必须付款。付款后票据关系消灭,原因关系不消灭,A 房地产有限责任公司仍可根据原因关系的瑕疵请求 B 贸易进出口公司赔偿损失。

### (二) 票据的作用

#### 1. 票据可起到支付工具的作用

票据最简单的作用就是代替现金作为支付手段。使用票据来代表现金支付,对当事人来讲,可以克服点钞的麻烦,也十分安全。作为支付手段,各种票据都可以使用。比如买主在支付货款时既可以签发支票,也可以签发本票和汇票。

**2. 票据可起到结算手段的作用**

目前国际结算的基本方法是非现金估算,结算时必须使用一定的支付工具,利用它可以了结债权债务。如甲国的债务人将款项交给本国的银行,买到一张汇票,交给乙国的债权人,由债权人持票向本国当地银行兑取,从而结清双方的债权债务关系。

**3. 票据可起到信用工具的作用**

票据并非商品,本身无内在价值,也不含有社会劳动,它是建立在信用基础上的书面支付凭证。例如,在某项商品交易中,约定买方在收到货物后一个月付款,买方就可以开立一张一个月到期的汇票或者本票,这张票据所表现的就不仅仅是价款,而且代表了买方到期付款的信用。这时票据既是支付工具又是信用工具。持票人在到期之前还可以通过背书将票据转让给他人。背书在一般情况下实际上提高了票据的信用。

用票据作为信用工具不仅简化了借贷手续和追偿手续,而且票据的这种信用作用,使得资金融通业务不断扩大,促进了国际贸易的发展。

**4. 票据作为融通工具的作用**

利用票据还可以融资,这主要是通过贴现实现的。需要资金的人为了筹集资金而专门发行远期票据向银行贴现,这种票据就不是支付工具而成为单纯的融资票据了。

# 第二节 汇 票

汇票(Bill of Exchange;Draft)是国际结算中使用最为广泛的一种信用工具和支付工具。在使用信用证、托收或票汇的结算方式中,通常需要提示汇票。

## 一、汇票的含义与分类

汇票是票据的一种,具有票据的法律特征;是无条件支付命令票据;不以见票即付为限。

### (一)汇票的含义

1882年《英国票据法》第3条规定:"汇票是一人向他人签发的无条件的书面命令,要求即期、定期或将来某个确定的时间向特定人或其指定人或持票人无条件支付一定金额的书面命令。"

我国《票据法》对汇票所下的定义是:"汇票是出票人签发的,委托付款人在见票时或者在指定日期无条件支付确定的金额给收款人或者持票人的票据。"

从上述定义来看,各国票据法对汇票所下的定义虽然在表达方式和词句上有所差别,但对汇票基本含义的规定并没有本质的差别。

## (二)汇票的分类

根据不同的分类标准,汇票通常可分为不同的种类。

1. 根据出票人不同划分

根据出票人不同,可分为银行汇票和商业汇票。

银行汇票(Banker's Draft)是由银行签发并出具的汇票。银行汇票一般用于付款业务,即票汇。在信用证业务中的索汇可以使用银行汇票,即议付银行议付单据后,根据信用证的规定,开立一张由指定银行(偿付行或付款行)为付款人的汇票,凭以索取垫款。

商业汇票(Commercial Bill)是指企业或商人签发并交付的汇票。商业汇票根据承兑人的不同,又可分为商业承兑汇票和银行承兑汇票两类。在国际贸易中,出口商开立的汇票就是商业汇票,若采用托收方式,则该汇票的付款人为进口商;若采用信用证方式,则该汇票的付款人一般为开证行或其指定银行。

2. 根据付款时间不同划分

根据付款时间不同,可分为即期汇票和远期汇票。

即期①汇票(Demand Draft/Sight Bill)是付款人在见票后立即付款的汇票,对持票人或收款人有利。这种汇票又有三种类型:汇票上明确载明"见票即付"字样的、汇票上未记载付款日期的以及汇票上载明的到期日与出票日相同的即期汇票。

远期汇票(Usance Bill/Time Bill/Time Draft)是付款人在未来某个时间付款的汇票。依约定日期方法的不同,远期汇票又可分为:

(1)定日付款汇票。它是指出票人签发汇票时,载明一个固定日期为到期日的汇票,如"于某年某月某日付款"。如将来的固定日期是2010年2月1日,那么汇票中会记载:"on 1st, Feb, 2010 fixed pay to C Co. or order"。

(2)出票后定期付款汇票。它又称计期汇票,是指以出票日后一定时间为到期日的汇票,如"自出票日后30天付款"(at thirty days after date of draft sight)。持

---

① 即期(at sight / on demand),是指持票人提示汇票的当天即为到期日,无须承兑。

票人必须向付款人提示要求承兑,付款到期日就从出票日算起。

(3)见票后定期付款汇票。它又称注期汇票,是指出票人载明见票日后一定期间付款的汇票,如"见票后 60 天付款"(at sixty days after sight)。持票人必须向付款人提示要求承兑,以便从承兑日算起,确定付款到期日。"见票"是指持票人请求付款人承兑时,付款人记载"承兑"(accepted)并签名的行为,即该汇票的到期日自承兑日起算,因此,付款人承兑时必须在汇票上记载承兑日期,否则到期日无法确定。

(4)提单签发日后若干天付款汇票。它是指出票人在汇票上记载在提单签发日后一定期间付款的汇票,如"提单签发日后 60 天付款"(at sixty days after date of Bill of Lading)。

3. 根据是否随附单据划分

依是否随附单据,可分为光票汇票和跟单汇票。

(1)光票汇票(Clean Bill)。它是指由出票人开立的不随附任何货运单据的汇票。银行汇票多为光票汇票。光票汇票的付款完全凭当事人的信用。在国际贸易中支付佣金、代垫费用、收取货款尾数时,常常使用光票汇票。

(2)跟单汇票(Documentary Bill)。它又称押汇汇票或信用汇票,是指随附与贸易有关的货运单据才能获得承兑、付款的汇票。跟单汇票除了汇票当事人的信用外,还有货物作保证。在转让汇票时,其随附的货运单据与汇票一起转让,因此,这种汇票的转让在一定程度上取决于货运单据(物权凭证的提单)所代表的货物的价值。

商业汇票多为跟单汇票。在国际贸易中,跟单汇票又可分为三种:信用证押汇汇票;付款交单汇票(用于 D/P 付款方式);承兑交单汇票(用于 D/A 付款方式)。

4. 根据记载权利人方式的不同划分

依记载权利人方式的不同,可分为记名汇票、指示汇票和无记名汇票。

(1)记名汇票。它又称抬头汇票,是指出票人在汇票上明确载明收款人的姓名或商号的汇票。出票人签发这种汇票后,必须将汇票交付给票载的收款人才产生票据的效力。同时,收款人若要转让票据仅能依背书交付的方式进行,但该汇票可记载"禁止转让"等文句。

(2)指示汇票。它是指出票人不仅明确载明收款人的姓名和商号,而且还要附加"或其指定的人"字样的汇票。这种汇票,持票人可以背书转让,在国际贸易中使用较广。出票人对这种汇票不得禁止持票人背书转让,否则与其记载相矛盾。

(3)无记名汇票。它是指出票人在出票时没有在票据上载明收款人姓名或商号,或仅载明将票据金额付给"来人"或"持票人"字样的汇票。收款人仅凭交付而无须背书即可转让该汇票,持票人也可以在此汇票上记载自己或他人的姓名,使之变为记名汇票。在此应注意,依中国《票据法》第 22 条的规定,未载明"收款人名称"的汇票无效,因此,在中国不承认无记名汇票。另外,中国《票据法》对指示汇票没有明文禁止。

### 二、汇票的内容与制作要求

#### (一)汇票的内容
汇票的内容是指汇票上记载的项目。

汇票上的权利义务必须依据其记载事项的文义而定。各国票据法对汇票记载事项的内容及规定不完全相同。《日内瓦统一票据法》强调要式齐全,其第 1 条未对汇票下明确的定义,但是它认为作为汇票应包含下列内容:①汇票字样;②无条件支付一定金额的书面命令;③付款人;④付款期限;⑤付款地点;⑥收款人;⑦出票日期和地点;⑧出票人签名。

汇票记载的事项通常分为绝对必要记载事项、相对必要记载事项和任意记载事项三大类。

##### 1. 绝对必要记载事项
绝对必要记载事项,是指出票人必须记载于汇票的事项,缺少一项,该汇票无效。各国票据法和《日内瓦统一票据法》对此的规定不完全一致,但通常包括以下几项内容。

(1)表明"汇票"的字样。《日内瓦统一票据法》要求汇票上必须标明"汇票"字样①。我国《票据法》规定必须有"银行汇票"或"商业汇票"字样。但英美法系各国则不要求必须注明"汇票"字样,只要能反映出票据的含义即可。

(2)无条件支付命令。所谓支付命令,是指出票人命令或委托付款人支付汇票金额的意思表示。无条件则是指仅为单纯的命令或委托,不得附加其他行为或事件为前提。汇票的支付命令或委托通常用" pay to × × or order "或" pay to the order of × × "等形式表示,例如:Pay to the order of NT Co. the sum of seven thousand US dollars plus interest.

---

① 实务中不是非用"汇票"(Bill of Exchange)不可,其同义词(如 Exchange 或 Draft)均可。

（3）一定（确定）的金额。汇票支付标的必须是金钱,汇票上记载的金额必须是确定的。其含义是指任何人都可确定的金额,而且不论是出票人、付款人还是持票人,任何人根据文义计算的结果都是一样的。汇票除了应写明确定的金额外,有时还会加有利息记载、分期付款。

（4）付款人（受票人）。付款人是受出票人的委托而支付汇票金额的人。开立汇票时,将付款人填在"To ____"一栏中。汇票上所记载的付款人（Drawee）要有确定性,一般都注明详细地址,以便持票人不会搞错。

（5）收（受）款人。收款人（Payee）,又称为最初的权利人。收款人有权向付款人要求付款,若遇拒付时则有权向出票人行使追索权;若在汇票上背书,则须承担付款或承兑的保证责任。

（6）出票日期。出票日期（Date of Issue）是指形式上记载于汇票上的开立日期。《日内瓦统一票据法》将出票日期作为绝对必要项目,但英国《票据法》认为即便没有出票日期,票据仍有效,如果签发的是远期汇票,则为计算到期日,善意持票人可以加上出票日期以确定到期日。在国际贸易中,若采用信用证支付方式,汇票的出票日期不能晚于信用证的有效期,同时不得早于随附的各种单据的出单日期。

（7）出票人签字。出票人签字（Signature of the Drawer）是汇票的绝对必要记载事项,若汇票上没有出票人签字或签字是伪造的,则该汇票无效。出票人签字则意味着他将承担签发汇票的责任。

2. 相对必要记载事项

相对必要记载事项,是指出票人应当在汇票上记载的,但若没有记载并不影响汇票的效力,而是依据票据法的相关规定进行补充或推定的事项。各国票据法和《日内瓦统一票据法》对此的规定也不完全相同,内容通常包括:①出票地（Place of Issuing）;②付款地（Place of Payment）;③到期日（付款期限）（Tenor）。下面着重阐述一下到期日。

汇票到期日通常在汇票的"At _____ Sight"一栏内填写。各国票据法及《日内瓦统一票据法》均规定,若汇票没有记载付款时间,均视为见票即付汇票。

汇票付款到期日的作用是:确定汇票种类,从而决定汇票的各种期限;确定汇票权利最终消灭的时间,如中国《票据法》规定,持票人对出票人和承兑人的权利,自票据到期日起两年不行使便消灭。大陆法系国家的票据法均规定,不得记载数个到期日或分期付款;而英美法系国家的票据法则允许汇票记载数个到期日或分期付款。

## 知识链接

### 关于汇票的付款期限

《日内瓦统一票据法》规定汇票有四种付款期限,分别是:即期(at sight/on demand)、见票后定期(at a fixed period after sight)、出票后定期(at a fixed period after date)和定日(at a fixed date)。对于见票后定期付款和出票后定期付款的汇票需要确定未来的付款时间,实务中通常按照以下原则计算:

第一,算尾不算头。在计算远期汇票的到期日时,出票日和见票日不包括在内,但付款日包括在内。例如,出票后20天付款,如果出票日为1月13日,则到期日是2月2日。

第二,月为日历月。如果汇票的付款期限为出票后或见票后几个月付款,则以到期时对应月份的相应日期为准,若到期月无相同日,则以该月最后一天为到期日。如1月31日出票的出票后一月付款的远期汇票,到期日应为2月28日(平年)到期。

第三,节假日顺延。如果依上面的规则算出的到期日是节假日,则到期日顺延至银行节假日后的第一个营业日。

#### 3. 任意记载事项

任意记载事项包括:可以记载事项(即是否记载由出票人决定,一旦出票人记载则产生票据法上效力的事项);记载不立生票据法上效力的事件;记载无效的事项以及记载使票据无效的事项等。

#### (二)汇票制作的基本要求

国际贸易中使用的汇票经长期的演化,其格式已经大致固定。汇票的基本样式见表2-1。

表2-1 汇票

---

### BILL OF EXCHANGE

NO. _____

EXCHANGE FOR _____

AT _____ SIGHT OF THIS FIRST OF EXCHANGE(SECOND OF THE SAME TENOR AND DATE UNPAID) PAY TO THE ORDER OF _____

THE SUM OF SAY _____

_____

DRAWN UNDER _____

TO _____

---

信用证(L/C)方式下其制作要求如下:

**1. 汇票号码**

受益人在缮制汇票时,通常会选择发票号码作为汇票号码,以方便单据的管理;有时也会单独编排汇票号码。

**2. 出票日期和地点**

在汇票的右上角,要注明汇票的出票日期和地点,这是为了按照出票地国家的法律来确定汇票是否成立和有效与否。

**3. 汇票金额**

若对金额作选择的记载(如5万美元或6万美元)、浮动的记载(如约10万美元)或未定的记载(如美元若干元)等,都是不确定的金额,该类汇票无效。

关于汇票金额的记载,必须有货币名称(通常以缩写表示,如 USD 等)和金额数字。为防止金额数字被涂改,货币金额数字应使用文字和数字同时记载,如在汇票栏的"exchange for __"中以数字(小写)填写金额,在"the sum of __"中以文字(大写)填写金额。

【例2-1】小写金额为 USD7 890.45,大写有以下两种写法:

第一种:US DOLLARS SEVEN THOUSAND EIGHT HUNDRED NINETY AND FORTY FIVE CENTS ONLY.

第二种:US DOLLARS SEVEN THOUSAND EIGHT HUNDRED NINETY & 45/100 ONLY.

依中国《票据法》第8条,汇票的大小写金额应一致,若不一致时,该汇票无效;依英国《票据法》第9条,汇票金额应同时以文字和数字表示,当两者不一致时,应以文字表示的金额为应付金额;依《日内瓦统一票据法》第6条,汇票金额也应同时以文字和数字记载,若大写或小写金额先后多次出现且有差异时以金额较小的为应付金额。

**4. 汇票期限**

汇票期限即到期日,须与信用证的规定一致。

如为即期信用证,则在 at 与 sight 之间的实线或虚线上打上"＊＊＊",表明此空白处不填写任何信息,汇票即为即期汇票。

如果是远期信用证,则在 at 与 sight 之间的实线或虚线上填写相关期限。

【例2-2】见票后90天付款。At <u>90 days after</u> sight...

【例2-3】提单日后60天付款。At <u>60 days after B/L date</u> sight...

【例2-4】装运日后90天付款。At <u>60 days after shipment date</u> sight...

## 5. 无条件支付命令

Pay to the order of 后面要注明议付行的全称。

【例2-5】Pay to the order of United Overseas Bank Beijing Branch.

## 6. 汇票的出票依据

信用证项下的汇票必须有出票条款,即开立汇票的依据。一般在信用证中都有此规定,这时应按来证规定出票。若信用证中没有规定具体的出票文句,可以在汇票上注明开证行名称、地点、信用证号码及开证日期。如:Drawn under THE ××BANK, L/C NO. WFH10051 dated 12 JAN,2010。

## 7. 付款人

若采用信用证支付方式,付款人一般为开证行、付款行、承兑行等。汇票左下角To...后注明开证行的名称,若信用证规定有偿付行(Reimbursing Bank),则注明偿付行的名称。汇票不能以开证申请人为付款人,若受益人提交的汇票以开证申请人为付款人,则此汇票作为与商业发票一类的商业票据处理。

## 8. 收款人

收款人通常称为"抬头",是汇票上记明的主债权人,是汇票第一次的债权人即接受汇票所规定金额的人。英美法系国家准许汇票收款人名称不记载,我国《票据法》规定不记载收款人名称的汇票是无效的。汇票上的收款人一般有三种写法,这些种类直接影响汇票是否可以转让,用什么方式转让。

(1)记名收款人。例如:Pay to A Company only;Pay to A Company not transferable。记名收款人即限制性抬头(Restrictive Order),只限指明的具体人或商号,不得转让给他人。出票人开立这类汇票的目的是不愿使汇票流入第三者手中。票据的债务人只对记明的收款人负责。

(2)指示汇票上除了记载收款人名称外,还附有"或其指定的人"字样。这种收款人可称为指示性抬头(Demonstrative Order)。指示性抬头的汇票经抬头人背书后,可以自由转让。当然,指示性抬头的汇票并不是非转不可的,抬头人也可以自己去行使票据权利。实务中有三种写法:

① Pay to the Order of ABC Co.(支付给 ABC 公司指定的人);

② Pay to ABC Co. or Order(支付给 ABC 公司或其指定人);

③ Pay to ABC Co.(支付给 ABC 公司)。

在③中虽然没有"Order"的字样,但收款人仍有权背书转让。

(3)无记名汇票上则记载"来人"或"持票人"字样。这种情况也称来人抬头

（Payable to Bearer）①，这种汇票不指定收款人名称，汇票仅凭交付即可转让，无须背书。来人抬头票据的债务人对"来人"——即持有来人抬头票据的持票人负责。如："Pay to Bearer"，付来人。"Pay to ABC Co. or Bearer"，付 ABC 公司或来人。"Pay to Order of ABC Co. or Bearer"，付 ABC 公司的指示人或来人。

9. 出票人签字

汇票的出票人必须是信用证的受益人，即在汇票的右下角加盖受益人的印章。

需要指出的是，汇票一般是一式两份，付款人对一张汇票付款后，另一张就自动失效。因此，在第一张汇票上需说明"First（Second Being Unpaid）（付一不付二）"，在第二张汇票上需说明"Second（First Being Unpaid）（付二不付一）"。

## 三、汇票的基本当事人及汇票行为

在国际结算中，汇票行为主要表现为有关当事人或关系人如何使用汇票的问题。

### （一）汇票的基本当事人

汇票尚未进入流通领域之前，有三个基本当事人②：出票人（Drawer）、付款人（受票人）（Drawee，Payer）和收款人（受款人）（Payee）。进入流通领域之后，会出现背书人、被背书人、承兑人、保证人、持票人、付过对价持票人和正当持票人等当事人。这里仅阐述汇票的基本当事人。

出票人就是签发命令或委托付款的人。在国际贸易结算中，出票人一般为出口商或信用证中的受益人。汇票一经签发，出票人就负有担保承兑和担保付款的责任，直到汇票完成它的任务。如果出票人因汇票遭拒付而被追索时，应对持票人承担偿还票款的责任。

付款人（受票人）就是接受出票人命令或委托支付汇票金额的人。在国际贸易结算中，付款人一般为进口商或信用证中的开证申请人、开证银行或付款行或承兑行。

收款人（受款人）就是凭汇票享有受领票据金额的人。在国际贸易结算中，收款人一般为出口商或信用证中的受益人或议付银行。

---

① 《日内瓦统一票据法》和我国《票据法》不允许汇票做成来人抬头。我国票据法第 22 条明确规定，汇票必须记载收款人名称，否则汇票无效。

② 所谓基本当事人即汇票一经开立就存在的当事人。

（二）汇票行为

汇票行为是指能够产生票据债权债务关系的要式法律行为。汇票行为通常包括汇票的出票、背书、承兑、保证、付款、拒付与追索等。其中出票是主票据行为，其他行为都是以"出票"所开立的票据为基础的，因此称为附属票据行为。若主票据行为无效，则附属票据行为自然也无效。

1. 出票

出票（Issue）又称汇票的发票、签发或开立，是出票人按照一定要求和格式签发汇票并将其交付出去的一种票据行为。出票可以简单地描述为两步，即写成汇票，并签名；交付出去。

出票的效力表现如下：

（1）对于出票人（Drawer）。对出票人而言，其出票签字意味着他是该汇票的主债务人，他对汇票债务的责任有两个方面，即担保承兑和担保付款。如果汇票不获承兑或不获付款，他就自己来承担债务——受持票人的追索。有时出票人为了免除对持票人应负的被追索责任，可在汇票上加注"Without Recourse to Drawer（不得对出票人追索）"的文句，这样当持票人遇到拒付时，就不能向出票人进行追索。不过收款人一般不会接受列有这类文句的汇票。

（2）对于持票人（Holder）。出票使持票人取得了票据上的一切权利，包括付款请求权和遇退票时的追索权。倘若付款人拒绝承兑或拒绝付款时，持票人即可做成拒绝证书，向出票人追索票据，这时，出票人就得自行清偿债务。

（3）对于付款人（Drawee）。付款人因为没有在汇票上签过字，对汇票的债务就没有责任。他可以根据票据提示时他与出票人的资金关系来决定是否付款。对于远期汇票的付款人来说，出票使他取得了可承兑票据的地位。

2. 背书

汇票是一种流通证券，转让是使其流通的手段。背书是汇票的主要转让方式。通常认为背书是一种单方法律行为，因此被背书人（受让人）无须签名。一般被背书人可以再作背书，这样持票人可将一张汇票持续转让下去，从而实现汇票的流通。

所谓背书（Endorsement），是指持票人为了转让票据权利或者将一定的票据权利授予他人行使，在票据背面或者粘单上记载有关事项并签章的票据行为。背书的行为有两步：写成背书和交付。经过背书，汇票的权利即由背书人转给被背书人。

【例2-6】有一张汇票，A公司是出票人，B公司是受票人即付款人，张三是收款人,金额是 5 000 元人民币,张三即拥有了这 5 000 元人民币票款的权利。而张三恰好欠李四 5 000 元人民币,那么张三就可以把这张汇票背书(即签字并交付)给李四,从而抵消了张三欠李四的 5 000 元人民币的债务。李四就拥有了这 5 000 元人民币票款的权利,从而完成了票据权利的转移。

(1)背书的种类及其应记载事项。以背书目的为标准,可以分为转让背书和非转让背书。转让背书的记载事项包括:背书人签章;被背书人名称;背书的日期[1]。非转让背书的记载事项,除了以上三项转让背书应记载事项外,委托收款背书应记载"委托收款"字样。

①转让背书。转让背书是以转让票据权利为目的的背书。通常背书都属这一类。具体又有完全背书、空白背书、有条件背书和限制性背书四种。

完全背书,也称记名背书、特别背书(Special Endorsement),它是指记载了背书人和被背书人双方名称的背书,这是最正规的一种转让背书,需要记载被背书人名称,并经背书人签字。

【例 2 - 7】汇票正面:Pay to the order of Peter

汇票反面:Pay to the order of Baker

Peter(签字)

此时背书人是 Peter,被背书人是 Baker。被背书人 Baker 可以继续再作记名背书来转让票据权利,也可仅作空白背书来转让。

空白背书(Blank Endorsement)又称为不记名背书,是指背书人不记载被背书人的名称,仅自己签章的背书。空白背书的汇票凭交付而转让,交付者可不负背书人的责任。空白背书汇票的持票人也可以将空白背书转变为记名背书。在我国票据法上,仅承认记名背书,而禁止空白背书的使用。

【例 2 - 8】汇票正面:Pay to the order of Peter

汇票反面:

Peter(签字)

当作成空白背书后,交付给一个不记名的受让人,此时他与来人汇票的来人相同,可以不作背书仅凭交付再进行转让票据(权利),他对票据不需承担责任,因为他没有在票据背面签字。

有条件背书(Conditional Endorsement),是指背书人在汇票背面加列诸如免作拒绝证书、免作拒付通知或其他条件的背书。但我国法律规定背书不得附有条件,

---

① 记载背书日期,可以使票据关系当事人辨别背书的时间顺序,以判断背书是否连续,以及背书人在背书时有无行为能力。背书未记载日期的,视为在汇票到期日前背书。

所附条件不具有汇票上的效力。

【例2-9】汇票正面:Pay to the order of Peter

汇票反面:Pay to the order of Baker on delivery of B/L No. 146

Peter（签字）

限制性背书(Restrictive Endorsement)，即背书人在做成背书时在票据上写明限定转让给某人或禁止新的背书字样的背书,如在汇票背面写明"Pay to A Co. Only"(仅付给A公司)。

【例2-10】汇票正面:Pay to the order of Peter

汇票反面:Pay to Baker only

Peter（签字）

这表示Peter将票据转让给Baker了,而Baker不能再将票据转让给他人。

②非转让背书。非转让背书是转让票据权利以外目的的背书。委托收款背书就是一种。委托收款背书是持票人以委托收款为目的的一种背书,实践中也被称为代理背书。这种背书的背书人就是将代理权授予他人,被背书人就是代理人,背书人就是被代理人,如"Pay to A Bank Only for Collection"。

(2)背书的效力:

①对于背书人(Endorser):将票据权利转让给被背书人,并担保承兑和担保付款;向后手担保前手签名的真实性及汇票的有效性。当然,从债务角度讲,背书人只是从债务人,一般只在汇票的主债务人即出票人和承兑人拒付时才会被追索。

②对于被背书人(Endorsee):获得汇票就成为持票人,汇票上的背书是他所获权利的证明,背书证明他获得了汇票债权人具有的付款请求权和追索权。此外,对被背书人来说,前手越多,即已在票据上签字的人越多,他的债权的担保人就越多,对他来说也就越安全。

3.提示

票据只是一种权利凭证,而要实施这种权利,就必须向债务人提示票据。提示(Presentation)是指持票人向付款人提交汇票要求其承兑或付款的一种行为。提示可以分为两种:承兑提示和付款提示。承兑提示是远期汇票的持票人向付款人所做的提示。付款提示是即期汇票或远期汇票的持票人向付款人或承兑人所做的提示。这就是说,即期汇票只需提示一次,即做付款提示;远期汇票有两次提示,即第一次做承兑提示,第二次是汇票到期时做付款提示。

提示要做到如下两点:

第一,在规定时效或合理时间内提示。如果是即期汇票,持票人若要出票人对汇票负责,应在出票后的规定时效或合理时间内向付款人提示;若要背书人对汇票负责,应在背书后的规定时效或合理时间内向付款人提示。如果是远期汇票,应在到期日提示。

第二,在规定地点提示。提示的地点应是汇票上的付款地点或付款人或承兑人的营业地址或居住地址。汇票上的付款人如有多人,应向所有的付款人提示。

#### 4. 承兑

承兑(Acceptance)是指远期汇票的付款人明确表示同意按出票人的指示,于票据到期日付款给持票人的行为。从承兑的定义来看,承兑是远期汇票的付款人所做的票据行为,是明确表示愿意支付票面金额的一种票据行为。根据承兑是否有限制,可将承兑分为一般承兑(General Acceptance)或单纯承兑、保留承兑(Qualified Acceptance)或不单纯承兑两类。单纯承兑是指汇票付款人完全依照票据上所载明的文义而进行的承兑。不单纯承兑是指付款人对汇票上所记载的文义加以变更或限制以后进行的承兑,如部分承兑、附条件承兑、指定付款地点的承兑、变更到期日的承兑等。

承兑的效力表现在:承兑对付款人来说就是承诺了付款责任,承兑人一旦签字就不得以任何理由否认汇票的效力。汇票承兑以后,付款人成为处于汇票主债务人地位的承兑人,而出票人则从主债务人的地位转变为从债务人。假如到期时承兑人拒付,持票人可以直接对承兑人起诉。承兑对持票人来说,因为付款人做了付款承诺,他的债权就较为确定。

承兑包括两个行为:写成"Accepted(承兑)"字样外加签章,并交付。一般来讲,承兑时应注明"承兑"字样、付款人签名和承兑日期。

【例2-11】Accepted 1st,June,2010

> Payable at Midland Bank
>
> For A Co.
>
> Signature

#### 5. 参加承兑

参加承兑(Acceptance for Honour)是指汇票遭到拒绝承兑而退票时,非汇票债务人在征得持票人的同意后,要求承兑已遭拒绝承兑的汇票的行为。参加承兑者称作参加承兑人,被担保到期付款的汇票债务人称作被参加承兑人。

持票人同意第三者参加承兑后,即不得于汇票到期日以前向出票人和各前手行使追索权。因此,参加承兑行为使追索行为被推迟,从而维护了出票人和背书人的信誉。

参加承兑应记载的事项包括:"参加承兑"的字样;被参加承兑人姓名;参加承兑日期;参加承兑人签字。

**6. 保证**

保证(Guarantee or Aval)是指非汇票债务人对于出票、背书、承兑、付款等所发生的债务予以偿付担保的票据行为。保证人所负的汇票上的责任与被保证人相同。保证使汇票的付款信誉增加,便于其流通。

保证可作在汇票上,也可作在粘单上。作保证时,保证应记载的事项包括:"保证"字样;保证人名称和住址;被保证人的名称;保证日期;保证人签名。

**7. 退票**

承兑提示时遭到拒绝承兑,或付款提示时遭到拒绝付款,都称为退票(Dishonour)或拒付。

根据《英国票据法》,一汇票的持票人如在汇票提示时遭到承兑人或付款人的拒绝承兑或拒绝付款,应在退票的当天或在合理时期内(即在次日)以书面或口头形式通知出票人或背书人,把拒绝的汇票退给他们,也应视作退票通知。持票人如不及时发出退票通知,出票人和背书人可解除责任。

《英国票据法》规定:外国汇票遇到付款人退票时持票人必须在退票后一个营业日内做成拒绝证书,否则他将丧失对背书人或出票人的追索权利。拒绝证书是一种证明退票的法律文件,由法定公证人按规定格式做成。

**8. 付款**

在正常情况下,付款(Payment)是汇票流通过程的终结。付款是指即期汇票的付款人和远期汇票的承兑人在接到付款提示时,履行付款义务的行为。付款后,票据上的一切债权债务关系即告结束。

汇票的付款人向持票人付款后,付款人一般均要求收款的持票人在背面签字作为收款证明并收回汇票,注上"付讫"(Paid)字样,并且可要求持票人出收据。此时汇票就注销(Discharge)了,不仅付款人解除了付款义务,所有票据债务人的债务即因此消失。只有所有的债务人的义务都消灭,汇票才能注销,因此若付款人拒付,背书人向追索的持票人付款,这样的付款就不能使汇票注销,因为该背书人的前手背书人及出票人的义务仍未消灭。

**9. 追索**

持票人在票据遭到拒付时(不获承兑或到期不获付款等),持票人可向其前手包括背书人、出票人行使请求偿还票面金额、利息及其他款项的权利,这种行为就是追索(Recourse)。持票人的这种权利在法律上称为追索权。根据行使追索权的主体标准,可将追索权分为最初追索权和再追索权。持票人第一次行使的追索权为最初追索权;清偿了汇票债务的被追索人可以向其他汇票债务人请求支付已清偿的全部金额,称为再追索。

我国《票据法》第 68 条规定,汇票的出票人、背书人、承兑人和保证人对持票人承担连带责任。持票人可以不按照汇票债务人的先后顺序,对其中任何一人、数人或者全体行使追索权。持票人对汇票债务人中的某一人或者数人已经进行追索的,对其他债务人仍可以行使追索权。追索的金额包括:票据金额;到期日至付款日的利息;做成拒绝证书的费用、发出拒付通知的费用及其他费用。

票据法对追索权行使的时效也有规定。我国《票据法》第 17 条指出,持票人对前手的追索权,自被拒绝承兑或被拒绝付款之日起 6 个月;持票人对前手的再追索权,自清偿日或者被起诉之日起 3 个月。《英国票据法》规定保留追索权的期限为自债权成立日起 6 年。《日内瓦统一票据法》规定持票人向前手的追索时效是从拒绝证书做成日起算 1 年;在免做拒绝证书时,则从到期日起算 1 年,背书人对其前手的追索时效是从他作清偿日起算 6 个月。

 **案 例**

某年 8 月 16 日,甲公司与乙商贸公司签订了一份价值 35 万元的销售合同。由于乙商贸公司一时资金周转困难,为付货款,便向张某借款,并从 A 银行申请到一张以张某为户名的 30 万元现金汇票交付给甲公司。甲公司持该汇票到 B 银行要求付款,但 B 银行拒绝付款并出示了乙商贸公司的电报。原来,乙商贸公司在销售时发现商品有质量问题,还发现所汇款项是挪用公款,于是,电告 A 银行,A 银行立即通知 B 银行拒绝付款给甲公司,并宣布汇票作废,退回 A 银行。B 银行依此拒付款项。甲公司多次协商未果,事隔两个月后,甲公司向法院起诉,要求 A 银行无条件支付货款,并支付延期付款的相关费用。最后甲公司胜诉。

【案例分析】

本案涉及的主要问题是汇票的出票的效力,包括出票人 A 银行所出汇票对出票人自己、对付款人 B 银行以及对收款人甲公司的效力问题。甲公司与乙商贸公司签订的销售合同合法有效,现金汇票的签发也符合要件,是一张有效的票据,甲公司合法取得该汇票,是正当持票人,依法享有要求银行解付的权利。银行对于有效的汇票,应无条件付款,不能以原经济合同产生纠纷为由拒付票款。出票人在汇票得不到承兑或者付款时,应当向持票人清偿被拒绝付款的汇票金额、汇票金额自到期日或者提示付款日起到清偿日止的利息、取得有关证明和发出通知书的费用。

据此,甲公司有权要求 A 银行支付货款及延期付款的相关费用。

 案 例

　　甲公司欲向乙公司出售一批货物,为收取货款,甲公司开出一张远期汇票,以乙公司为付款人,丙公司为收款人,并将汇票交给丙公司,汇票经乙公司承兑后,甲公司并没有向乙公司交货。丙公司持汇票向乙公司请求付款,乙公司拒绝付款。丙公司又去找甲公司,甲公司不予理睬,无奈,丙公司将甲、乙两公司告上了法庭。

　　**【案例分析】**

　　法院审理后认为,甲公司开出的远期汇票,是基于正当的交易关系,属于有效汇票,并且经过乙公司承兑,而乙公司进行承兑后,即承担了绝对的付款责任,成为主债务人,出票人甲公司则成为从债务人,不承担票据的直接付款责任,只承担担保责任。由此可见,乙公司拒绝付款是错误的,不能以甲公司未交货作为自己抗辩付款的事由,因为根据票据关系与原因关系的分离性原则,甲公司未交货不能成为乙公司拒绝付款的理由。故判决乙公司支付票款,甲公司担保付款。乙公司在支付票款后,可向甲公司行使追索权。

# 第三节　本票与支票

　　本票、支票也是国际结算的工具。本票、支票和汇票相比既有相同点也存在着一定的差异。

## 一、本票

　　本票(Promissory Note)是汇票的一种特殊形式,即汇票中的出票人和付款人合二为一人时,汇票所体现的无条件命令也就成为一种无条件支付承诺,此时的汇票就是本票。

### (一)本票的定义与分类

　　《英国票据法》对本票(Promissory Note)的定义是:本票是一人向另一人签发的,保证即期或定期或在可以确定的将来时间,对某人或其指定人或持票人支付一定金额的无条件书面承诺。《中华人民共和国票据法》第 73 条也对本票下了定义:本票是出票人签发的,承诺自己在见票时无条件支付确定的金额给收款人或持票人的票据,本法所称本票是指银行本票。从这一定义可看出,我国票据法中的本票

是指银行即期本票。

根据出票人的不同,本票一般分为商业本票和银行本票。商业本票是由企业或商人制作并交付的本票。银行本票是由银行制作并交付的本票。无论是商业本票还是银行本票,都有即期和远期之分。

（二）本票的内容

《日内瓦统一票据法》关于本票的内容规定为:①写明"本票"字样;②无条件支付承诺;③收款人或其指定人(未写明收款人或其指定人的视为持票人);④付款期限(未写明付款期限的,视为见票即付);⑤付款地点(未写明付款地点的,付款人所在地视为付款地点);⑥出票日期和地点(未写明出票地点的,出票人所在地视为出票地);⑦一定金额;⑧出票人签字。

由于本票的出票人和付款人是同一个人,因此,与汇票比较,本票少了一个重要项目——付款人。

本票的样式见表2-2。

表2-2　本票的样式

| |
| --- |
| Promissory Note for USD1 000.00　　　　　　　　　　SHANGHAI,11 Nov, 2010<br>At 60 days after date we promise to pay to the order of C Co. the sum of US Dollar One Thousand.<br>　　　　　　　　　　　　　　　　　　　　　　　　　　For A Co.<br>　　　　　　　　　　　　　　　　　　　　　　　　　　Signed |

（三）本票的基本当事人及其行为

本票的基本当事人是出票人和收款人。

出票人是签发本票的人,也是本票的付款人。他的责任就是履行所承诺的付款,到期时保证支付给收款人或持票人。由于出票人在签发本票时就在本票上签了字,因此出票人就是本票的主债务人。出票人签发本票后,无权再干预持票人的处理,由于出票人和付款人是同一人,所以无需承兑。

收款人即本票的主债权人,收款人可以背书转让本票,并对后手保证付款,若出票人拒付,可行使追索权。若本票上规定在某地付款时,收款人一般应在此地提示付款,以确保出票人所承担的责任。

除本票不必承兑,亦不必参加承兑,以及银行对本票不予贴现①之外,其余内

---

① 贴现(Discount)是指在远期汇票已承兑而尚未到期前,由银行或贴现公司按照汇票金额扣除一定的利息后,将余款提前垫付给持票人的一种资金融通行为。

容与汇票类似,也有出票、背书、保证、到期日、付款、参加付款、追索和拒付等。

### (四)本票和汇票的不同点

尽管本票是汇票的一种特例,但两者还是有些不同。

第一,双方基本当事人不同。本票的基本当事人有2个,即出票人和收款人。而汇票的当事人有3个,即出票人、付款人和收款人。

第二,本票是出票人无条件付款的书面承诺,也就是出票人本人保证自己付款。而汇票是出票人要求付款人付款的命令,因此,出票人与付款人之间一般有资金关系。

第三,本票由于出票人与付款人是同一人,所以无承兑行为。而汇票有承兑行为。

第四,本票的主债务人就是出票人,而远期汇票的主债务人在承兑前是出票人,承兑后则为承兑人。

## 二、支票

支票(Check)是以银行为付款人的即期汇票,是汇票的一个特例。

### (一)支票的定义

支票是一项无条件的支付命令,由出票人签字,要求受票的银行即期支付一定金额给一个特定之人或其指定人或来人。

支票的付款银行必须是持有出票人存款的银行,而且与出票人有协议,即出票人有权开立支票处理其在付款银行的存款。所以,支票是由银行的支票存款储户根据协议向银行开立的付款命令。没有存款的出票人的支票得不到付款,有存款而没有支票协议的出票人签发的支票同样也得不到付款。这就是说,出票人签发支票,必须在付款人处存有可供支付的支票资金(支票存款账户),且必须在其存款余额内或与付款人约定的透支限额内签发支票金额,否则就产生了空头支票。空头支票不能获得付款。出票人签发空头支票,实质在于以商业信用套取银行信用。而空头支票的持票人因得不到兑现而利益受到损害。

我国出口采用凭外商支票发货时,尤应谨慎。为防止外商签发空头支票,应坚持外商签发"保付支票";或在外商签发一般支票时,先通过我国内银行将支票向国外付款行通过光票托收收回货款或查询后,方可发货,以免造成钱货两空的损失。

各国票据法上关于支票绝对必要记载事项的规定并不完全相同。《日内瓦统一支票法》规定的绝对必要记载事项包括:①表明其为支票之字样,并使用支票本文之文句;②无条件支付一定金额之委托;③付款人姓名;④出票日期;⑤出票人签名。支票不像汇票和本票那样由出票人自己设计格式,或者由出票人自己随手写成。支票通常是在开户行设计和印刷精良的格式上作成。支票的样式见表2－3。

表2－3　支票样式

```
Check for USD1 000.00                              SHANGHAI,11 Nov, 2010

                        Pay to the order of C Co.

                    the sum of US Dollar One Thousand

        To Midland Bank

        London , England

                                                           For A Co.、
                                                              Signed
```

由于支票是汇票的一种特殊形式,因此,汇票必要项目的内容同样适用于支票,只不过它是以银行为付款人的即期汇票,没有付款期限这一项。

**(二)支票的分类**

支票可分为普通支票与划线支票两种。普通支票是指持票人既可以从银行提取现金,也可以委托银行收款入账的支票。划线支票是指在支票上划两条平行线,以表明持票人只能委托银行收款入账,而不能提取现金的支票。使用划线支票主要是为了适应银行转账结算的要求,并可防止或减少支票被冒领的意外事故。

划线支票又分为一般划线支票和特殊划线支票。一般划线支票是指不注明被委托收款的银行的划线支票,收款人可以通过任何一家银行收款。特殊划线支票是指平行线中加有银行名称的支票。有这种划线的支票只能通过该指定行向付款行做付款提示。

**(三)支票与汇票的不同点**

尽管支票是汇票的一种特例,但两者还是有些不同:

第一,支票的付款人为银行,而汇票的付款人可以是银行,也可以是商号。

第二,支票是即期的①,而汇票可以是即期,也可以是远期的。

---

①　支票虽为见票即付的银行汇票,但其在票据过期追索权行使方面却与即期汇票不一样。即期汇票的持票人如不在合理的时间内向付款人提出付款,出票人和所有背书人均可解除责任。但支票的持票人如不在合理时间内提示付款,出票人仍必须对支票负责,除非持票人的延迟提示使出票人受到了损失。

第三,支票无承兑行为,而汇票有承兑行为。

第四,支票上可以划线表示转账,而汇票则无须划线。

第五,支票的主债务人是出票人,而远期汇票的主债务人在承兑前是出票人,承兑后则为承兑人。

## 个案分析与操作演练

1. A 公司与 B 公司达成购销协议。A 公司同意远期付款,并开立了一张远期汇票,其付款人为 B 公司,但收款人为 C 公司。该汇票经 B 公司承兑,C 公司于汇票到期时向 B 公司要求支付款项,但 B 公司拒付,其理由是 A 公司没有向 B 公司交付货物。试分析 A 公司和 B 公司应承担何种责任。

2. M 公司与 N 公司签订了一项贸易合同。N 公司因资金困难,于是向 C 公司借款用于向 M 公司付款。C 公司同意借款后,N 公司从 Y 银行取得了一张汇票交付给 M 公司。当 M 公司持该汇票向 H 银行要求付款时,该银行拒付,其理由是该银行已经接到 Y 银行转来 N 公司通知:货物质量有问题,要求停止支付汇票。M 公司多次与 N 公司协商无果,于是 M 公司向法院起诉 Y 银行,要求该银行无条件支付汇票金额,并赔偿其延期付款损失和有关费用。试分析法院应如何判决。

3. A 公司为支付 B 公司的货款,于某年 6 月 5 日给 B 公司开出一张 30 万元的银行承兑汇票。B 公司获此汇票后,因向 C 公司购买一批钢材而将该汇票背书转让给了 C 公司。但事后不久,B 公司发现 C 公司根本无货可供,完全是一场骗局,于是,便马上通知付款人停止向 C 公司支付票款。C 公司获此票据后,并未向付款人请求支付票款,而是将该汇票又背书转让给了 D 公司,以支付其所欠之工程款。D 公司获此汇票时,不知道 C 公司以欺诈方式从 B 公司获得该汇票、B 公司已通知付款人停止付款的情况,即于 7 月 1 日向付款人请求付款。付款人在对该汇票进行审查之后即拒绝付款,理由是:(1)C 公司以欺诈行为从 B 公司获得票据的行为为无效票据行为,B 公司已通知付款人停止付款;(2)该汇票未记载付款日期,为无效票据。随即,付款人便做成退票理由书,交付 D 公司。

要求:根据本例提供的事实,回答以下问题:

(1)付款人可否以 C 公司的欺诈行为为由拒绝向 D 公司支付票款,并说明理由。

(2)A 公司开出的汇票未记载付款日期,是否为无效票据?为什么?

(3)D 公司的付款请求权得不到实现时,可以向本案的哪些当事人行使追索权?

4. 某国 A 公司欲向中国 B 公司订购一批货物,并表示愿意预付 60% 的货款。不久 A 公司寄来一张汇票,其金额为货款的 60%。该汇票的出票人注明为美国纽约一家著名银行,而汇票的付款人为 A 公司。该汇票同时注明:PAYING AGAINST THIS DEMAND DRAFT UPON MATURITY。但该汇票又表明付款期限为出票日后 3 个月,并无 AT __ DAYS AFTER SIGHT OF THIS SECOND OF EXCHANGE(FIRST OF EXCHANG BEING UNPAID) PAY TO THE ORDER OF…之类的语句。试分析 B 公司可否接受该汇票并与 A 公司签订贸易合同。

5. 有一张汇票,A 公司是出票人,B 公司是付款人,C 公司是收款人,分别以下列三种情况作背书转让,而且背书是真实有效的:

第一种:C→D→E→F,最终 F 成为持票人。

第二种:C→D→E→F→G,最终 G 成为持票人。

第三种:C→D→E→C→F→H,最终 H 成为持票人。

问:在上面三个持票人 F、G 和 H 中,谁手里的汇票安全系数最高,付款最有保证?

6. 我国某出口公司在广交会上与一外商签订一笔出口合同,并凭外商在广交会上递交的以国外某银行为付款人的金额为 5 万美元的支票在 2 天后将合同货物装运出口。随后,我国出口公司将支票通过我国内银行向国外付款行托收支票时,被告知该支票为空头支票,由此造成货款两空的损失。试分析该案中我出口公司应接受的教训。

7. 操作:根据下述内容按表 2-1 的格式正确制作汇票一份。

(1)Issuing Bank:Societe General Paris, France.

(2)L/C No.:10482 dated April 1, 2010

(3)L/C Amount:USD9 996.00

(4)Applicant:A NAVY & CO. Hamburg.

(5)Advising Bank:Bank of China

(6)Beneficiary:China National Textiles Imp. & Exp. Corp.

(7)Expiry date:May 31, 2010

(8)B/L dated May 5, 2010

(9)B/L Beneficiary's draft at sight drawn on to the issuing bank and pay to the order of Bank of China for 98% value marked as drawn under the credit.

(10)Quantity of Goods:15 000 Kilos net, unit price USD 680.00 per 1 000 Kilo.

(11) Invoice No. : 10097

## 复习思考题

1. 名词解释:汇票、本票、支票、无因性、文义性、票据行为、出票、背书、承兑、付款、追索。

2. 简述票据的性质和作用。

3. 如何理解汇票出票日期的作用?

4. 收款人抬头有哪几种写法?

5. 对出票人、收款人、付款人而言,出票的效力各是怎样的?

6. 如何对汇票作保证?

7. 简述本票与支票的基本当事人。

8. 请比较汇票、本票和支票的不同特点。

# 第三章　以商业信用为基础的结算
## 方式——汇款、托收

### 学习目标

通过本章的学习,要求学生:

- 掌握汇款、托收结算方式的基本定义;
- 熟悉汇款、托收结算方式的基本当事人及其相互关系;
- 了解汇款、托收结算方式的基本流程;
- 理解各种汇款、托收方式的主要区别;
- 能够在进出口业务中具体运用汇款、托收业务。

按结算方式所依据的信用基础,国际结算方式分为以商业信用为基础的结算方式和以银行信用为基础的结算方式。其中,汇款和托收是由债权方和债务方根据它们之间的合同互相提供信用的,因而属于商业信用。本章阐述以商业信用为基础的结算方式——汇款、托收实务。

## 第一节　汇款的基本当事人及汇款的应用

汇款(Remittance)又称汇付,是汇出行应汇款人的要求,以一定的方式,通过某国外银行或代理行作为付款行,把一定金额支付给收款人的一种结算方式。汇款是早期国际结算业务中最主要的方式之一,在现代国际结算中,汇款方式仍应用得很广泛,它既适用于贸易结算,也适用于非贸易结算领域。

### 一、汇款方式中的基本当事人

汇款结算方式一般涉及四个主要当事人:汇款人(Remitter)、收款人或受益人(Payee/ Beneficiary)、汇出行(Remitting Bank)、汇入行或解付行(Paying Bank)。除上述四个主要当事人外,有时还涉及转汇行(Intermediary Bank)。若汇出行与汇入行之间没有往来账户,汇出行就要找双方的共同账户行转汇,这样的银行就称为转汇行。

## （一）汇款的主要当事人

### 1. 汇款人

汇款人是委托银行向国外债权人付款的当事人。汇款人在委托银行办理汇款时，要出具汇款申请书，此申请书是汇款人和汇出行之间的一种契约。在国际贸易实务中，汇款人通常是进口商或债务人。其责任是填写汇款申请书，向银行提供将要汇出的款项并承担一定的手续费。

### 2. 收款人

收款人是接受汇款人所汇款项的当事人。在国际贸易实务中，汇款方式下的收款人通常是出口商或债权人。当收款人接受了解付的汇款后，意味着该笔款项支付的完成或债权债务的清算完成。

### 3. 汇出行

汇出行是接受汇款人委托，办理款项汇出业务的银行。汇出行通常是汇款人所在地银行，其职责是按汇款人要求将款项汇给收款人。自接受汇款申请书起，汇款人与汇出行之间的契约关系与效力就此成立，汇出行缮制支付授权书（Payment Order，P/O）时，应该按照汇款申请书的内容与选定的汇款方式进行准确表达，同时汇出行有义务完全按照汇款申请书办理该笔汇出款，直至该笔汇出款准确无误地交付收款人为止。汇出行汇出的汇款称为汇出汇款（Outward Remittance）。

### 4. 汇入行

汇入行又称为解付行，是指接受汇出行委托，向收款人解付汇入款项业务的银行。汇入行通常是收款人所在地银行，它必须是汇出行的联行或代理行。汇入行的所有解付汇入款必须严格按照汇出行的 P/O 办理。如因擅自改变 P/O 内容而引起的任何后果，均由汇入行负责。凡因种种原因不能及时解付的汇入款，应及早通知汇出行并告知原因，等待汇出行进一步指示后视情况办理。汇入行汇入的汇款称为汇入汇款（Inward Remittance）。一般情况下，汇入款都是不附加条件的，只是将汇入款的附言转告收款人；也有一种汇款是加列有条件付款的，例如"在收款人交出××号合同项下全套单据后才予付款"，在这种情况下，汇入行负有审单责任，可以考虑向收款人或汇出行收取一定比例的审单费。

## （二）当事人之间的相互关系

四个当事人之间的相互关系主要表现如下：

第一，汇款人与收款人之间是贸易合同关系确立的债权债务关系。

第二,汇款人与汇出行之间是委托与被委托的关系,它们之间是由汇款人填具的汇款申请书作为契约凭证,汇款申请书明确了双方在该项业务中的权利与义务。

第三,汇出行与汇入行之间既有代理关系又有委托与被委托的关系。通常是代理关系在前,即两行事先签有业务代理合约或账户往来关系,在代理合约规定的业务范围内,各自承担责任。针对一笔汇款业务而言,汇出行通过汇款凭证,传递委托信息,汇入行接受委托承担解付汇款的义务。

第四,收款人与汇入行之间表现为账户往来关系,即通常情况下,收款人在汇入行设有存款账户。但也可以没有账户关系,汇入行收妥款项后有责任向收款人解付该笔款项。

## 二、汇款的办理程序

一笔款项在四个当事人之间的基本流程如下:汇款人(付款方)→汇出行→汇入行→收款人。

汇款业务流程主要有五个步骤:

第一步,申请:汇款人向汇出行提交汇款申请书,并交款付费。

第二步,回执:银行将汇款受理回单交汇款人,同时借记汇款人账户。

第三步,指示:汇出行在接受委托以后,以加押电传、电报或信汇委托书、汇票通知书等方式向出口地的往来银行发出付款指示。

第四步,解付:汇入行在接到其进口地往来银行指示后,将资金款项解付给收款人。

第五步,借记:汇入行解付后,借记汇出行账户或向汇出行索要头寸。

下面就一些主要实务阐述如下。

### (一)汇款人填写汇款申请书

汇款人在委托汇出行办理汇款时,首先,要出具汇款申请书(Application for Remittance)。汇款申请书是汇款人和银行之间的一种契约。汇款申请书一般一式两联,一联为汇款申请书,一联为汇款回执。在申请书中汇款人应标明收款人的名称、地址、账户,开户行的名称、地址、账户,汇款人的姓名、地址,汇款金额及币种,汇款附言等。凡是由于汇款申请书填制错误而引起的收款人未能及时收妥款项的后果及费用,由汇款人负责。

汇款申请书样式如表3-1所示。

### 表 3-1　汇款申请书

汇款申请书　　　　　　　中国银行　　　　□MT 信汇　　　　　　编号
REMITTANCE　　　　　　BANK OF CHINA　　□DD 票汇　　　　　No.……
APPLICATION　　　　　　　　　　　　　　□TT 电汇
PLEASE WRITE IN BLOCK LETTERS　　　FOR BANK USE ONLY

| 收款人<br>Payee（s） | 金额<br>Amount | 汇出货币金额<br>Amount in Currency | | | | | | | |
|---|---|---|---|---|---|---|---|---|---|
| 地址<br>Address | | 汇率<br>Rate | | | | | | | |
| | | 英镑<br>Sterling Equivalent | | | | | | | |
| 电话<br>Tel： | | 手续费<br>Commission | | | | | | | |
| 银行：　　　账户<br>Bank　　　　A/C | | 电报费<br>Cable Charge | | | | | | | |
| 附言<br>Message： | | 兑换费<br>Exchange Comm. | | | | | | | |
| 汇款人<br>Remitter's Name | | 合计<br>TOTAL | | | | | | | |
| 地址<br>Address | | ACCOUNT NO. | | | | | | | |
| | | DR. | | | | | | | |
| | | NAME： | | | | | | | |
| 电话<br>Tel： | | CR. | | For A/C of： | | | | | |
| 请借记我账户<br>Please debit my a/c | | | | 出纳员 TELLER | | ENTRY PASSED | | | |
| 户名<br>NAME： | | 日期<br>Date | | | | | | | |
| | | 户名签字<br>汇款人签名<br>Signed | | | | | | | |

## （二）汇款头寸的调拨

汇款人填写汇款申请书并交纳款项后，汇出行缮制汇款凭证并发出，汇出行向汇入行调拨头寸。汇入行对付款电报、电传、信汇委托书和银行汇票等凭证进行认真核实，并检查付款指示命令是否准确，金额大小写是否相符，头寸调拨条款是否清楚交代等。在付款头寸落实的情况下，汇入行可执行付款指令，向受益人付款。

汇款的偿付（Reimbursement of Remittance Cover）俗称"拨头寸"，也就是汇出行委托汇入行付款给收款人，应及时将汇款金额向汇入行拨交头寸或偿付汇款。按照拨款和解付的先后来分，有两种偿付方式，一种是发出汇款指示后汇出行先拨头寸给汇入行，另一种是汇入行解付货款给收款人后再向汇出行索偿。汇款的偿付根据汇出行与汇入行账户的开设情况，头寸的拨付方式有以下几种：

其一，当汇入行在汇出行开立了账户，汇出行在委托汇入行解付汇款时，汇出行应在委托书上注明拨头寸指示："In cover, we have credited your a/c with us."如图3-1所示。

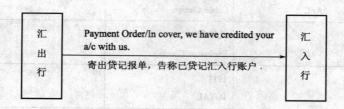

**图 3-1　汇入行在汇出行开立账户的头寸调拨**

当汇入行接到支付委托书，知道汇款头寸已拨入自己账户，即可使用头寸解付汇款给收款人。

其二，当汇出行在汇入行开立了往来账户，汇出行在委托汇入行解付汇款时，汇出行会在委托书上注明拨头寸指示："In cover, please debit our a/c with you."汇入行在借记该账户后，会在寄给汇出行的借记报单上注明"your a/c debit"字样。如图3-2所示。

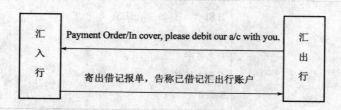

**图 3-2　汇出行在汇入行开立账户的头寸调拨**

汇入行接到支付委托书后,即被授权借记汇出行账户,付款给收款人,并以借记报单通知汇出行,这笔汇款业务即完成。

其三,汇出行和汇入行双方在同一代理行开立往来账户。为了偿付解付,汇出行可以在汇款时,主动通知代理行将款项拨付汇入行在该代理行的账户。如图3-3所示。

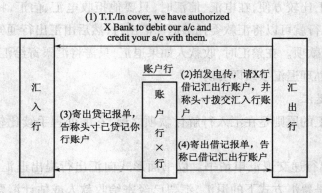

**图3-3 汇出行和汇入行双方在同一代理行开立往来账户的头寸调拨**

汇入行接到汇出行的拨头寸指示,同时也收到 X 银行寄来头寸贷记报单,即可使用该头寸解付给收款人。

其四,汇出行和汇入行双方在不同的银行开立往来账户,为了偿付,汇出行可在汇款时主动通知其代理行,将款项拨付给汇入行在其代理行的账户。如图3-4所示。

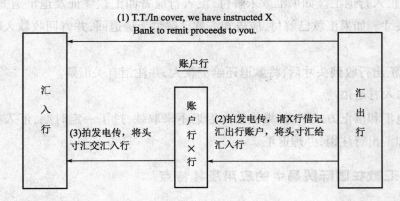

**图3-4 汇出行和汇入行双方在不同的银行开立往来账户的头寸调拨**

汇入行接到汇款,使用汇来的头寸,付给收款人。

### （三）汇款的退汇

汇款人或收款人中的某一方在汇款解付前若要求撤销该笔汇款,就称作退汇。如果是由汇款人提出,当汇款尚未解付时,汇出行和汇入行应同意汇款人的退汇请求;如果已经解付,则不能接受退汇请求。

#### 1. 收款人退汇

收款人退汇比较方便,在电汇、信汇时,只要他拒收电汇、信汇,将退汇要求通知汇入行,汇入行就可以将汇款委托书退回汇出行,然后由汇出行通知汇款人前来办理退汇,取回款项。在票汇时,收款人如果退汇,只需将汇票寄给汇款人,然后汇款人到汇出行办理退汇手续即可。

#### 2. 汇款人退汇

汇款人退汇的原则是在汇入行解付款项之前,它的处理手续比较繁琐。退汇办理程序如下:

（1）向汇出行递交退汇申请书。以书面形式向汇出行提出退汇申请,说明退汇理由。如果是票汇方式下的退汇,汇票已经寄给收款人或估计汇票已在市场上流通,则汇款人就要直接找收款人交涉,将汇票背书后交回汇出行。

（2）汇出行审查退汇申请。如必要还可要求汇款人提供担保书,保证承担汇出行因退汇而可能受到的一切损失。在汇票遗失的情况下,通常必须提供担保书。

（3）汇出行发出退汇通知,告知汇入行停止支付货款,并退回已拨交的头寸。

（4）汇入行退汇。如果汇款未解付,汇入行应寄回汇款凭证及退汇通知,并退回汇款头寸。如果汇款已解付,应告知汇款已解付无法退回,并寄回收款人取款的收条。

（5）汇出行收到头寸后,将款退还给汇款人,并注销有关汇票。

#### 3. 汇入行退汇

在电汇和信汇方式下,如果收款人迟迟不来取款,过了一定时期,汇入行有权主动通知汇出行注销,办理退汇。

### 三、汇款在国际贸易中的应用及其特点

汇款是属于商业信用的结算方式。由于汇款中资金的流动方向与支付工具的传递方向相同,所以汇款属于顺汇法。汇款可以作为结算方式单独使用,也可以与其他方式结合使用。

**（一）汇款在国际贸易中的应用**

在国际贸易中,使用汇款方式结清买卖双方的债权债务,主要有预付货款、货到付款和交单付现三种方式。

**1. 预付货款**

预付货款(Payment in Advance)又称先结后出,是指买方(进口商)将货款的全部或者一部分通过银行汇给卖方(出口商),卖方收到货款后,根据买卖双方事先签订的合约,在一定时间内或立即将货物运交进口商的结算方式。此方式对进口商来说是预付货款;对出口商来说是预收货款。

---
**知识链接**

### 预付货款对进出口商的利弊

预付货款对出口商极为有利。因为:(1)货物未发出便已收到一笔货款,等同于得到无息贷款。(2)收款后再发货,降低了货物出售的风险,如果进口商毁约,出口商可没收预付款。(3)出口商可以充分利用预收货款,甚至可在收到货款后,再购货发运。

预付货款对进口商极为不利。因为:(1)货物到手前付出了货款,造成资金周转困难及利息损失。(2)将来如果不能收到或不能如期收到货物,或货物与合同不符时,将遭受损失或承担风险。

---

进口商为了保障自己的权益,减少预付货款的风险,一般要通过银行与出口商达成解付款项的条件协议,通常称为"解付条件"。它由进口商在汇出汇款时提出,由解付行在解付时执行。主要的解付条件是:收款人取款时,要出具个人书面担保或银行保函,担保收到货款后如期履约交货,否则退还已收到的货款并附加利息;或保证提供全套货运单据等。除了附加"解付条件"外,进口商有时还会向出口商提出对进口商品折价支付,作为抵付预付货款造成的资金利息损失。

在国际贸易中,一般在下列情况下使用预付货款:

(1)对于买方急需的紧俏商品,进口商为了买卖成交,或不得不答应对方要求而预付货款,作为竞争性手段,主动以此为优惠条件吸引对方成交。

(2)出口商是跨国公司的子公司、母公司或分公司,或者出口商是信誉极好、极为可靠的大公司、大企业,或者进出口双方是长期的合作伙伴,互相能够信赖。

(3)进口商信誉不佳,或出口商对进口商资信不了解,为了避免承担风险,须先付款后发货。如果进口商不履行合同,出口商即可没收预付款。

(4)出口商资金匮乏,须先收货款才能购买原材料组织生产或购买商品转卖。

(5)在成套设备、大型机械、大型运输工具如飞机船舶等的交易中,或者在工程承包交易中,或者在专为进口商生产的特定商品交易中,出口商往往要求预付一定比例的预付货款作为订金,或采用分期付款方式。

2. 货到付款

货到付款(Payment after Arrival of the Goods)与预付货款相反,它是出口商先发货,进口商在收到货物以后,立即或一定时期以后再付款给出口商的一种结算方式,也被称为延期付款(Deferred Payment)或赊销(Open Account,O/A)。

货到付款对进口商极为有利,因为买方不承担资金风险,货未到或不符合合同要求则不付款,在整个交易中占主动地位;并且由于买方常在收到货物一段时间后再付款,无形中占用了卖方的资金。相对的,货到付款则使出口商承担风险。因为卖方先发货,必然要承担买方不付款的风险。由于货款常常不能及时回收,卖方资金被占用,造成一定的损失。

货到付款在国际贸易上可分为售定和寄售两种。售定(Be Sold out/up)是指买卖双方成交条件已经谈妥,确定了货价和付款时间,一般是货到付款或货到后若干天付款,并且签订了合同。这种特定的延期付款方式习惯上称为"先出后结",一般适用于我国对港澳地区出口鲜活商品的贸易结算。寄售(Consignment)是指由出口商先将货物运至国外,委托国外商人在当地市场代为销售,货物售出后,被委托人将货款扣除佣金后通过银行汇交出口商,是"先进后结"方式。

3. 交单付现

交单付现(Cash Against Documents,CAD),又称为凭单付汇,指进口商通过银行将款项汇给出口商所在地银行(汇入行),并指示该行凭出口商提交的货运单据即可付款给出口商的一种结算方式。

交单付现有以下两个特点:①有条件汇款。一般汇款都是无条件的,而交单付现是有条件的汇款。即买方汇付货款、卖方收取货款都是以装运交单为前提条件的。②风险较均衡。使用交单付现方式时,只有卖方提交了买方需要的货运单据才能得到款项,所以对进口商来说,可以防止在预付货款下可能出现的出口商收到款项后不能及时交货的风险;对出口商而言,只要及时交货,便可立即支取全部的货款,避免在货到付款下可能出现的发了货后收不回款的风险。

对于进口商来说,交单付现等于先付款,所以进口商可占用资金,可能接受出口商假单据、假货的被欺骗风险，因此，采用交单付现时要对出口商的资信进行调查。

对于出口商来说，只要提交了单据就可收到汇款。但由于汇款是可以撤销的，所以出口商在收到银行的汇款通知后要尽快发货，以免发货了，款项在支付前被进口商撤销。

**（二）汇款方式应用的特点**

汇款结算方式具有以下特点：

第一，风险大。预付货款或货到付款依据的都是商业信用。对于预付货款的买方及货到付款的卖方来说，一旦付了款或发了货就失去了制约对方的手段，能否收货或收款，完全依赖对方的信用，如果对方信用不好，很可能钱货两空。因而汇款只在国际贸易结算的一些特殊场合和情况下使用。

第二，资金负担不平衡。对于预付货款的买方及货到付款的卖方来说，资金负担较重，整个交易过程中需要的资金几乎全部由他们来提供。对于出口商来说，货到付款弄不好还会出现钱货两空的情况。

第三，手续简便，费用少。汇款支付方式的手续是最简单的，即使一笔没有相对给付的非贸易业务，银行的手续费也最少，只有一笔数额很少的汇款手续费。因此，在交易双方相互信任的情况下，或者在跨国公司的不同子公司之间，汇款支付方式是最理想的。

在国际贸易中，如果贸易双方对彼此的资信不够了解，互相缺乏足够的信任，此时采用汇款结算方式的风险很大，因此，为了保障各自的权益，减少风险，贸易双方必须加强信用风险管理，可以在买卖合同中规定一些保障条款，以获取银行担保或第三方信用担保。对银行来说，国际资金偿付涉及面广，业务流程环节较多，必须加强头寸风险的防范与控制。作为解付汇款的银行（解付行），在收到付款指示后，只有在确认已收妥相应的汇款头寸后才可予以解付。对于资信较差的国外银行应格外注意，尤其在退汇时，银行要注意按国际惯例办理，防范头寸风险。

# 第二节　电汇、信汇和票汇及其应用

根据结算工具的不同，汇款方式分为电汇、信汇和票汇。

## 一、电汇

电汇（Telegraphic Transfer，T/T）是汇款人（付款人或债务人）委托银行以电讯方式指示出口地某银行作为汇入行,解付一定金额给收款人的汇款方式。常见的电讯方式有:SWIFT,电传(TELEX),电报(CABLE,TELEGRAM)等。

**(一)电汇业务的特点**

电汇业务的特点主要表现在以下几个方面:

第一,速度快。电汇是最快的一种汇款方式,银行一般均当天处理。

第二,安全性高。由于电汇是银行与银行之间的直接通讯,并且要核实密押,因而产生差错的可能性小。

第三,费用高。汇款人必须承担电报费用。

**(二)电汇业务的流程**

电汇业务的流程可用图3-5来表示。

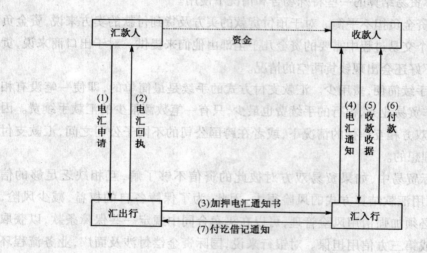

图3-5　电汇业务流程

第一步:汇款人(债务人)填写电汇申请书递交给汇出行,并向其交款付费。电汇时,汇款人在申请书中注明采用电汇 T/T 方式。汇出行接到汇款申请书后,为防止因申请书中出现的差错而耽误或引起汇出资金的意外损失,汇出行应仔细审核申请书,不清楚的地方与汇款人及时联系。

第二步:汇出行将电汇回执交给汇款人。

第三步:汇出行根据电汇申请人的指示,用加押电报、电传或 SWIFT 方式向国外代理行发出汇款通知或解付指示。电文内容主要有:汇款金额及币种、收款人名称、地址或账号、汇款人名称和地址、附言、头寸拨付办法、汇出行名称或

SWIFT 地址等。为了使汇入行证实电文内容确实是由汇出行发出的,汇出行在正文前要加列双方银行所约定使用的密押(Testkey)。下面是一则汇款通知的电文:

TEST×××(密押)PAY×××(支付金额)TO×××(收款人名称及地址)BY ORDER OF×××(汇款人名称和地址)REPRESENTING×××(汇款用途)DEBIT OUR ACCOUNT(头寸的拨付方法)

第四步:汇入行收到电报或电传后,核对密押无误后,即可缮制电汇通知书,通知收款人取款。

第五步:收款人收到通知书后持通知书前去取款并在收款人收据上签字,交汇入行。

第六步:汇入行借记汇出行账户,取出头寸,即刻解付汇款给收款人。

第七步:汇入行将付讫借记汇款通知书(Debit Advice)邮寄汇出行,通知它汇款解付完毕。

当然,在电汇业务中,汇出行与汇入行之间如无直接账户关系,还须进行头寸清算。

### (三)电汇的应用

在国际结算中,对于金额较大的汇款一般采用电汇,通过 SWIFT 或银行间的汇划。在国际贸易业务中,常见的业务分为前 T/T(预付货款)和后 T/T(装船后或收货后付款)。

## 二、信汇

信汇(Mail Transfer,M/T)是指汇款人向当地银行交付本国货币,由银行开具付款委托书,用邮寄方式指示汇入行解付一定金额给收款人的一种汇款方式。

### (一)信汇的特点

信汇的特点主要表现在以下三个方面:

第一,资金的转移速度较慢。信汇是通过航邮至汇入行的,汇款在途时间较长,收款时间较慢。

第二,信汇费用相对低廉。信汇成本低于电报、电传,而且银行可短期占用资金,因为信汇有一邮递在途时间,所以汇出行可以占用一个邮递时间内的信汇资金。因此,银行收取的手续费较低。

第三,安全性较低。信函在传递过程中可能产生积压或丢失情况,这些都会影响汇款的顺利进行。

（二）信汇的业务流程

信汇的处理与电汇大致相同,所不同的是汇出行应汇款人的申请,不用电报而以信汇委托书或支付委托书加其签章作为结算工具,邮寄给汇入行,委托后者凭以解付汇款。后者核验签章相符后,即行解付,亦以借记通知给汇出行划账。

信汇的业务流程可用图 3-6 来表示。

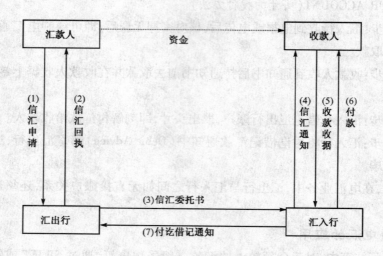

图 3-6　信汇业务流程

具体信汇步骤如下:

第一步:汇款人或债务人填写信汇申请书连同汇款及费用一起交给汇出行。

第二步:汇出行接受客户申请,并给予客户一张信汇回执。

第三步:汇出行航邮信汇委托书通知国外代理行(汇入行)。委托书上记载汇款人、收款人、金额等内容。汇出行与汇入行如事前没有约定时,委托书上还要交待清楚资金是如何转移给国外代理行的,这种说明称为"偿付指示"。信汇付款委托书是信汇凭证,其内容与电报委托书内容相同,只是汇出行在信汇委托书上不加注密押,而以负责人签字代替。

第四步:汇入行接到信汇委托书后,向收款人发出汇款通知书,通知其前来取款。

第五步:收款人凭有效证件前来取款,汇入行核对无误后付款。

第六步:收款人收款并在收款收据上签字。

第七步:汇入行向汇出行发出付讫借记通知书。

如果汇出行与汇入行相互不是账户行,则还需进行头寸清算。

### (三)信汇的应用

在进出口贸易合同中,如果规定凭商业汇票"见票即付",则由预付行把商业汇票和各种单据用信函寄往国外收款,进口商银行见汇票后,用信汇(航邮)向议付行拨付外汇,这就是信汇方式在贸易结算中的运用。进口商有时为了推迟支付贷款的时间,常在信用证中加注"单到国内,信汇付款"条款。这不仅可避免本身的资金积压,还可在国内验单后付款,保证进口商品的质量。

但是,在实际业务中,由于以下几种原因,信汇已极少使用:①美国从 20 世纪 90 年代以来已拒绝受理信汇委托书;②通讯工具的改善,使得绝大多数银行已配备了诸如 SWIFT、TELEX 一类的设备,银行的局域网(LAN)、远程网都已普及,通讯成本大幅度降低,电汇已不是一种费用高昂的汇款方式;③信汇方式存在收款周期长、安全性不强、不利于查询等缺点。

## 三、票汇

票汇(Demand Draft,Remittance by Banker's Demand Draft,简称 D/D )是指汇出行应汇款人的申请,代汇款人开立以其分行或代理行为解付行的银行即期汇票(Banker's Demand Draft),支付一定金额给收款人的一种汇款方式。

### (一)票汇的特点

票汇的特点主要表现在以下几个方面:

第一,取款方便,手续简单。汇入行无需通知收款人取款,而是由持票人持票自行到汇入行取款,省却了汇入行通知的环节。

第二,汇款人可以通过背书把票据转让给他人,具有一定的灵活性。因而到银行领取汇款的,有可能并不是汇票上列明的收款人本人,而是其他人。这样票汇牵涉的当事人可能就多于电汇和信汇这两种方式。

第三,银行可无偿占用资金。票据的出票、寄(带)或者转让所占时间较长,银行在此期间可无偿使用资金。

此外,汇票是在银行体系外传递,传递环节多,移动速度慢,存在被窃、丢失的风险,安全性降低。

### (二)票汇的业务流程

银行在受理票汇业务时,需签发一张汇票给汇款人,并向汇入行寄送汇票通知书。当收款人持汇票向汇入行提取款项时,汇入行在审验汇票无误后,解付票款给收款人。除此之外,票汇的其他手续与电汇、信汇基本相同。

票汇的业务流程可用图 3-7 来表示。

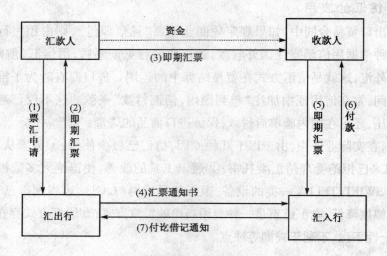

图 3-7 票汇业务流程

具体票汇业务流程如下：

第一步：债务人或汇款人填写票汇申请书，并交款付费给银行。

第二步：汇出行开立银行即期汇票交给汇款人。

第三步：汇款人自行邮寄汇票给收款人或亲自携带汇票出国。

第四步：汇出行开立汇票后，将汇款通知书(票根)邮寄给国外代理行。

第五步：收款人持汇票向汇入行要求付款。

第六步：汇入行验核汇票与票根无误后，解付票款给收款人。

第七步：汇入行把付讫借记通知书寄给汇出行。

当然，如果汇出行与汇入行没有直接账户关系，则还须进行头寸清算。当票汇退汇时，汇款人应提交书面申请，并交回原汇票(应背书)，经汇出行核对无误后，在汇票上加盖"注销"戳记，办理退汇手续。退交的汇票作为退汇传票附件，并通知汇入行注销寄回票据。

（三）票汇的应用

在国际贸易实务中，进出口商的佣金、回扣、寄售货款、小型样品与样机、展品出售和索赔等款项的支付，常常采取票汇方式汇付。

出口商采用票汇方式时，票汇可用银行汇票，也可用本票或支票；可预付，也可后付。但应注意，即使采用预付方式，有时对出口商也会带来风险，因为如果票据中规定的付款行并非出口商所在地的银行，那么，出口商就须将票据交当地银行，委托其向付款行代收票款。这一方面要防止进口商出具假票据进行诈骗，另一方面还要注意票据的有效付款期限,不要错过有效期。

在出口业务中,对于资信不好的客户或新客户,应尽量避免使用票汇方式。

 案 例

山东 A 出口企业与日本 B 进口企业之间签订了一份进出口贸易合同,合同中规定:支付条款为装运月份前 15 天电汇付款。但是,在后来的履约过程中,B 方延至装运月份的中旬才从邮局寄来银行汇票一张。为保证按期交货,A 出口企业于收到汇票次日即将货物托运,同时委托 C 银行代收票款。1 个月后,接到 C 银行通知,因该汇票系伪造,已被退票。此时,货物已抵达目的港,并已被进口方凭出口企业自行寄去的单据提走。事后 A 出口企业进行了追偿,但进口方 B 早已人去楼空,A 出口企业遭受货款两空的重大损失。分析造成这种状况的原因。

【案例分析】

在本例中,造成损失的最主要原因归咎于 A 出口企业本身。进口商 B 随意将支付条件从电汇改为票汇的时候,没有引起 A 出口企业的注意,即使默认这种改变,A 出口企业也应该首先鉴别汇票的真实性,不应贸然将货物托运并自行寄单。

当然汇款方式本身所固有的弊端也是产生 A 出口企业钱货两空的根本原因。因为汇付所依托的是商业信用,完全依赖于进口商的资信,如果出口商不是很了解进口商,就不能随便使用汇付。

### 四、电汇、信汇、票汇三种方式的比较

从共同点来看,汇款人在委托汇出行办理汇款时,均要出具汇款申请书,这就形成了汇款人和汇出行之间的一种契约。三者的传送方向与资金流向相同,均属顺汇。但电汇、信汇、票汇三种方式也存在以下不同点,各有优劣:

第一,从支付工具来看,电汇方式使用电报、电传或 SWIFT,用密押证实。信汇方式使用信汇委托书或支付委托书,用签字证实。票汇方式使用银行即期汇票,用签字证实。

第二,从汇款人的成本费用来看,电汇收费最高,信汇与票汇的费用较电汇低。

第三,从灵活性来看,票汇与电汇、信汇的不同在于票汇的汇入行无须通知收款人取款,而由收款人持票取款,汇票除有限制转让和流通者外,经受款人背书,可以转让流通,而电汇、信汇委托书则不能转让流通。

第四,从安全方面来看,电汇比较安全,汇款能短时间内迅速到达对方。信汇

必须通过银行和邮政系统来实现,信汇委托书有可能在邮寄途中遗失或延误,不能及时收到汇款,因此信汇的安全性比不上电汇。票汇虽有灵活性的优点,却有丢失或毁损的风险,背书转让也会带来一系列债权债务关系,容易陷入汇票纠纷,而且汇票遗失后,挂失和止付的手续也比较麻烦。

第五,从汇款速度来看,电汇是一种最快捷的方式,也是目前广泛使用的方式,尽管费用较高,但可用缩短在途时间的利息抵补。信汇方式由于资金在途时间长,操作手续多,银行很少使用,甚至不用。票汇是由汇款人邮寄给收款人,或者自己携带至付款行所在地提示要求付款,比较灵活简便,适合邮寄或支付各种费用,或者当作礼券馈赠亲友,其使用量仅次于电汇。

# 第三节  托收及其当事人

托收是建立在商业信用(Commercial Credit)基础上的一种结算方式。在托收中,票据或单据的流动方向与资金的流动方向正好相反,因此,托收结算方式属于逆汇法。

## 一、托收的含义

根据国际商会第 522 号出版物《托收统一规则》(URC522)第 2 条对托收的定义,托收(Collection)是指银行根据委托人的指示处理商业单据和/或金融单据①,目的在于取得承兑和/或付款,在取得承兑和/或付款后交付单据的行为。简单地说,托收就是出口商(债权人)为了向进口商(债务人)收取款项,出具汇票(债权凭证)委托银行代为收款的一种结算方式。从托收定义中可以看出:银行在托收时,是按照从出口商那里得到的指示办理,银行只是委托人的代理人,只提供完善的服务,并不保证收到款项。也就是说,银行不提供信用,即委托人最终是否能取得付款或承兑,依赖于付款人的信用,银行仅提供服务,只要银行本身没有过失就不承担责任。因此,托收是建立在商业信用基础上的一种结算方式。

出口方托收行办理的托收业务称为出口托收(Outward Collection,OC),进口方代收行办理的托收业务称为进口代收(Inward Collection,IC)。

托收的一般流程如图 3-8 所示。

---

① 金融单据通常包括汇票、支票、本票、付款收据或其他用于取得付款的类似票据;商业单据通常包括发票、运输单据、权利凭证或其他类似单据,或非金融单据的其他任何单据。

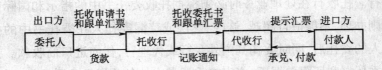

图 3 - 8　托收业务的一般流程

## 二、托收的当事人

在托收业务中，涉及的当事人主要有委托人、托收银行、代收银行、付款人，必要时还可能涉及提示行、需要时的代理人①。

### （一）托收的主要当事人及其主要责任

委托人、托收银行、代收银行、付款人是托收业务的主要当事人。

1. 委托人

委托人（Principal）是向银行申请办理托收业务的当事人，在一笔进出口业务中通常是出口商。委托人根据与进口商签订的销售合同装运货物，并将商业单据和汇票连同托收申请书一并交给托收行。委托人可在申请书上指定代收行，也可不指定，由托收行选择合适的银行作为代收行。不管委托人指定或托收行选择，委托人必须承担托收行由于使用其他银行的服务而发生的费用和托收行发出的指示未被执行的风险。

作为委托人，在托收项下应承担两方面的责任：一是应履行与进口商签订的贸易合同项下的责任；二是要承担与托收行签订的委托代理合同项下的责任。具体如下：

（1）委托人作为出口商在贸易合同下的责任：①按时按质按量装运货物；②提供符合合同要求的单据。

（2）委托人在委托代理合同下的责任：①指示要明确：包括付款人及其账户、交单方式、收妥货款的处理方式、银行费用负担、拒付处理；②对意外情况及时指示，否则因此发生的损失均由委托人自己负责；③承担收不到货款的损失，并且仍然应支付代理人的手续费及执行委托而支出的各项费用。

2. 托收行

托收行（Remitting Bank）是接受委托人的托收委托书及所附单据并受理此笔

---

① 提示行（Presenting Bank）是向付款人作出单据提示的银行。代收行可以委托与付款人有往来账户关系的银行作为提示行，也可以自己兼任提示行。需要时的代理人（Customer's Representative in Case of Need）是委托人指定的在付款地的代理人，作为在发生不付款或不承兑时的需要时的代理，具体工作是代为办理货物存仓、投保运回或转售等事宜。

业务的银行。托收行在处理业务时必须根据托收委托书中的指示和国际商会的托收统一规则办理,不能擅自超越、修改、延误或疏漏委托人在委托书中的指示。它接受委托人的委托后,同时委托其国外联行或代理行,代向进口商收款。托收行在接到托收委托书和所附单据后,应审查委托书中的各项指示及要求是否能办到,并对单据进行审查后才能考虑接受该笔业务。托收行将货款交给委托人后其托收的契约责任即告终结。

托收行完全处于代理人的地位,基本职责是根据委托人在托收申请书中的指示和《托收统一规则》办事。托收行在接受委托人的委托后的具体责任主要有:

(1)执行委托人的指示。托收行接受委托人的委托后就处于代理人的地位,它必须根据委托人的指示办事,打印一份与托收申请书严格相符的"托收委托书"(Collection Advice),也就是我们常说的"托收指示"(Collection Instruction)。

(2)对单据的处理。托收行必须核实所收到的单据种类与份数和托收申请书所列明的是否相符。托收行无审核单据内容是否与合同相符的义务,但在实务中,为确保顺利收回款项,在通常情况下,托收行也常常为出口商审单,主要是审核汇票金额、发票金额与申请书金额是否一致,提单是否做成空白抬头等。

(3)按惯例处理业务。凡是委托人在申请书中没有提出要求的方面,托收行应按惯例处理。

(4)承担过失责任。托收行如果在托收过程中发生了没有遵守信用并谨慎从事的原则,由此所造成的损失,托收行应负担过失责任。例如,托收行收到代收行发来的拒付通知后未能及时通知委托人,结果因未及时指示代收行如何处理单据,致使委托人遭受损失,托收行就有过失责任。又如,托收行将单据寄给代收行,但寄错地址,也属于托收行的过失。但若单据在邮递中丢失或延误,则托收行可免责。

【例3-2】国内某公司以 D/P at sight 方式出口,并委托国内 A 银行将单据寄由第三国 B 银行转给进口国 C 银行托收。后来得知 C 银行破产收不到货款,该公司要求退回有关单据却毫无结果,试问上述托收银行应负什么责任?

【分析】托收银行不负任何责任。依据 URC522 的规定,在托收方式下,银行只作为卖方的受托人行事,为实现委托人的指示,托收银行可选择委托人指定的银行或自行选择或由别的银行选择的银行作为代收行;单据和托收指示可直接或间接通过别的银行寄给代收行。但与托收有关的银行,对由于任何文电、信件或单据在寄送途中的延误和丢失所引起的后果,或由于电报、电传或电子通讯系统在传递中的延误、残缺和其他错误,以及由于不可抗力、暴乱、内乱、战争或其他不能控制的任何其他原因致使业务中断所造成的后果,不承担义务或责任。在本例中,托收银行只要尽到"遵守信用,谨慎从事"的义务,对托收过程中所发生的各种非自身所能控制的差错,包括因代收行倒闭致使委托人货款无法收回且单据也无法收回,不负任何责任。

3. 代收行

代收行(Collecting Bank)是接受托收行的委托,参与托收业务的银行。URC522 中明确指出:代收行是指除托收行以外的参与办理托收业务的任何银行,提示行是提示单据的代收行。在大多数情况下,代收行同时就是提示行。代收行将托收款按委托书规定的路线及账户的设置情况,将货款划拨并由托收行收妥后,代收行的责任也就终结。

代收行与托收行一样处于代理人地位,基本职责是按托收委托书的指示和《托收统一规则》行事。具体职责有:

(1)对托收行指示的执行。根据托收统一规则的规定,银行没有办理托收或执行托收指示的义务。如代收行不同意代收货款,应毫无延误地通知托收行;如代收行同意代收,就需按托收委托书的指示办理业务。当托收指示不明确时,代收行要及时征得托收行的明确指示,如因擅自处理而产生的任何后果由代收行承担。

(2)对单据的处理。代收行处理单据的责任主要包括两项内容:首先要确认所收到的单据与托收指示书所列是否相符,对于任何单据缺少或与所列单据不符的情况,应毫无延误地通知托收行;其次,代收行在进口商承兑或付款前必须保管好单据,不得擅自将单据交给进口商,否则必须对由此产生的后果负责。

(3)对货物的处理。代收行没有为发货人代收货物及提货的义务,即使托收委托书明确指示代收行对托收项下货物采取行动,代收行也无义务执行这一指示。只有在代收行同意的情况下,才对货物进行行动。银行对货物采取保护行动所产生的手续费及其他费用均由托收委托方负责。

(4)代收情况的通知。代收行应按托收委托书规定的方式向托收行通知收款情况,如无通知方式的规定,代收行可自行选择通知方式,费用由托收行承担。代收行应无延误地向托收行寄交下列通知:①付款通知,须列明收到金额、扣除的费用和款项的处理方式;② 承兑通知,须注明承兑日和付款到期日;③ 拒付通知,须说明拒付的理由。代收行在发出此项通知 60 天内仍未收到托收行有关单据的处理指示,可将单据退还给托收行,不再负任何责任。

4. 付款人

付款人(Drawee)是根据托收指示被提示单据的人,也是委托人开立汇票的受票人。在跟单托收中,付款人一般为进口商(买方)。

付款人的基本职责是履行贸易合同的付款义务,不得无故延迟或拒付。付款人有审查票据或单据以决定接受与否的权利,同时有按交单方式办理付款或承兑的义务,并且在具有正当理由的前提下,他有拒绝接受托收的票据或单据的权利。因此,付款人在审查票据或单据时必须认真仔细,如果接受该票据或单据,必须按照规定的交单方式执行;如果拒绝接受,必须有根据。例如,协议、合同或其他有关约定的规定与收到的票据或单据不符,或单据与单据不一致时,提出拒付应及时,理由要充分。

付款人一经付款赎单或承兑赎单并在到期日付款,取回汇票,这时该托收的付款人责任即告终结。

### (二)托收的主要当事人之间的关系

托收的主要当事人之间的关系表现为:

其一,委托人与付款人之间的关系是买卖关系。出口商的责任是应按照合同规定发货、提交符合合同要求的单据;进口商的责任是应在出口商提交单据后按合同规定付款。

其二,委托人与托收行之间的关系是委托—代理关系。二者之间建立关系的依据是托收申请书。

其三,托收行与代收行之间的关系也是委托—代理关系。代收行是托收行的代理人,必须严格按照托收行发出的托收委托书办事。

需要注意的是,代收行与付款人之间并不存在契约关系。付款人对代收行应否付款,完全根据他与委托人之间所订立的契约义务而决定。

## 第四节　光票托收和跟单托收

人们按是否附带商业单据,一般将托收方式分为光票托收和跟单托收。

### 一、光票托收

光票托收是仅凭金融票据而不附带有商业单据的托收。根据《托收统一规则》的规定,光票托收(Clean Collection)是指不附带有商业单据的托收,即提交金融单据,委托银行代为收款。常见的光票主要有银行汇票、本票、支票和商业汇票。光票托收并不一定不附带任何单据,如果一张汇票仅附非货运单据(如发票、垫款清单等),这种汇票的托收也属光票托收。

光票托收有即期和远期之分,但大多数是即期付款,远期付款较少。对于即期付款的金融单据,代收行应立即向付款人提示并要求付款;对于远期付款的金融单据,代收行应向付款人提示承兑,待到期时再付款。如果付款人拒绝付款或拒绝承兑,代收行应采取快捷方式通知托收行等待托收行的指示,是否需要做成拒绝证书需要根据托收委托书中的指示确定。

光票托收的票据须由出口商做成空白背书,托收行做成记名背书给代收行,并制作托收指示,随票据寄代收行委托收款。

光票托收不直接涉及货物的转移或处理,银行只需根据票据收款即可,业务处理比较简单。光票托收的业务程序如图3-9所示。

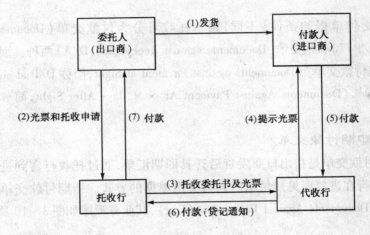

**图 3 - 9    光票托收业务流程图**

光票托收的金额一般都不太大,通常用于收取货款的尾数及样品费、佣金、代垫费用、进口赔款等小额或从属费用,且大多数是即期付款,远期付款较少。

## 二、跟单托收

跟单托收(Documentary Collection)是指金融单据附有商业单据或仅仅是商业单据而不附有金融单据的托收。金融单据附带商业单据的跟单托收在国际贸易中使用较多。这种托收业务中,一般都是使用跟单汇票,商业汇票后随附一系列的商业单据,进口商凭汇票付款,托收的标的物是汇票,其他单据是汇票的附件,起支持汇票的作用。商业单据不附带金融单据的托收,不使用汇票,仅以货运单据委托银行,向买方即进口商收取货款①。

---

① 这类托收主要是因为有些国家规定汇票必须贴有按税法规定的印花税才有效引起的。为了减轻税负,在跨国公司内部或往来多年彼此信任的客户间,或是即期付款不必使用汇票进行承兑时,便产生了只有商业单据没有金融单据的托收。

采用跟单托收结算方式的前提是进出口双方在签订合同时订立"托收结算方式"的条款。出口方根据合同发货并装船,取得货运单据和其他商业单据后,签发以进口商为付款人的汇票,填制托收委托申请书,然后将商业单据、汇票和申请书送交托收行,并填写客户交单联系单,明确所提交的单据及交单方式。托收行依照委托申请书向代收行发出收款委托,并将单据寄往代收行。代收行依据托收行的委托指示,向付款人提示跟单汇票。进口商按规定进行付款取单,或承兑取单,待到期日付款。代收行将收妥的款项汇交托收行。托收行将货款扣除费用后贷记出口方账户。

根据交付单据的条件①不同,跟单托收可分为付款交单(Documents against Payment,D/P)和承兑交单(Documents against Acceptance,D/A)两种。而付款交单又有"即期付款交单"(Documents against Payment at Sight,简称 D/P at sight)和"远期付款交单"(Documents Against Payment At × × days After Sight,简称 D/P after sight)之分。

**(一)即期付款交单**

即期付款交单是指出口商发货后开具即期汇票,通过托收行寄到进口地的代收行,代收行在进口商见票付款后向其交出单据的方式。即期付款交单实际上是见票即付(Documents Against Payment at Sight),其业务程序如图 3-10 所示。

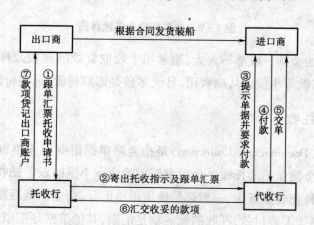

**图 3-10 即期付款交单业务流程**

【例 3-3】我国 A 公司受国内用户 C 委托,以 A 公司名义与国外 B 公司签订一项进口某种商品的合同,支付条件为"即期付款交单"。在履行合同时,B 公司

---

① 托收业务的交单方式应由委托人在委托书上确定,托收行、代收行和付款人等按此执行。

未经 A 公司同意,就直接将货物连同单据都交给了国内用户 C,但 C 在收到货物后由于财务困难,无力支付货款。在这种情况下,国外卖方 B 认为,A 公司作为合同的买方,根据买卖合同的支付条款,要求 A 公司支付货款。问:A 公司是否有义务支付货款?

【解析】A 公司无付款义务。这是因为合同中的支付方式为即期付款交单,这种方式要求卖方应按合同规定向买方交单,买方才有义务付款。本例中,由于卖方没有按合同规定向买方交单,而是向国内用户 C 交单,因此,A 公司作为买方就没有义务付款。

### (二)远期付款交单

远期付款交单是指代收行凭进口商对出口商开立的远期汇票付款而交出货运单据。具体做法是代收行向进口商提示远期汇票,进口商见票后办理承兑手续,到期日时再履行付款手续取得单据。其业务流程如图 3 - 11 所示。

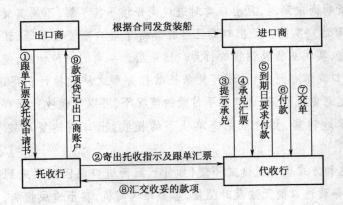

**图 3 - 11　远期付款交单业务流程**

远期付款交单在实际应用中存在着一定的缺陷,如货到而付款期限未到,进口商未付款,无法得到单据,进而不能提走货物,此外,代收行也需要承担货款两空的风险。因此,在实际业务中,一些国家法律并不承认远期付款交单方式,出口商应尽量避免选择这种交单方式。如果采用这一交单方式,必须在委托书中明确"付款后才能交单"(Deliver documents only after payment was effected),同时应尽量缩短到期日的时间。

 案例

某年 2 月,我国 A 公司与英国 B 公司签订出口合同,支付方式为 D/P 120 Days

After Sight。中国 C 银行将单据寄出后,直到 8 月尚未收到款项,遂应 A 公司要求指示英国 D 代收行退单,但到 D 代收行回电才得知单据已凭进口商 B 公司承兑放单,虽经多方努力,但进口商 B 公司以种种理由不付款,进出口商之间交涉无果。后中国 C 银行一再强调是英国 D 代收行错误放单造成出口商钱货损失,要求 D 代收行付款,D 代收行对中国 C 银行的催收拒不答复。10 月 25 日,D 代收行告知中国 C 银行进口商已宣布破产,并随附法院破产通知书,致使出口商钱货两空。

**【案例分析】**

D/P 远期托收是目前我国出口业务中的结算方式之一,在具体办理时主要有三种形式:①见票后××天付款;②装运后××天付款;③出票后××天付款。一般做法是当托收单据到达代收行柜台后,代收行向进口商提示单据,进口商承兑汇票后,单据仍由代收行保存,直至到期日代收行才凭进口商付款释放单据,进口商凭以提货。采用这种方式一般基于货物在航程中要耽误一定时间,在单据到达代收行时可能货物尚未到港,且出口商对进口商资信不甚了解,不愿其凭承兑便获得单据。做 D/P 远期实际上是出口商已经打算给予进口商资金融通,让进口商在付款前取得单据,实现提货及销售的行为。这是给进口商的一种优惠,使其不必见单即付款,如进口商信誉好的话,还可凭信托收据等形式从代收行获得融资,而且出口商也可由此避免风险,在进口商不付款的情况下,可以凭代收行保存的货权单据运回货物或就地转售,相对承兑交单项下的托收,出口商的货款安全保证要大一些。

但使用这种方式也可能造成不便,如货已到而进口商因汇票未到期拿不到单据凭以提货,导致进口商无法及时销货,容易贻误商机,甚至造成损失,所以往往要求代收行给予融通:①进口商向代收行出具信托收据预借单据,取得货权。②代收行与进口商关系密切,在进口商作出某种承诺后从代收行取得单据。

其中,进口商向代收行出具信托收据预借单据又分为两种情形:

第一是出口商主动授信代收行可凭进口商的信托收据放单,这是出口商对进口商的授信,一切风险和责任均由出口商承担,进口商能否如期付款,代收行不负任何责任。这种情形就相当于做 D/A(其实从票据法的角度来看,它还不如 D/A 好)。

第二是进口商在征得代收行同意的情况下,出具信托收据,甚至可提供抵押品或其他担保,向代收行借出全套单据,待汇票到期时由进口商向代收行付清货款再赎回信托收据。因为这是代收行凭进口商的信用、抵押品或担保借出单据,是代收行对进口商的授信,不论进口商能否在汇票到期时付款,代收行都必须对出口商承担到期付款的责任和义务。

这样就给代收行带来风险，一旦进口商不付款，代收行必须垫付，所以，国际商会《托收统一规则》(URC522)不鼓励 D/P 远期托收这种做法。《托收统一规则》第7条规定：托收不应含有远期汇票而同时规定商业单据要在付款后才交付。如果托收含有远期付款的汇票，托收指示书应注明商业单据是凭承兑交单(D/A)还是凭付款交单(D/P)交付款人。如果无此项注明，商业单据仅能凭付款交付，代收行对因迟交单据产生的任何后果不负责任。

如果选择做 D/P 远期，那么，作为出口商应该把握以下几点：

(1)做 D/P 远期，要有风险意识，在选择客户尤其是做大额交易时，一定要先考虑客户的资信。D/P 方式是建立在进口商信用基础上的，总的来说这种方式对出口商不利，风险较大并且随时都存在，不宜多用。

(2)在合同洽谈时应尽可能确定代收行，尽可能选择那些历史较悠久、熟知国际惯例，同时又信誉卓著的银行作为代收行，以避免银行操作失误、信誉欠佳造成的风险。

(3)在提交托收申请书时，应尽可能仔细填制委托事项，不要似是而非，要根据进口商的资信情况和能力来确定是否接受信托收据的方式放货。

(4)办理 D/P 远期托收业务时，尽量不要使远期天数与航程时间间隔较长，造成进口商不能及时提货，一旦货物行情发生变化，易造成进口商拒不提货，则至少会造成出口商运回货物的费用或其他再处理货物的费用。

(5)为避免货物运回的运费或再处理货物的损失，可让进口商将相关款项作为预付定金付出，如有可能，预付款项中可以包括出口商的利润。

(6)在托收业务中最好选择 CIF 价格条款，以防货物在运输过程中货物损坏或灭失导致进口商拒付同时索赔无着的风险。

(7)货物发运后，要密切关注货物下落，以便风险发生后及时应对，掌握主动，尽快采取措施补救。

(8)要注意 D/P 远期在一些南美国家被视作 D/A，最好事先打听清楚，做到知己知彼。

(三)承兑交单

承兑交单是指代收行根据托收指示，在付款人承兑汇票后，将货运单据交付给付款人，而付款人在汇票到期时履行其付款义务的一种交单方式。这种方式对进口方更为有利，因为交单的条件仅凭进口商对远期汇票进行的承兑，而不需立即付款，便可取得货运单据，进而提货。付款期限到时，可能货物已经售出，进口商可以不必使用自有资金,对进口商加速资金周转有利。承兑的具体手续就是在银行要求承兑时,付款人只需在汇票上签字明确表示承担到期付款的责任。但这种交单方式对出口商非常不利,因为承兑交单后,货物掌握在进口商手中,出口商能否到期收回货款完全取决于进口商的信用,如果付款人到期拒绝付款,出口商将面临货款两空的风险。所以,在实际业务中,使用承兑交单应非常谨慎,对初次打交道的客户或不甚了解的客户应尽量避免选择这种交单方式。承兑交单业务流程如图3-12所示。

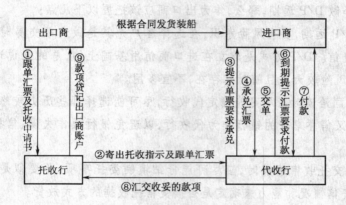

图 3-12　承兑交单业务流程

 案例

根据表3-2中所示的首次提示日,改正你认为错误的承兑日、付款日和交单日。

表 3-2

| 托收方式 | 首次提示日 | 承兑日 | 付款日 | 交单日 |
|---|---|---|---|---|
| D/P at sight | 3月8日 | 3月9日 | 3月10日 | 3月10日 |
| D/P at 30 days after sight | 3月8日 | 3月7日 | 4月6日 | 4月6日 |
| D/A at 45days after sight | 3月8日 | 3月7日 | 4月21日 | 4月21日 |

【案例分析】

解题思路:要注意以下知识点:①托收方式 D/P 的一般业务程序;②托收方式 D/A 的一般业务程序;③汇票到期日的准确计算。改错的关键是要紧扣 D/P 和 D/A 的业务程序进行推断。

具体解题过程如下：

第一，在即期付款交单（D/P at sight）条件下，使用即期汇票，所以不涉及承兑环节；由于首次提示日是3月8日，所以一般情况下，买方见票付款的日期也是3月8日，代收行交单也是同一天。

第二，在见票后30天付款交单（D/P at 30 days after sight）条件下，使用远期汇票，汇票承兑日即是见票日（首次提示日）；根据"算尾不算头"的惯例，从3月9日起算，见票后30天付款的日期应为4月7日，代收行交单也是同一天。

第三，在见票后45天承兑交单（D/A at 45 days after sight）条件下，使用远期汇票，汇票承兑日即是见票日（首次提示日）；买方在承兑后即可得到单据，所以交单日也为3月8日；根据"算尾不算头"的惯例，从3月9日起算，见票后45天付款的日期应为4月22日。

改错结果如表3-3所示。

表3-3

| 托收方式 | 首次提示日 | 承兑日 | 付款日 | 交单日 |
|---|---|---|---|---|
| D/P at sight | 3月8日 | ／ | 3月8日 | 3月8日 |
| D/P at 30 days after sight | 3月8日 | 3月8日 | 4月7日 | 4月7日 |
| D/A at 45 days after sight | 3月8日 | 3月8日 | 4月22日 | 3月8日 |

# 第五节　托收业务实务

本节我们阐述与托收业务相关的主要实务，如托收申请书、托收指示、托收汇票、托收风险的防范。

## 一、托收申请书

托收申请书是委托人与托收银行之间关于该笔托收业务的契约性文件，双方的权利和义务以此为依据。委托人应在托收申请书中详细地表明自己的要求，即写明委托的内容、双方的责任范围以及对具体问题的处理意见。一般须在托收申请书上说明如下几点：

第一，代收行的选定。一般情况下是由委托人来指定代收行，如果委托人没有指定，则托收行可以自行指定代收行。

第二，交单条件。交单条件有付款交单（D/P）和承兑交单（D/A），付款交单又分为即期付款交单和远期付款交单。委托人应按买卖合同规定的交单条件,通过托收申请书向托收行作出明确指示;否则,后果由委托人自行承担,银行将不承担任何责任。

第三,处理拒付时的办法。若委托人没有明确要求银行做成拒绝证书的指示,则银行对拒绝付款或拒绝承兑的单据没有义务做成拒绝证书,由此所产生的后果由委托人自行承担。遭拒付时委托人可以指示代收行代为提货存仓并办理保险。所有以上的指示必须事先征得代收行的同意,否则代收行无义务办理。所以委托人应明确指示银行在付款人拒付时是否做成拒绝证书以及货物的处理方式。

托收申请书的样式如表 3 - 4 所示。

表 3 - 4　托收申请书

<table>
<tr><td colspan="4" style="text-align:center">中国银行 BANK OF CHINA<br>托收申请书</td></tr>
<tr><td colspan="4">致:中国银行　　　分行<br>兹附上下述票据委托代收。</td></tr>
<tr><td>票据类别</td><td></td><td>出票日期</td><td>票据号码</td></tr>
<tr><td>出票人</td><td></td><td>付款人</td><td></td></tr>
<tr><td>票据金额</td><td></td><td>收款人</td><td></td></tr>
<tr><td colspan="4">　　兹附上述票据,请代托收。请贵行在扣除任何手续费后,将余款收入本人/本公司在贵行的第_____号账户。本人/本公司愿意承担一切因委托贵行代收上述票据而引致的任何损失、责任或纠纷。贵行对欺诈、伪造、变造及伪冒等行为引起的延迟退票、索赔,保留行使追索的权利,可无需征求本人/本公司同意,立即有权由本人/本公司账户内扣回上述票款及有关费用(包括外汇买卖差价和利息),若账户存款不足扣付,本人/本公司自当立即如数清还。特此声明。<br><br><br>　　委托人签章:<br>　　电话:<br>　　日期:</td></tr>
</table>

## 二、托收指示

托收指示(Collection Instruction)也称托收委托书(Collection Advice),是由托收行依据委托人的申请书而制作的寄送单据的面函。代收行按其指示办理代收业务。

依照 URC522 第 4 条的规定,所有托收单据必须附有托收指示,且表明该托收适用 URC522,并给出完整明确的指示。银行只被允许根据托收指示中的指示及URC522 行事;代收行没有义务在其他地方寻找指示,也没有义务通过审核单据获得指示;除非托收指示中另有授权,否则代收行对任何第三方的指示将不予理会。

根据 URC522 第 4 条 b 的规定,托收指示应包括以下各项适用的内容:

(1)交办托收的银行的详细资料,包括完整的名称、邮政地址和 SWIFT 地址、电传、电话、传真号码和业务参考号。

(2)委托人的详细资料,包括完整的名称、邮政地址,以及电话和传真号码。

(3)付款人的详细资料,包括完整的名称、邮政地址或者提示的地点,以及电话和传真号码。根据 URC522 的规定,托收指示应该记载进口商详细的地址,如果由于地址记载不详导致代收行无法向进口商承兑交单,使之无法及时提货从而导致货物损失的责任,不能由托收行及代收行来承担,只能由出口商自己负担。

(4)提示行(如果有提示行的话)的详细资料,包括完整的名称、邮政地址,以及电话和传真号码。

(5)托收的金额和币种。

(6)所附单据清单以及每种单据的份数。

(7)取得付款和/或承兑的条款和条件。发出托收指示的一方有责任确保单据的交付条件表述清楚、明确,否则,银行对由此产生的任何后果不负责任。

(8)要求收取的费用以及是否可以放弃。

(9)如果要求收取利息,应注明利率、计息期和计息基础,并表明该利息是否可以放弃。

(10)付款的方法和通知付款的方式。

(11)发生不付款、不承兑或不遵从其他指示时如何处理的指示。

托收指示必须包含上面各项托收业务所必需的详细资料。如果委托人没有提供所需的资料,银行对延误或不符之处不负责任。因此,委托人必须确保所有必要的资料和指示已经提供在托收指示中。同时,托收指示必须注明“本项托收业务按照国际商会出版物第 522 号的规定办理”,这样有利于解决各当事人之间的异议纠纷。

托收指示应列明付款人应采取任何行动的确切期限。诸如“首次”(first)、“迅速”(prompt)、“立即”(immediate)以及类似的表述不应被用于提示或付款人赎单或采取任何其他行动的任何期限。如果委托人和托收行要求付款人付款或承兑或其他任何行动不迟于一个特定天数时,必须把明确的天数写下来,而不要使用上述模糊的时间术语。如果采用了这种术语,银行将不予理会。

每一银行通常都有自己的格式化托收指示,其形式和内容大致相同。现将常见的托收指示列举如表 3 - 5 所示。

## 表 3 - 5  托收指示

Collection Instruction

To:                                               Date:

| | | | | | | | | |
|---|---|---|---|---|---|---|---|---|
| We hand you the under mentioned items for disposal in accordance with the following instructions and subject to the items and conduction set out overleaf for □COLLECTION □Please advance against the bill/documents □NEGOTIATION under Documentary credit □Please do not made any advance | | | | | | | | |

Please make number of DOCUMENTS ATTACHED

| DRAFT | B/L | AIRWAY BILL | CARGO RECEIPT | COMMERCIAL INVOICE | CERT. QUALITY AND QUANTITIY | CERT. OF ORIGIN | INS. POLICY |
|---|---|---|---|---|---|---|---|
| | | | | | | | |

OTHER DOCUMENTS

OUR A/C NO.

DRAWEE

| ISSUING BANK | DOCUMENTARY CREDIT NO. | | |
|---|---|---|---|
| TENOR | DEAFT NO. /DATE | | DRAFT AMOUNT |

FOR "BILLS NOT UNDER L/C", PLEASE FOLLOW INSTRUCTIONS MARKED " × "

□Deliver documents against PAYMENT

□Deliver documents against ACCEPTANCE

□Acceptance/Payment may be deferred pending arrival of carrying vessel

COLLECTION CHARGES OUTSIDE HONGKONG FOR ACCOUNT OF DRAWEE

□Please collect interest at __% p. a. from Drawee

□Please waive interest charge

□Do not waive interest/charge if refused in the event of dishonor

PLEASE WAREHOUSE AND INSURE GOODS FOR OUR ACCOUNT

□ Please do not protest  □Protest

□ Advise dishonor by  □Airmail  □Cable

□ In case of need refer to _____ who will assist you to obtain acceptance/payment but who has no authority to amend the terms of the bill

□ Designated Collecting Bank( if any)

PAYMENT INSTRUCTIONS

□ Please credit proceeds to our A/C NO.    □Others

OTHER INSTUCTION

In case of any queries, please contract our Mr. /Miss _____ . Tel No.

This collection is subject to Uniform Rules for Collections( 1995 Revision) ICC Publication No. 522

For × × × Bank

Authorized Signature( s)

### 三、托收汇票

汇票(Bill of Exchange;Draft)作为国际结算中使用最为广泛的一种信用工具和支付工具,常常使用在信用证、托收或票汇的结算方式中。本书第二章第二节我们主要讲了汇票的基础知识和信用证下汇票的制作,这里我们着重阐述跟单托收中汇票(Collection Bill/Draft)的使用。

#### (一)托收汇票的付款期限

托收汇票可以是即期汇票,也可以是远期汇票。托收项下汇票付款期限的填制如下:

即期付款交单(D/P at sight):汇票在本栏填"D/P at sight",即在"At"和"Sight"之间打连续三个"＊",然后在"At sight"前加"D/P"。

远期付款交单(D/P after sight):在"D/P at"与"days after sight"之间填入付款的天数,例如:D/P at 90 days after sight。

承兑交单(D/A):在"At"与"Sight"之间填入付款的天数,例如:"D/A at 45 days after sight"。

#### (二)托收汇票的出票条款

托收项下的出票条款(Drawn Clause)不同于信用证,一般要求列出为某某号合同项下装运多少数量的某商品办理托收,即"Drawn under Contract NO. …against shipment of…(quantity)of…(Commodity) for collection"。例如:Drawn under Contact NO. MNS606 against shipment of Class – ware for collection.

#### (三)托收项下的付款人

托收项下的付款人即合同的买方,可根据合同的买方名称、地址填入,供各持票人查找、提示。根据《托收统一规则》规定,托收指示书应列明付款人或提示所在地的完整地址,代收行对于因所提供的地址不完整或不准确而引起的任何延误不承担责任。

#### (四)托收项下的收款人

在跟单托收中,托收汇票的出票人是出口商,托收汇票的受票人是进口方或买方,收款人可以是出口商,也可以是托收行,还可能是代收行。收款人不同,其背书转让的做法也有所不同。

##### 1. 出口商(委托人)是汇票的收款人

托收汇票的收款人是出口商即委托人时,出口商开立的是以自己为收款人(Payee)、进口商为付款人的汇票。样式如表3–6所示。

表 3 − 6　收款人是出口商的托收汇票

| |
|---|
| Exchange for ＿＿＿＿＿＿＿＿　　　　　　　　　　　　　　05 July,2010 |
| At sight pay this first bill of exchange(second unpaid)to the order of ourselves the sum of ＿＿＿＿＿＿. |
| To buyer or importer |
| |
| For seller or exporter |
| signature |

　　出口商在将汇票交给托收行时应做空白背书,此时,出口商为第一背书人和持票人。托收行寄单给代收行时,再将该汇票做成记名背书,且限定代收行为被背书人。这一过程如图 3 − 13 所示。

图 3 − 13　出票人为收款人的托收汇票的流通过程

背书记载如下:

× × ×(出口商)

For collection

Pay to the order of × × × Collection Bank(代收行),place(地址)

For × × × Remitting Bank(托收行),place(地址)

　　× × ×(签字)

2. 托收行是汇票的收款人

托收汇票的收款人是托收行时,出口商开立的是以托收行为收款人,进口商为付款人的汇票。样式如表 3 −7 所示。

表 3 − 7　收款人是托收行的托收汇票

| |
|---|
| Exchange for ＿＿＿＿＿＿＿＿　　　　　　　　　　Shanghai,11 July,2010 |
| At ＿＿＿＿＿＿＿ sight of this first of exchange(second of the same tenor and date unpaid)pay to the order of ×× × × × × Bank the sum of ＿＿＿＿＿＿. |
| Drawn against shipment of(merchandise)for collection. |
| |
| For seller or exporter |
| signature |

出口商将汇票提交给托收行,当托收行接到该汇票时,将其做成记名背书。此时,托收行为第一背书人和持票人,且指定代收行为被背书人。背书记载如下:

For collection

Pay to the order of ×××Collecting Bank(代收行),place(地址)

For ×××Remitting Bank (托收行),place(地址)

×××(签字)

以托收行为收款人的托收汇票的流通程序如图3-14所示。

**图3-14 托收行为收款人的托收汇票的流通过程**

3. 代收行是汇票的收款人

托收汇票的收款人是代收行时,出口商开立的是以代收行为收款人、进口商为付款人的汇票。样式如表3-8所示。

**表3-8 收款人是代收行的托收汇票**

| |
|---|
| Exchange for _____         Beijing,9 July,2010 |
| At _____ sight this First of Exchange(second of the same tenor and date unpaid)pay to the order of ××× bank the sum of _____. |
| Drawn against shipment of(merchandise)for collection. |
| To buyer or importer |
| For seller or exporter |
| Signature |

出口商将汇票提交给托收行,托收行再将其寄送给代收行。此时,出口商和托收行均无权背书,只有代收行成为该汇票的持票人(收款人)。

代收行是收款人的托收汇票的流通程序如图3-15所示。

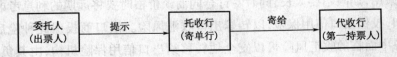

**图3-15 代收行是收款人的托收汇票的流通程序**

### 四、托收风险的防范

同信用证结算方式相比，托收结算方式免去了进口商开证手续及有关的费用，银行凭进口商的付款或承兑交单，结算手续简单，速度比较快。从信用方面看，托收是出口商凭进口商的信用收款，属于商业信用，缺少第三者作出付款的承诺，各有关银行只是提供中介服务，并没有保证一定托收到款项。因此，一般而言，托收风险较大。

#### （一）出口商托收方式下的风险及防范

托收能否顺利收妥，取决于两点：一是收款人（债权人）提供的收款单据（金融单据或商业单据）能否被付款人（债务人）所接受；二是付款人（债务人）的资信财力。

出口商在不同的托收方式下其风险的大小是不同的。在跟单托收业务中，承兑交单风险最大，因为在承兑交单方式下，出口商在收到货款之前已失去了对物权的控制，完全靠进口商的商业信用来收取货款；付款交单风险相对较小，因为在付款交单条件下，进口商付款之前，物权仍在出口商一方手中。但是，出口商仍会面临进口商不付款赎单的风险，如进口商借口进口地货价下跌而要求降低价格，或进口商审单时故意挑剔，要求出口商降低货价的风险。进口商破产或失去偿付能力也是托收风险的一个重要来源。除此以外，在托收业务中，出口商还面临着来自于进口国相关法规政策变化的风险，如海关和外汇管理方面的新规定可能影响到进出口手续和购汇结汇手续等。

针对托收方式下所面临的主要风险，出口商可以采取以下措施加强防范：

第一，必须事先对进口商的资信、经营作风等情况进行全面的了解。出口商要对进行过交易的主要客户建立信用档案，将买方的信用风险控制在业务发生之前。

第二，对出口单据加以控制，以便更好地控制货物。出口商要严格按照双方合同的规定发货和制作单据，保证单据的准确性、完整性、真实性，以防进口商从审单中找到拒付的借口。

第三，合理选择交单方式。谨慎采用承兑交单方式，尽量避免采用远期付款交单，如果采用，期限不要太长，同时签订合同商谈价格时要将远期的利息考虑在内。

第四，投保出口信用保险，以转嫁出口收汇风险。出口商投保此种险后，其在托收业务中面临的收汇风险可以安全地转移给出口信用保险机构，由其负责并承担安全收汇的风险。

 案例

某出口商 A 以 FOB 条件向美国某一进口商 B 出口一批商品，其结算方式采用 D/P 见票后 30 天。但后来此种商品的国际市场价格出现了大幅下跌，当汇票到期时进口商没有付款。与此同时，由于采用 FOB 贸易术语，货物保险由进口商办理，当货物抵达目的港后，由于无人照料出现了部分变质。出口商有鉴于此，只有将货物在当地低价出售，出口商由此蒙受了巨大损失。请分析此案例中出口商应吸取的教训。

【案例分析】

从此案例我们可以看到，一旦国际市场上这种商品的价格大幅下跌，一些资信不佳的进口商极有可能不付款，因此出口商在出口业务中应慎用 D/P 远期。与此同时，如果采用 D/P 进行贸易结算，最好能够将贸易术语改为 CIF 或 CIP。这是因为采用上述贸易术语，为货物投保的是出口商，一旦进口商到期不付款，货物由于越过船舷所产生的一系列承保风险出口商极有可能从保险公司获得赔偿。必要的时候，出口商也可以投保出口信用保险，以尽可能减少自身的损失。

（二）进口商托收方式下的风险及防范

托收结算方式对进口商相对比较有利，但进口商在托收方式下也存在着一定的风险。由于货物单据化，有可能在付款后发现货物与合同规定不符，更有甚者，遇到伪造单据进行诈骗，就有货、财两空的风险。

对进口商而言，在托收方式下应注意以下两点：

第一，严格审查单据。只有在单据与合同、单据与单据之间严格一致时，才接受单据付款或承兑。

第二，全面了解出口商的资信、经营作风、经营规模，谨慎选择交单条件和价格条件。

个案分析与操作演练

1. 我国的甲银行发信汇通知书给纽约的乙银行，受益人是乙银行的客户。由于甲银行和乙银行间没有账户关系，甲银行就电报通知其境外账户行丙银行，将资金调拨给乙银行。请分析，甲银行的做法恰当吗？

2. 某月，我国某地外贸公司与某外商首次达成一宗交易。外商提出预付货款，使用电汇方式把货款汇过来。我方同意在收到对方汇款传真后再发货。我方第二

天就收到了对方发来的汇款凭证传真件,经银行审核签证无误。同时,由于我方港口及运输部门多次催促装箱装船,外贸公司有关人员认为外商把货款既已汇出,就不必等款到再发货了,于是及时发运了货物并向外商发了装船电文。发货后一个月仍未见款项汇到,经财务人员查询才知,外商不过是在银行买了一张有银行签字的汇票,传真给我方以作为汇款的凭证,但收到发货电文之后,便把本应寄给我外贸公司的汇票返回给了银行,撤销了这笔汇款。你从该案中得到了哪些教训?

3. 出口商 A 向进口商 B 出口一批货物,总价值 15 万美元,付款条件是 D/A 见票后 30 天。该出口商按合同规定按时将货物装运并将单据备齐,于 3 月 11 日向托收行 C 办理托收手续。但是直到 4 月 25 日才收到进口商 B 的来电,称至今没有收到出口货物在托收项下的单据。经出口商 A 的详细调查,原来在托收指示及相应的单据上,进口商的地址不详。5 月 11 日收到代收行的拒绝承兑付款的通知。由于这批货物没有来得及提货,又受到雨淋,所以严重受潮,进口商拒绝承兑付款。最终出口商 A 遭受到严重损失。试问:在本案例中谁将对损失承担责任? 出口商应该吸取哪些教训?

4. 我国某一出口商 A 向美国一进口商 B 出口一批货物,进口商 B 要求其结算方式采用 D/P,与此同时采用 FOB 贸易术语。试问:如果当时由于种种原因,出口商不得不接受进口商提出的交易条件,他应如何避免由此而产生的风险?

5. 我某外贸企业与某国 A 商达成一项出口合同。付款条件为付款交单(D/P)、见票后 45 天付款。当汇票及所附单据通过托收行寄抵进口地代收行后,A 商及时在汇票上履行了承兑手续。货抵目的港时,由于用货心切,A 商出具信托收据向代收行借得单据,先行提货转售。汇票到期时,A 商因经营不善,失去偿付能力。代收行以汇票付款人拒付为由通知托收行,并建议由我外贸企业向 A 商索取货款。对此,你认为我外贸企业应如何处理?

6. 吉林 A 农产品公司出口一笔大麻籽(Hempseeds)货物,其总值共 865 000 美元。合同规定付款条件为:"The buyers shall duly accept the documentary draft drawn by the sellers at 20 days sight upon first presentation and make payment on its maturity. The shipping documents are to be delivered against acceptance." 该公司依合同规定按时将货物装运完毕,有关人员将单据备齐,于 4 月 15 日向托收行办理 D/A 20 天到期的托收手续。5 月 25 日买方来电称,至今未收到有关该货的托收单据。该农产品公司经调查得知,是因单据及托收指示书上的付款人地址不详。6 月 15 日接到代收行的拒付通知。由于单据的延误,未按时提取货物,货因雨淋受潮,付款人于是拒绝承兑付款。吉林 A 农产品公司损失惨重。问题:本案中付款人不能及时提货,代收行是否应负责任? 吉林 A 农产品公司损失惨重的教训有哪几点?

7. 现有一批托收货物降价,付款人向代收行提出,经与委托人联系货价减少 8 800美元,托收金额减到 USD500 000,并提供了委托人同意减额的传真。问题:代收行可否应付款人的请求或凭其提供的委托人传真,按部分付款条件交单?

8. 2010 年 1 月 1 日上海 A 贸易公司(Shanghai A E. &I. Co. , No. 1023, Nanjing Road (East) Shanghai, China) 与香港 N 贸易有限公司(Hongkong N Trading Co. , Ltd. ,21 Locky Road, Hongkong)签订出口合同(合同号:SAHN1095)。1 月 4 日上海 A 贸易公司装运 5 000 打、价值 50 000 美元的纯棉男式衬衫(Pure Cotton Men's Shirts, Art. No. 9 - 71323, Size Assortment:S/3 M/b and L/3 per doz. ),委托中国银行上海分行办理托收,交单条件为 D/P 即期,并指定要求中国银行香港分行作为代收行。要求:(1)请开立跟单汇票。(2)请指出:托收汇票上的收款人抬头可以有哪几种写法? 在不同的抬头下,有怎样不同的操作? (3) 请画出该托收流程图。

9. 天津 TG 公司同时向美国出口货物,采用三种不同的托收方式,即:(1)D/P 即期;(2)D/P 见票后 30 天付款;(3)D/A 见票后 30 天付款。假定天津 TG 公司跟单汇票开立日为 1 月 2 日,寄单邮程共 10 天,请填写下表中的托收日、提示承兑日、付款日和交单日。

| 支付条件 | 托收日 | 提示承兑日 | 付款日 | 交单日 |
|---|---|---|---|---|
| D/P At sight | 1 月 2 日 | | | |
| D/P At 30 days After sight | 1 月 2 日 | | | |
| D/A At 30 days After sight | 1 月 2 日 | | | |

10. 下面是一份已填写好的托收汇票:

---

**BILL OF EXCHANGE**

No. HLK356 Exchange for USD56 000 Shanghai, At 90 DAYS sight of this FIRST of Exchange ( Second of Exchange being unpaid) Pay to the order of BANK OF CHINA.

The sum of SAY US DOLLARS FIFTY SIX THOUSAND ONLY.

TO MITSUBISHI TRUST & BANKING CO. LTD. .

**CHINA NATIONAL ANIMAL BY PRODUCTS**

**IMP. & EXP. TIANJIN BRANCH**

---

请回答下列问题:(1)汇票出票人、付款人分别是谁? (2)汇票是即期还是远期? 有几份汇票? (3)该笔托收业务的托收行是谁?

11. 我某外贸公司向日本商人以 D/P 见票即付方式推销某商品,对方答复如我方接受 D/P 见票后 90 天付款条件,并通过他指定的 A 银行代收货款则可接受。请分析日方提出此项要求的出发点。

## 复习思考题

1. 名词解释:电汇、信汇、票汇、托收、交单付现、托收指示、光票托收、跟单托收、承兑交单。

2. 汇款的主要当事人有哪些?

3. 简述汇款在国际贸易中的应用。

4. 图示票汇的业务流程。

5. 汇出行与汇入行开设账户有哪几种情况?是如何调拨头寸的?

6. 分析电汇、信汇和票汇的共同点和主要区别。

7. 托收的当事人有哪些?它们之间形成了何种业务关系?

8. 简述托收行的主要职责。

9. 简述代收行的主要职责。

10. 根据 URC522 的规定,托收指示应包括哪些内容?

11. 托收项下的付款人有可能有哪几种?

12. 试绘出 D/P、D/A 的业务流程图。

13. 分析在托收业务下出口商面临的主要风险及防范风险的措施。

# 第四章　以银行信用为基础的国际结算方式——信用证

## 学习目标

通过本章的学习,要求学生:

● 理解信用证的基本定义、特点、分类和作用;

● 掌握在信用证方式下各当事人的权利、义务和关系;

● 掌握 SWIFT 信用证的格式与内容以及 UCP600 的有关规定;

● 熟悉跟单信用证业务的一般业务流程和相关业务的做法;

● 了解信用证结算的风险及防范。

随着物权单据化以及银行参与国际贸易结算,逐步形成了信用证(Letter of Credit,L/C)支付或结算方式。信用证结算基于银行信用,使用信用证支付货款可以使受益人的利益得到充分的保障。信用证的种类很多,本章主要介绍跟单信用证的定义、特点、主要当事人、基本内容、结算流程、开立方式、偿付等基本知识与业务实务。

## 第一节　信用证的特点与种类

信用证结算方式是当今国际贸易结算中一种最重要的结算方式,属于银行信用。由于信用证使用者所从事的活动千差万别,因此对信用证的功能要求有所不一,在实践中逐步演化出功能、用途各异的多种信用证类型。

### 一、信用证的定义与特点

#### (一)信用证的定义

《跟单信用证统一惯例》(UCP600)第 2 条给信用证下的定义是:信用证是指一项不可撤销的安排,无论其名称或描述如何,该项安排构成开证行对相符交单予以承付①的确定承诺。

由上述定义可以看出,信用证是一种银行开立的有条件的承诺付款的书面文件,即信用证是开证银行对受益人的一种保证,只要受益人履行信用证所规定的条件,则开证银行保证付款。

（二）信用证的特点

信用证业务的特点是"一个原则,两个只凭"。"一个原则"就是严格相符的原则。"两个只凭"就是指银行只凭信用证,不问合同;只凭单据,不管货物。信用证具有以下几个特点或者性质。

1. 信用证是一种银行信用,开证行负第一性的付款责任

与汇款、托收支付方式下付款依靠进口商信用的情况不同,在信用证结算方式下,不是由付款人,而是由开证行承担第一性的付款责任。信用证是开证银行以自己的信用向受益人所做的一项书面承诺或保证,信用证的开立将有赖于买卖双方的商业信用转化为一种银行信用,是银行信用为商业信用所做的一种担保。因此,在信用证业务中,开证行取代进口商成为第一付款人。当然,开证行保证付款并非是无条件的,它必须是在受益人完全履行了信用证规定的条件下,才保证付款。若受益人没有履行信用证的条件,则开证行不承担付款责任。

2. 信用证是一项独立文件,不受合同的限制

开证申请书是依据买卖合同的内容提出的,因此,信用证与合同有一定的逻辑关系。但 UCP600 第4条规定,就性质而言,信用证与可能作为其依据的销售合同或其他合同是相互独立的交易,即使信用证中提及该合同,银行亦与该合同完全无关,且不受其约束,银行并未参与合同的签订,不是合同的当事人。基于信用证与合同的相对独立性,信用证条款的改变并不代表合同条款有类似的修改。

**案例**

我国一家出口公司与外国一家贸易公司订立合同,出口大豆150吨。合同规定,买方4月30日前开出信用证,卖方5月15日前装船。4月24日买方开来信用证,有效期至5月25日。由于我方按期装船发生困难,故去电要求买方将装船期延至5月24日,并将信用证有效期延长至6月4日,买方回电表示同意,但未通知

---

① 根据 UCP600 第2条,承付(Honour,也称兑付)是指:如果信用证为即期付款信用证,则即期付款;如果信用证为延期付款信用证,则承诺延期付款并在承诺到期日付款;如果信用证为承兑信用证,则承兑受益人开出的汇票并在汇票到期日付款。

开证银行。5月21日货物装船后,我方到银行议付时,遭到拒绝。

【案例分析】

银行有权拒绝议付。根据UCP600的规定,信用证虽是根据买卖合同开出的,但一经开出就成为独立于买卖合同以外的另一种契约。银行只受原信用证条款约束,而不受买卖双方之间合同的约束。合同条款改变,信用证条款未改变,银行就只按原信用证条款办事。买卖双方达成修改信用证的协议并未通知银行并得到银行同意,银行可以拒付。作为我方,当银行拒付时,可依据修改后的合同条款,直接要求买方履行付款义务。

3. 信用证是一项纯单据业务

信用证结算方式的特点之一就是凭单付款。UCP600第5条明确指出:"银行处理的是单据,而不是单据可能涉及的货物、服务或履约行为。"UCP600强调信用证的本质是开证行一项不可撤销的明确承诺,即兑付相符的交单。在信用证业务中,银行只审查受益人所提交的单据是否与信用证条款相符,以决定其是否履行付款责任。只要受益人提交符合信用证条款规定的单据,开证行就应承担付款责任,进口人也就应接受单据并向开证行付款赎单。信用证是凭相符单据付款的,即所谓的"认单不认货"。具体货物的完好与否,与银行无关。进口方可凭有关的单据和合同向责任方提出损害赔偿的要求。信用证交易把国际货物交易转变成了单据交易,受益人要想安全、及时地收到货款,必须做到单单一致、单证一致、单货一致。

由于信用证是一项纯单据业务,因此,采用这种结算方式手续较为复杂,审单需要耗费大量的人力和时间,费用也比较高。

## 二、信用证的种类

由于商务与贸易的客观需要是多种多样的,因而信用证的形式、种类也是不同的。不同种类的信用证有不同的特点,其使用也有较大差别。人们通常根据信用证的性质、期限、是否保兑、能否转让以及证与证之间的关系等,对信用证作出不同的分类。

### (一)按信用证项下是否随附货运单据划分

依据信用证项下是否随附货运单据来划分,信用证可分为光票信用证和跟单信用证。

1. 光票信用证

光票信用证(Clean Credit)是指凭不附带货运单据的汇票(即光票)付款的信用证。有的信用证要求出具汇票并附有非货运单据,通常也被视为光票信用证。

光票信用证可以用于贸易结算和非贸易结算两个领域。在贸易结算中,主要用于贸易从属费用的结算。

2.跟单信用证

跟单信用证(Documentary Credit)是开证行凭跟单汇票或仅凭信用证规定的单据付款的一种信用证。这里的"单据"一般是指代表货物所有权的单据,如海运提单,或证明货物已交运的单据,如铁路运单、航空运单、邮包收据等,以及与货物有关的其他单据,如发票、保险单、检验检疫证书等。国际贸易中所使用的信用证绝大多数是跟单信用证。本章所阐述的信用证也主要是指跟单信用证。

### (二)按信用证是否经过保兑划分

按照是否有开证行以外的另一银行对受益人作出付款承诺,信用证可分为保兑信用证和不保兑信用证。

1.保兑信用证

保兑信用证(Confirmed Credit)是指另外一家银行接受开证行的要求,对其开立的信用证承担保证兑付责任的信用证。对信用证加保兑的银行称为保兑行,根据 UCP600,保兑行与开证行具有相同的性质与责任,保兑行承担与开证行相同的第一性付款责任。若开证行授权或要求另一银行保兑信用证,保兑行(通常为通知行或出口地其他银行)同意后,则应在开证行发给它的信用证通知中"□ adding your confirmation"前面的"□"中加注"×",通知行在信用证中另加保兑说明。

2.不保兑信用证

不保兑信用证(Unconfirmed Credit)是指只有开证行的付款保证,没有另一家银行承担保证兑付责任的信用证。不保兑信用证的开证行将独立承担信用证项下有条件的第一性付款责任。若为不保兑信用证,开证行在向通知行发出的信用证通知书中"□without adding your confirmation"前面的"□"加注"×",通知行则在信用证中另加说明。

实务中,不保兑信用证的使用居多[①],大银行或资信状况良好的银行开出的信用证均是不保兑信用证。我国银行一般不开具要求另一家银行保兑的信用证,因此,我国进口企业通常不接受开立保兑信用证的要求。

### (三)按信用证的付款方式划分

UCP600 第 6 条第 2 款规定,信用证必须表明该信用证适用于即期付款、延期

---

① 这是因为,保兑行对信用证加保要收取保兑费,另外还可能提出其他保兑条件,这些都可能增加进、出口商的经营成本。

付款、承兑或议付。按信用证的付款方式来划分,信用证可分为即期付款信用证、远期信用证。

1. 即期付款信用证

即期付款信用证(Sight Payment Credit),是指出口商将即期汇票和单据(或只有单据而无汇票)直接提交给指定的付款银行或开证行后,就可以立即获得付款。即期付款信用证的特点是:付款时间为即期,承付方式为付款。

即期付款信用证的付款银行可以是开证行自己,也可以是出口地通知行兼任或指定的第三国银行。即期付款信用证可以规定要求汇票,也可以不要求汇票。若要求汇票,则该汇票为即期汇票,且其付款人为信用证指定的付款行或开证行本身。若不要求汇票,可只凭受益人提交合格单据付款。

2. 远期信用证

远期信用证(Usance Credit),是指开证行或付款行收到相符的货运单据和汇票(或只有货运单据)后不立即付款,若有汇票先予以承兑,等到信用证规定的日期才付款的信用证。远期信用证的受益人提示了汇票和单据后,只能在信用证规定的日期获得付款,在此之前,进口商也无须偿付。因此,这实际上是出口商为进口商提供贷款,解决了进口商的资金周转困难。

远期信用证包括延期付款信用证、承兑信用证以及要求开立远期汇票的议付信用证。

(1)延期付款信用证。延期付款信用证(Deferred Payment Credit),是指开证行在信用证中规定货物装运后若干天付款,或开证行收到相符单据后若干天付款的一种远期信用证。

延期付款信用证的特点是,受益人不必开立远期汇票,开证行也不存在承兑汇票的问题,它和即期付款信用证不同,虽然同属付款信用证,但付款期限不同;与承兑信用证也不同,虽然同属远期信用证,但不需远期汇票。由于没有汇票,出口商不能利用贴现市场进行融资,只能自行垫款或向银行借款。但由于银行贷款利率高于贴现利率,所以,以延期付款信用证方式成交的货价往往比承兑信用证方式成交的货价略高。

受益人提示单据以后,若单据相符,开证行或付款行受理单据,但要等到信用证规定的日期才予以付款。这种信用证计算付款到期日的方法一般有两种:一是从提单日起算,即提单签发日后若干天(×× days after the date of issuance of the B/L);二是从开证行或付款行收到单据的日期起算(×× days after presentation of the documents)。

（2）承兑信用证。承兑信用证（Acceptance Credit），是指付款行（承兑银行）在收到相符的远期汇票和单据时，先在汇票上履行承兑手续，等汇票到期日再履行付款义务的一种远期信用证。

开证行通常在信用证中规定承兑方式，如 This Credit is to expire on or before（有效期日）at（提示地点：被指定银行所在城市名称）and is available with（开证行或被指定银行名称）by acceptance of draft（s）at ×× days sight against the beneficiary's draft（s）at ×× days sight drawn（被指定的承兑银行名称）and the documents detailed herein。

（3）议付信用证。议付信用证（Negotiation Credit），是指开证行允许受益人向某一被指定银行或任何银行交单议付[①]的信用证。

按信用证议付的范围不同，议付信用证可分为限制议付和自由议付两种信用证。限制议付信用证，又称授权议付信用证，是指开证行在信用证中指定某一银行进行议付的信用证。自由议付信用证，又称公开议付信用证，是指开证行对愿意办理议付的任何银行作出公开议付"邀请"和普遍付款承诺的信用证，即任何银行均可按信用证条款议付。

### （四）按信用证是否可流通转让划分

根据受益人对信用证的权利是否可转让，信用证可分为可转让信用证和不可转让信用证。

#### 1.可转让信用证

可转让信用证（Transferable Credit）是指开证行授权指定的转让行（即被授权付款、承兑或议付的银行）在原受益人（即第一受益人）的要求下，将信用证的可执行权利（即装运货物、交单取款的权利）全部或部分转让给一个或数个第三者（即第二受益人）的信用证。若是自由议付信用证，则开证行应在信用证中明确指定一家转让行。信用证经转让后，即由第二受益人办理交货，但原证的受益人仍须负责买卖合同上卖方的责任。在贸易实务中，可转让信用证适用于中间商贸易。

可转让信用证只能转让一次，即只能由第一受益人转让给第二受益人，第二受益人不得要求将信用证转让给其后的第三受益人。但是，再转让给第一受益人，不属被禁止转让的范畴。如果信用证不禁止分批装运，在总和不超过信用证金额的前提下，可分别按若干部分办理转让，该项转让的总和，将被认为只构成信用证的

---

① UCP600 第 2 条规定："议付（Negotiation）是指被指定银行通知在其获得偿付的银行营业日或之前，以预付或同意预付款项给受益人的方式购买汇票和/或相符提示的单据的行为。"由此可见，议付的本质是一种融资方式：提前或同意提前支付款项。这对出口商有利，可以使受益人提前得到银行的资金周转。

一次转让。

可转让信用证的操作程序可用图4-1表示。

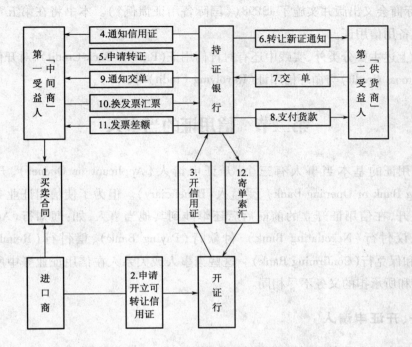

**图4-1 可转让信用证流程图**

**2. 不可转让信用证**

不可转让信用证(Non-transferable Credit),是指受益人不能将信用证的可执行权利转让给他人的信用证。UCP600第39条规定:"信用证未注明可转让,并不影响受益人根据所适用的法律规定,将该信用证项下其可能有权或可能将成为有权获得的款项让渡给他人的权利。本条只涉及款项的让渡,而不涉及在信用证项下进行履行行为的权利让渡。"但如信用证出现"可分割"(Divisible)、"可分拆"(Fractionable)、"可过户"(Assignable)、"可转移"(Transmissible)等字样时,银行可以不予理会,仍看作不可转让信用证。

**(五)按照信用证使用目的的不同划分**

按照信用证使用目的的不同,信用证可分为商业信用证、备用信用证。

商业信用证(Commercial Credit)是指以清偿贸易债务为目的而由开证银行向受益人(卖方)开立的信用证。商业信用证均规定出口商必须提交货运单据,因此,一般认为商业信用证和跟单信用证(Documentary Credit)是同一概念。

备用信用证(Standby Letter of Credit)又称担保信用证或保证信用证等,是一种银行保证性质的支付承诺,通常用于借款保证、投标保证、履约保证、赊购保证等。国际商会将备用信用证与跟单信用证一起规定于《跟单信用证统一惯例》中,但之后,国际商会又出版并实施了 ISP98(《国际备用证惯例》)。本书将在第五章中详细阐述备用信用证。

除上述主要分类外,实践中还有对背信用证(Back to Back Credit)、对开信用证(Reciprocal Credit)与循环信用证(Revolving Credit)等。

# 第二节 信用证的当事人

信用证的基本当事人有三个:开证申请人(Applicant or Opener)、开证行(Issuing Bank or Opening Bank)、受益人(Beneficiary)。但为了使信用证业务得以顺利展开,在信用证开立的前前后后还牵涉到其他当事人,如:通知行(Advising Bank)、议付行(Negotiating Bank)、付款行(Paying Bank)、偿付行(Reimbursing Bank)和保兑行(Confirming Bank)。这些当事人或关系人在信用证业务中所享有的权利和所承担的义务不尽相同。

## 一、开证申请人

开证申请人是向开证行申请开立信用证的人,在商品交易中就是买方或进口商(Buyer or Importer),但在少数情况下,也可能是买方的代理人或中间商。申请人在货运单据上是收货人或被通知人或被背书人(Consignee or Notify Party),在发票和单据上是抬头人(Addressee)。

开证申请人受两个合同的约束:一是与出口商所签订的进出口贸易合同;二是申请开证时与开证行签订的业务代理合同,即开证申请书。

### (一)买卖合同下的责任

提供信用证是买方即开证申请人在买卖合同项的责任。在合同的支付条款中规定采用信用证支付方式时,进口商就有义务要求银行在规定的期限内开出信用证并交给卖方。若合同中并未明确规定信用证的开出时间,买方应在此合同签订后的合理时间(Within a Reasonable Time)内开立信用证。

### (二)业务代理合同下的权利和责任

1. 开证申请人的责任

开证申请人在信用证业务代理合同下的责任主要有:

(1)合理指示开证。开证申请人向银行申请开立信用证须填写和提交开证申请书,开证申请书构成了开证申请人与开证行之间的委托代理关系,是开证申请人对开证行所下达的各种开证指示,因此,申请书的内容必须明确(Certain)、简洁(Concise)、前后一致(Consistence),以避免开证行和申请人对信用证内容在理解上有出入,致使信用证内容无法执行。

(2)提供开证担保。开证申请人在实际业务中通常采取交纳保证金的方式提供开证担保。保证金可以高达开证金额的100%,也可以为0,开证押金的多少与申请人的资信状况直接有关。

(3)及时付款赎单。开证申请书就是申请人对开证行的付款代理合同。开证行只是付款代理人,而申请人应当是承担付款责任的委托人。开证行履行其付款义务后,进口商应及时偿付货款并向开证行赎取单据。开证行是为申请人垫付,所以要偿付。如果开证行破产,开证申请人有义务向受益人付款。除此以外,开证申请人还应支付银行的有关费用,具体包括开证手续费、信用证修改费、邮费等。

2.开证申请人的权利

开证申请人享有以下权利:

(1)有权在付款前对受益人提交的单据进行审核,若发现单据与信用证条款不符或单据之间有矛盾,有权拒绝付款。

(2)申请人在履行付款义务后,对到港的货物有权对其品质和数量进行检查。若不符,有权根据过失责任向有关方面进行追踪。如属运输公司的责任,则向运输部门和保险公司交涉;如属出口商的责任,则退货索回货款。但不能要求开证行赔偿,因为这与信用证的单证一致无关。

## 二、开证行

开证行是开出信用证的银行,通常是进口商所在地银行,接受申请人的要求,并根据其委托,开立自身承担付款义务的信用证。开证行是信用证业务中最重要的一方,开证行的信誉、业务经验是其他当事人参与信用证业务与否的主要考虑依据。

开证行受三个合同的约束:与申请人之间的付款代理合同,与受益人之间的信用证,与通知行或议付行之间的代理协议。

### (一)开证行的义务

开证行需承担以下责任:

1. 根据申请书内容,按照 UCP600 要求开证

开证行作为申请人的付款代理人,应当根据申请人的指示行事,按 UCP600 处

理业务。UCP600 规定："若信用证含有某些条件而未列明需提交与之相符的单据，银行将认为未列如此条件，且对此不予理会。"据此，开证行开证必须将申请人在申请书上所列的全部条款加以单据化。单据成为信用证的主要内容，是申请人对受益人行为进行约束的工具，受益人通过提交的单据证明已经履行了合同项下的义务。同时，单据也是受益人能否支配信用证金额，从而获取货款的依据。

### 2. 第一性付款责任

开证行通过开证承担了对受益人提交的表面上正确的单据付款的全部责任。在这里银行的担保代替了申请人的担保，它不能以开证申请人没有付款能力、没交保证金、有欺诈行为等为借口而推卸责任，即使开证申请人倒闭，付款责任也不能解除。所以信用证是开证行的付款承诺，是一种依靠银行信用的支付方式。

## 案例

中方某公司以 CIF 价格向美国出口一批货物。合同的签订日期为 6 月 2 日。到 6 月 28 日，由美国花旗银行开来了不可撤销即期信用证，金额为 35 000 美元，证中规定装船期为 7 月份，偿付行为日本东京银行。我中国银行收证后于 7 月 2 日通知出口公司。7 月 10 日，我方获悉国外进口商因资金问题濒临破产倒闭。在此情况下，我方应如何处理呢？

### 【案例分析】

由于两个业务行即开证行（花旗银行）、偿付行（东京银行）都是著名的银行，资信都很高，我方可以尽快办理出口手续，将货物出口。根据 UCP600 的规定，即使开证申请人已经倒闭，开证行在接到符合信用证各项条款的单据后仍应负责付款。因此，我方在 7 月份发货并认真制作单据，然后向中国银行议付，并由中国银行向花旗银行寄单和向日本东京银行索偿。

### （二）开证行的权利

在信用证业务中，开证行拥有的权利包括：

第一，在开立信用证时，有权向开证申请人收取保证金和手续费，如市场行情发生变化，开证人资信发生变化，有权随时要求开证申请人补交押金，直到保证金交足为止。但收取的押金不能用于抵充开证人的其他债务而取消开证。

第二，开证行有权对受益人提交的单据进行审查，以确定单据表面上是否符合信用证条款。

第三，开证行有权处理单据或货物，如出售货物的价款不足以抵补垫付时，有权向申请人追还不足的部分。

### 三、受益人

受益人是信用证所指定的有权使用该证的人,是信用证利益的享受者或信用证权利的使用者,是开证行保证付款的对象。受益人一般是买卖合同的出口商,必须对合同承担责任,即所交货物应符合合同的规定,且单据真实准确地反映了货物的实际状况,做到货约一致、单货一致。

#### (一)受益人的义务

在信用证业务方式下,受益人要履行的义务有:

第一,接到信用证后,应在规定的装运期内装运货物,并通知收货人。

第二,装运货物的品质等应严格遵守信用证的规定,有保证货物合格的义务。

第三,应严格按照信用证规定制作各种单据,在信用证有效期内交单。若提交的单据不符合要求,有义务在规定的时间内修改。

#### (二)受益人的权利

受益人拥有的权利如下:

第一,受益人在接到信用证后,应与合同核对,若信用证条款与合同不符,或无法履行,有权要求进口商修改;如改后仍不符,且足已造成不能接受的情况,有权拒绝接受,甚至单方面撤销合同,并提出索赔。

第二,受益人有凭正确单据取得货款的权利。

第三,开证行倒闭,受益人有权要求申请人付款。若信用证是保兑的,则有权要求保兑行付款。如果开证行和申请人同时破产,如货已备好,即使单据已交,仍可要求运输单位中途停运,即有停运权,并将货物出售给别人,但必须通知进口商,如进口商在合理时间内未能付款或答复,才能售货给别人,当然易腐品除外。

第四,如遇开证行对正确的单据无理拒付时,有权向开证行提出质问并要求赔偿损失。

### 四、通知行

通知行是接受开证行的委托,将开证行开立的信用证及修改书通知受益人的银行。通知行一般是开证行在受益人所在地的分行或代理行。

通知行除了对所通知的信用证的表面真实性负责之外,并不承担诸如信用证项下的权利和责任能否实现等其他任何义务。如果通知行接受了开证行邀请其作为保兑行的委托,对信用证加具保兑,则承担保兑行对受益人的权利与义务。

通知行的义务是:依据它与开证行的委托代理合同,把开证行开出的信用证通知受益人。通知行须"合理谨慎地核验信用证的表面真实性"①。通知行收到信用证之后必须核对印鉴或密押,鉴别信用证的表面真伪。

通知行通知信用证后有权收取手续费。

### 五、议付行

议付行是开证行指定的或自由议付信用证项下受益人请示的、对信用证项下汇票及单据承担议付的银行。议付银行承购或贴现信用证项下汇票后即成为该汇票善意持票人或正当持票人,对开证银行及付款银行享有不受其他权益约束的请求权,对受益人享有追索权。议付银行亦称押汇银行。

议付行有权根据信用证条款审核单据。议付行之所以议付,是建立在开证行保证偿付的基础之上,但开证行偿付的前提是单证相符,只有议付的单据是合格的单据,才能得到偿付,所以议付行要对单据进行严格的审核,发现单据与信用证不符时,有权拒绝议付。

开证行拒付时,无论是基于何原因,或者倒闭,议付行都有向受益人行使追索的权利。议付行议付后,作为汇票的持有人有权向信用证规定的付款行收回垫款。

 **案 例**

日本某银行应当地客户的要求开立了一份不可撤销的自由议付 L/C,出口地为上海,证中规定单证相符后,议付行可向日本银行的纽约分行索偿。上海一家银行议付了该笔单据,并在 L/C 有效期内将单据交开证行,同时向其纽约分行索汇,顺利收回款项。第二天开证行提出单据有不符点,要求退款。议付行经落实,确定不符点成立,但此时从受益人处得知,开证申请人已通过其他途径(未用提单)将货提走。议付行可否以此为理由拒绝退款?

**【案例分析】**

议付行不能拒绝退款。因为:①L/C 业务是纯单据业务,单证不符不能付款,银行仅处理单据,不问货物真实情况。②尽管开证申请人将货物提走,但开证行并未将单据交给开证人。所以,议付行应向受益人追索所垫付的货款,退款给开证行。

---

① "合理谨慎"可以解释为一个具备办理该项业务专业知识及能力的人,在办理该项业务时所应做到的,或者一般人所期望他应做到的注意和谨慎。

## 六、付款行

付款行是承担信用证最终付款的银行,通常是开证行自己或开证行指定的另一家付款代理行。

付款行是开证行的付款代理,因此有义务为开证行履行付款。但若付款行和开证行无代理合同,付款行可以不执行付款。因付款行并不是信用证的当事人,它之所以付款,是因为它和开证行之间有代理合同。

付款行有权根据代理合同向开证行取得偿付。

付款行验单付款后无追索权。从法律上看,付款行是开证行的代理,它是代表开证行验单付款的,一经付款,不能再向受益人追索。

## 七、偿付行

偿付行是根据开证行的要求,为开证行偿还议付行或付款行等索偿的银行,偿付行仅凭信用证指定的议付行或任何自由议付银行开出的索汇函电付款,而不过问单证是否相符。偿付行只是接受开证行的委托,充当出纳机构,与受益人无关,它既不接收单据,也不审核单据。偿付行的费用应由开证行承担,除非信用证中有相反规定。

偿付行根据合约,收到付款行或议付行的索偿书后,有义务按开证行的授权向付款行或议付行偿付。

偿付行不负单证不符之责,偿付行不接受单据,不审核单据,不与受益人发生任何关系,因此,偿付行对议付行或付款行的偿付不能视为开证行的付款。

## 八、保兑行

保兑行是接受开证行的委托和要求,对开证行开出的信用证承担保证兑付责任的银行。承担了保兑责任后,保兑行就成为信用证的第一付款人,对受益人独立负责。保兑行的付款责任不仅独立于合同或其他协议,而且也独立于开证行的相应责任。

如果保兑行在支付货款或议付汇票后开证行倒闭或无力偿付,保兑行无权对受益人行使追索权。在付款前,保兑行有权审核单据,若单证不符,有权不付款。保兑后,无论发生何变化,无权擅自取消自己的保兑。保兑行有权收取保兑费。

跟单信用证主要当事人的立场可归纳如表4-1所示。

表4-1 信用证主要当事人的立场

| 当事人 | 各自立场 |
|---|---|
| 受益人（出口商） | 只要确定到手的信用证真实,可立即消除对买卖的不安;<br>可依据信用证向银行请求融资(即打包贷款);<br>可用提单向银行押汇 |
| 开证申请人 | 开证行若提出与信用证条款规定相符的货运单据,进口商就必须立即清偿银行代付的款项,承担上述单据真伪的风险(一般来说虽然不多,但有时也会出现伪造的提单),当货物到达后如发现有瑕疵时,也不能要求开证行拒绝付款。<br>当卖方凭收到的信用证向银行办理出口融资时,买方不必先付款给银行 |
| 开证行 | 保证凭与信用证条款一致的单据付款 |
| 通知行 | 负有核对信用证真伪的责任,并且要迅速、确实地通知信用证给出口商 |
| 议付行 | 买入全套出口单据,垫付货款的安全性要比没有信用证时高 |

跟单信用证的当事人或关系人之间的联系可用图4-2表示。

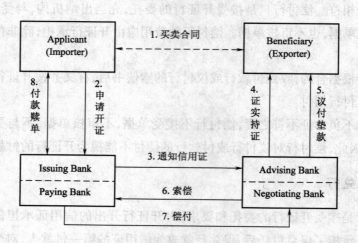

图4-2 跟单信用证的当事人和关系人之间的联系

# 第三节 信用证的开立形式、格式与基本内容

无论采取哪种方式开证,信用证的要式项目大同小异。本节阐述信用证的开立形式与信用证的基本内容。

## 一、信用证的开立形式

信用证有信开和电开两种,电开又分为 SWIFT 开证和电传开证。目前,各行之间开证大多使用 SWIFT 开证。

### (一)信开信用证

信开信用证(Credit Opened by Airmail)是指以信函(Letter)形式开立的信用证,其记载的内容比较全面。银行一般都有印就的信用证格式,开立时填入具体内容即可。信开信用证一般开立一式两份或两份以上,开立后以航空挂号寄出。这是一种传统的开立信用证的方式。随着电讯技术的发展,目前已几乎不使用信开信用证。

### (二)电开信用证

电开信用证(Credit Opened by Telecommunication),是指开证行以电讯方式开立和传递的信用证。电讯方式包括加押电报、加押电传和 SWIFT。

电报和电传方式下,开证行将信用证以加注密押的电报或电传通知出口商所在地的通知行。有简电本和全电本两种情况。

简电本(Brief Cable)是指仅记载信用证金额、有效期等主要内容的电开本。简电本的内容比较简单,其目的是预先通知出口商,以便其早日备货。简电本通常不是信用证的有效本,因此,开立简电本时,一般要在电文中注明"随寄证实书"(Mail Confirmation Follow)字样,并随即将信开本形式的证实书寄出。证实书是信用证的有效文本,可以作为交单议付的依据。

全电本(Full Cable)是开证行以电文形式开出的内容完整的信用证,无须再寄送证实书。有些银行在电文中表明:This cable is the operative credit instrument and no mail confirmation will follow,以示为有效信用证文件。

电报和电传方式在实务中已被方便、迅速、安全、格式统一、条款明确的 SWIFT 信用证取代。

SWIFT 方式是根据"环球同业银行金融电讯协会"(Society for Worldwide Interbank Financial Telecommunication)提供的标准电文格式来开立跟单信用证。采用 SWIFT 信用证必须遵守 SWIFT 的规定,亦必须使用 SWIFT 手册规定的代号(Tag),而且信用证必须遵守 UCP600 各项条款的规定。SWIFT 信用证的特点是快速、准确、简明和可靠。

## 二、信用证的基本内容及格式

### (一)信用证的主要项目

无论采取哪种方式开证,信用证的要式项目大同小异,其基本内容主要包括六个方面:关于信用证本身的说明,关于汇票、单据、货物、运输的要求以及其他须特别提示的问题。

1. 关于信用证本身的说明

如信用证的类型(Form of Credit),信用证号码(L/C Number),开证日期(Date of Issue),有效期和到期地点(Expiry Date and Place),信用证金额(L/C Amount),信用证当事人(Parties to L/C),开证银行(Issuing/Opening Bank)、通知银行(Advising/Notifying Bank)、开证申请人(Applicant)、受益人(Beneficiary),单据提交期限/交单期限(Documents Presentation Period)等。

2. 关于汇票的说明

如出票人(Drawer)、付款人/受票人(Drawee)、付款期限(Tenor)和出票条款(Drawing Clause)等。

3. 关于单据(单据的种类、份数和具体要求)的说明

如商业发票(Commercial Invoice)、提单(B/L)、保险单(Insurance Policy)、产地证明(Certificate of Origin)和其他单据(Other Documents)。

4. 关于货物的说明

如品名、货号和规格(Commodity Name,Article Number and Specification),数量和包装(Quantity and Packing)及单价(Unit Price)等。

5. 关于运输的说明

如装货港(Port of Loading/Shipment)、卸货港或目的地(Port of Discharge or Destination)、装运期限(Latest Date of Shipment)、可否分批装运(Partial Shipment Allowed/Not Allowed)和可否转运(Transshipment Allowed/Not Allowed)。

6. 其他须特别提示的问题

如特别条款(Special Conditions)、开证行对议付行的批示(Instructions to Negotiation Bank)、背批议付金额条款(Endorsement Clause)、索汇方法(Method of Reimbursement)、寄单方法(Method of Dispatching Documents)、开证行付款保证条款(Engagement/Undertaking Clause)、惯例适用条款(Subject to UCP Clause)和开证行签字(Signature)。

（二）国际商会的信用证标准格式

目前,信用证的格式并不统一。国际商会《标准跟单信用证格式》(ICC516,简称"516格式")是国际商会为配合UCP制定的格式。"516格式"中有"跟单信用证格式——致受益人"(见表4-2),和"跟单信用证格式——致通知行"以及"跟单信用证修改格式"。

## 表 4 - 2　跟单信用证格式——致受益人

Documentary Credit Form (Advice for the Beneficiary)

| | |
|---|---|
| Name of Issuing Bank： | Documentary Credit　　　　　Number |
| Place and Date of Issue： | Expiry Date and Place for Presentation of Documents |
| Applicant： | Expiry Date： |
| Advising Bank：　　　　Reference No. ： | Place for Presentation： |
| Partial shipments　☐allowed ☐not allowed | Beneficiary： |
| Transshipment　☐allowed ☐not allowed | Amount： |
| ☐Insurance covered by buyers | Credit available with Nominated Bank： |
| Shipment as defined in UCP600<br><br>From：<br><br>For transportation to：<br><br>Not later than： | ☐by payment at sight<br>☐by deferred payment at：<br>☐by acceptance of drafts at：<br>☐by negotiation<br>Against the documents detailed herein：<br>☐and Beneficiary's draft(s) drawn on： |
| Documents to be presented within ☐ days after the date of shipment but within the validity of the Credit | |
| | |
| We hereby issue the Irrevocable Documentary Credit in your favour. It is subject to the Uniform Customs and Practice for Documentary Credits (2007 Revision, International Chamber of Commerce, Paris, France, Publication No. 600) and engages us in accordance with the terms thereof. The number and the date of the Credit and the name of our bank must be quoted on all drafts required. If the credit is available by negotiation, each presentation must be noted on the reverse side of this advice by the bank where the Credit is available. | |
| | |
| This document consists of ☐ signed page(s) Name and signature of the Issuing Bank | |

## (三)SWIFT 信用证的格式与内容

开立 SWIFT 信用证的格式代号是 MT 700 和 MT 701(701 格式是在 700 格式不够使用时增添使用的)及信用证修改书 MT 707。这种格式下的信用证不必特殊说明就表示该证必须遵循《跟单信用证统一惯例》。在 MT 700/701 格式中,27,

40A,20,31D,59,32B,41M,49 为必选项,其余各项可根据业务性质选用或不用。

1. 跟单信用证 MT 700 开立格式及相关内容介绍

下面以表4-3来介绍跟单信用证 MT 700 开立格式及相关内容。

表4-3 跟单信用证 MT 700 开立格式及相关内容

| M/O 必选/可选 | Tag 代号 | Field Name 栏目名称 | 解 释 |
|---|---|---|---|
| M | 27 | Sequence of Total | 合计次序。这是指本证的页次,前后各一位数字,如"1/2",其中"2"指本证共 2 页,"1"指本页为第一页。若 L/C 条款能够全部容纳在该 MT 700 报文中,则该项目就填写 1/1;若该 L/C 由一份 MT 700 和一份 MT 701 电文组成,则在 MT 700 文的"27"中填写"1/2",在 MT 701 电文中的"27"中填写"2/2" |
| M | 40A | Form of Documentary Credit | 跟单信用证类型。该项目内容有 3 种填法:(1)IRREVOCABLE(不可撤销的跟单信用证);(2)IRREVOCABLE TRANSFERABLE(不可撤销的可转让跟单信用证);(3)IRREVOCABLE STANDBY(不可撤销的备用信用证)。详细的转让条款应在47A中列明 |
| M | 20 | Documentary Credit Number | 信用证号码 |
| O | 23 | Reference to Pre - Advice | 预通知编号 |
| O | 31C | Date of Issue | 开证日期 |
| M | 31D | Date and place of expiry | 到期日及地点。这是指信用证最迟交单日期和交单地点 |
| O | 51A | Applicant Bank | 开证申请人的银行。若开证行与申请人的银行不是一家银行,该项目应列明申请人的银行 |
| O | 50 | Applicant | 开证申请人 |
| M | 59 | Beneficiary | 受益人 |
| M | 32B | Currency Code, Amount | 信用证金额(货币符号、金额) |
| O | 39A | Percentage Credit Amount Tolerance | 信用证金额加减百分率。该项目列明信用证金额上浮动最大允许范围,用百分比表示(如,10/10,即表示允许上下浮动各不超过10%) |

续表

| M/O<br>必选/可选 | Tag<br>代号 | Field Name<br>栏目名称 | 解　释 |
|---|---|---|---|
| O | 39B | Maximum Credit Amount | 最高信用证金额。该项目"UP TO"、"MAXIMUM"或"NOT EXCEEDING"(后跟金额)表示信用证金额的最高限额 |
| O | 39C | Additional Amounts Covered | 可附加金额。该项目列明信用证所涉及的附加金额,诸如保险费、运费、利息等 |
| M | 41A | Available With...By... | 被指定的有关银行及信用证兑付方式。该项目列明被授权对该证付款、承兑或议付的银行及该证的兑付方式。<br>(1)银行的表示方法:<br>当该项目代号为"41A"时,银行用SWIFT名址码表示;<br>当该项目代号为"41D"时,银行用行名地址表示;<br>若信用证为自由议付,该项目代码为"41D",银行用"ANY BANK IN...(地名/国名)"表示;<br>若信用证为自由议付,且对其地点无限制时,该项目代号为"41D",银行用"ANY BANK"表示。<br>(2)兑付方式的表示方法分别为:<br>BY PAYMENT:即期付款<br>BY ACCEPTANCE:远期承兑<br>BY NEGOTIATION:议付<br>BY DEF PAYMENT:延期付款<br>BY MIXED PAYMENT:混合付款<br>若该证为延期付款,有关付款的详细条款将在"42P"中列明;若该证为混合付款,有关付款的详细条款将在"42M"中列明 |
| O | 42C | Drafts at... | 汇票付款期限 |
| O | 42A | Drawee | 汇票付款人 |
| O | 42M | Mixed Payment Details | 混合付款指示。列明付款日期、金额及其方式 |

续表

| M/O<br>必选/可选 | Tag<br>代号 | Field Name<br>栏目名称 | 解　释 |
|---|---|---|---|
| O | 42P | Deferred Payment Details | 延期付款指示。列明付款日期及其方式 |
| O | 43P | Partial Shipments | 分批装运。列明是否允许分批装运 |
| O | 43T | Transshipment | 转船(转运)。列明货物是否允许转船或转运 |
| O | 44A | Place of Taking in charge/<br>Dispatch from. . ./Place of Receipt | 接管地/发运地/收货地 |
| O | 44E | Port of Loading/Airport of Departure | 装运港/出发机场 |
| O | 44F | Port of Discharge/Airport of Destination | 卸货港/目的地机场 |
| O | 44B | Place of Final Destination/<br>For Transportation to. . ./Place of Delivery | 最终目的地/运往……/交货地 |
| O | 44C | Latest Date of Shipment | 最迟装运日期 |
| O | 44D | Shipment Period | 装运期间 |
| O | 45A | Description of Goods and/<br>or Services | 货物/服务描述。贸易条件,如 FOB、CIF 等应列在该项目中。若信用证规定运输单据的最迟出单日期,该条款应和有关单据的要求一起列入该项目中 |
| O | 46A | Documents Required | 所需单据。若信用证规定运输单据的最迟出单日期,该条款应和有关单据的要求一起列入该项目中 |
| O | 47A | Additional Conditions | 附加条件。该项目列明 L/C 的附加条款。但应注意:当一份 L/C 由一份 MT 700 电文和一至三份 MT 701 电文组成时,项目"45A,46A,47A"的内容只能完整地出现在某一份电文中(MT 700 或 MT 701),不能被分割成几部分分别出现在几个电文中。在 MT 700 电文中,"45A,46A,47A"三个项目的代号在 MT 701 电文中应分别为:"45B,46B,47B" |
| O | 71B | Charges | 费用。该项目的出现只表示费用由受益人负担。若电文无此项目,则表示除议付费、转让费外,其他费用均由申请人负担 |

续表

| M/O<br>必选/可选 | Tag<br>代号 | Field Name<br>栏目名称 | 解　释 |
|---|---|---|---|
| O | 48 | Period for Presentation | 提示期限。该项目列明在出具运输单据后多少天内交单。若电文未使用该项目,则表示在出具运输单据后21天内交单 |
| M | 49 | Confirmation Instructions | 保兑指示。此项使用代码:CONFIRM(请保兑);MAY ADD(可保兑);WITHOUT(不加保兑) |
| O | 53A | Reimbursement Bank | 偿付行。该项目列明经开证行授权偿付L/C金额的银行。该偿付行可以是开证行的分行或其指定的另一家银行 |
| O | 78 | Instructions to the Paying/Accepting/Negotiating Bank | 对付款/承兑/议付银行的指示 |
| O | 57A | "Advise Through" Bank | 通知银行 |
| O | 72 | Sender To Receiver Information | 附言(银行间的通知)。该项目可能出现的代码:/PHONBEN/(请用电话通知受益人,之后加注电话号码)/TELEBEN/(请用快捷有效的电讯通知受益人,包括SWIFT、传真、电报、电传) |

### 2. 跟单信用证 MT 701(增添)开立格式

跟单信用证 MT 701(增添)开立格式见表4－4。

表4－4　跟单信用证 MT 701(增添)开立格式

| M/O<br>必选/可选 | Tag<br>代号 | Field Name<br>栏目名称 | 解　释 |
|---|---|---|---|
| M | 27 | Sequence of Total | 合计次序 |
| M | 20 | Documentary Credit Number | 信用证号 |
| O | 45B | Description Goods and/or Services | 货物及/或服务描述 |
| O | 46B | Documents Required | 要求的单据 |
| O | 47B | Additional Conditions | 附加条件 |

### 3. 跟单信用证修改 MT 707 格式

跟单信用证修改 MT 707 格式见表4－5。

表 4 - 5  跟单信用证修改 MT 707 格式

| M/O | Tag | Field Name |
|-----|-----|-----------|
| M | 20 | SENDER'S REFERENCE(信用证号码) |
| M | 21 | RECEIVER'S REFERENCE(收报行编号) |
| O | 23 | ISSUING BANK'S REFERENCE(开证行的号码) |
| O | 26E | NUMBER OF AMENDMENT(修改次数) |
| O | 30 | DATE OF AMENDMENT(修改日期) |
| O | 31C | DATE OF ISSUE(开证日期) |
| O | 31E | NEW DATE OF EXPIRY(信用证新的有效期) |
| O | 32B | INCREASE OF DOCUMENTARY CREDIT AMOUNT(信用证金额的增加) |
| O | 33B | DECREASE OF DOCUMENTARY CREDIT AMOUNT(信用证金额的减少) |
| O | 34B | NEW DOCUMENTARY CREDIT AMOUNT AFTER AMENDMENT(信用证修改后的金额) |
| O | 39A | PERCENTAGE CREDIT AMOUNT TOLERANCE(信用证金额上下浮动允许的最大范围的修改) |
| O | 39B | MAXIMUM CREDIT AMOUNT(信用证最大限制金额的修改) |
| O | 39C | ADDITIONAL AMOUNTS COVERED(额外金额的修改) |
| O | 44A | LOADING ON BOARD/DISPATCH/TAKING IN CHARGE AT/FORM(装船、发运和接收监管的地点的修改) |
| O | 44B | FOR TRANSPORTATION TO...(货物发运的最终地的修改) |
| O | 44C | LATEST DATE OF SHIPMENT(最后装船期的修改) |
| O | 44D | SHIPMENT PERIOD(装船期的修改) |
| O | 52a | APPLICANT BANK(信用证开证的银行) |
| M | 59 | BENEFICIARY(BEFORE THIS AMENDMENT)(信用证的受益人) |
| O | 72 | SENDER TO RECEIVER INFORMATION(附言) |
| O | 78 | NARRATIVE(修改详述) |

## (四)信用证内容例示

下面以 MT700 格式开出的信用证为例,说明信用证的内容①。

APPLICATION HEADER          700          UOVBPHMMA

UNITED OVERSEAS BANK PHILIPPINES

MANILA

---

① 陈岩,刘玲. UCP600 与信用证精要. 北京:对外经济贸易大学出版社,2007:35.

（MT700 格式 开证行:大华银行菲律宾分行 马尼拉）

SEQUENCE OF TOTAL　　　27:1/1（信用证页数:全套 1 份）

FORM OF DOC CREDIT　　　40:IRREVOCABLE（信用证类型:不可撤销）

DOC CREDIT NUMBER　　　20:18LC10/10359（信用证号码:18LC10/10359）

DATE OF ISSUE　　　　　　31C:100315（开证日期:2010 年 3 月 15 日）

EXPIRY　　　　　　　　　　31D:DATE100430 PLACE / CHINA（有效期 2010
　　　　　　　　　　　　　　年 4 月 30 日;有效地:中国）

APPLICANT　　　　　　　　50:TBCD ELECTRONIC CO. LTD.

　　　　　　　　　　　　　N2036 FEATI CTREET PAMPANGA PHILIPPINES

（开证申请人:TBCD ELECTRONIC CO. LTD.

　　N2036 FEATI CTREET PAMPANGA PHILIPPINES）

BENEFICIARY　　　　　　　59:BEIJING LONGTAIDA CO. LTD.

　　　　　　　　　　　　　NO. × × × ZHONGGUANCUN SOUTH ROAD

　　　　　　　　　　　　　HAIDIAN DISTRICT BEIJING PRC

（受益人:北京龙泰达公司 中国北京海淀区中关村南路×××号）

AMOUNT　　　　　　　　　32B:CURRENCY USD AMOUNT36 432.30

（信用证币种和金额:36 432.30 美元）

AVAILABLE WITH/BY　　　41D:ANY BANK BY NEGGOTIATION

　　　　　　　　　　　　　（此证为自由议付信用证）

DRAFTS AT……　　　　　42C:SIGHT FOR 100 PERCENT INVOICE VALUE

　　　　　　　　　　　　　（汇票金额为 100% 发票金额）

DRAWEE　　　　　　　　　42A:UOVBPHMM

　　　　　　　　　　　　　UNITED OVERSEAS BANK PHILIPPINES

　　　　　　　　　　　　　MANILA

（汇票付款人:大华银行菲律宾分行——开证行）

PARTIAL SHIPMENTS　　　43P:PERMITTED（分批装运:允许）

TRANSHIPMENT　　　　　　43T:PERMITTED（转运:允许）

LOADING IN CHARGE　　　44A:ANY PORT IN CHINA（装运港:中国任何港口）

FOR TRANSPORT TO　　　44B:MANILA PHILIPPINES（卸货港:菲律宾马尼拉）

LATEST DATE OF SHIP.　　44C:100412（最迟装运日期:2010 年 4 月 12 日）

DESCRIPT. OF GOODS　　　45A:730 PCS. 60″ CRT

　　　　　　　　　　　　　AS PER PROFORMA INVOICE NO. PO0601

DATED FEB 29,2010

P. S. C. C. :776. 10. 00

FOB DALIAN CHINA

（货物描述：730 件 60″ CRT

根据 2010 年 2 月 28 日号码为 PO0601 的形式发票

P. S. C. C. :776. 10. 00

FOB 中国大连）

DOCUMENTS REQUIRED 46A：（所需单据）

1. FULL SET OF 3/3 CLEAN ON BOARD OCEAN BILL OF LADING ISSUED TO THE ORDER OF UNITED OVERSEAS BANK PHILIPPINES MARKED " FREIGHT COLLECT " NOTIFY APPLICANT.（全套 3/3 清洁已装船提单，作成以大华银行菲律宾分行为抬头，注明"运费待付"，通知开证申请人）

2. SIGNED COMMERCIAL INVOICE IN TRIPLICATE.（经签署的商业发票 3 份）

3. PACKING LIST IN TRIPLICATE.（装箱单 3 份）

4. BENEFICIARY'S CERTIFICATE THAT ONE （1） SET OF NON – NEG OTIABLE SHIPPING DOCUMENTS HAVE BEEN FORWARDED DIRECTLY TO APPLICANT VIA COURIER WITHIN FIVE （5） WORKING DAYS AFTER SHIPMENT.（受益人证明要说明全套——1 套不可转让单据已在装运后 5 个工作日内以快递的方式径寄开证申请人）

ADDITIONAL COND. 47A：（其他条款）

1. ALL COPIES OF SHIPPING DOCUMENTS SUCH AS BUT NOT LIMITED TO BILL OF LADING （B/L）, AIR WAYBILL （AWB） OR POATAL RECEIPT MUST LEGIBLY INDICATE THE L/C NUMBER PERTIANING TO THE SHIPMENT.（全套单据，包括但不限于提单、空运单据或邮寄收据，必须显示与本次装运有关的信用证号码）

2. BILL OF LADING MUST SHOW ACTUAL PORT OF LOADING AND DISCHARGE.（提单必须显示实际装货港和卸货港）

3. IN CASE OF PRESENTATION OF DISCREPANT DOCUMENTS AND

SUBJECT TO THE ISSUING BANK'S ACEPTANCE, A DISCRE-PANCY FEE OF USD40. 00 FOR ACCOUNT OF BENEFICAIRY SHALL BE LEVIED. (若所提示的有不符点的单据被开证行接受,受益人要承担40美元的不符点费)

4. UNLESS OTHERWISE STIPULATED, ALL DOCUMENTS SHOULD BE ISSUED IN ENGLISH LANGUAGE. (除非另有规定,所有单据都必须以英文出具)

DETAILS OF CHARGES 71B: ALL BANK CHARGES OUTSIDE PHILIPPINES ARE FOR BENEFICAIRY'S ACCOUNT.
(费用细节:菲律宾以外的所有银行费用都由受益人承担)

PRESENTATION PERIOD 48: ALL DOCUMENTS SHOULD BE PRESENTED WITHIN 15 DAYS AFTER SHIPPING DATE.
(所有单据都必须在装运日后15天内提交)

CONFIRMATION        49: WITHOUT(保兑要求:无)

INSTRUCTIONS        78:(指示)

1. UPON RECEIPT OF DOCUMENTS WITH ALL TERMS AND COND ITIONS COMPLIED WITH, WE WILL REMIT THE PROCEEDS TO THE NEGOTIATING BANK ACCORDING TO THEIR INSTRUCTIONS. (一旦收到与信用证条款相符的单据,我们——开证行将按照议付行的指示付款)

2. DOCUMENTS TO BE MAILED DIRECTLY TO UNITED OVERSEAS BANK PHILIPPINES, LOCATED AT 17TH FLR, PACIFIC STAR BLDG, SEN GIL PUYAT AVE, COR, MAKATI AVE, MAKATI CITY, PHILIPPINES IN ONE (1) LOT VIA COURIER. (单据直接一次性快递给大华银行菲律宾分行,地址为17TH FLR, PACIFIC STAR BLDG, SEN GIL PUYAT AVE, COR, MAKATI AVE, MAKATI CITY, PHILIPPINES)

3. REIMBURSEMENT, IF APPLICABLE, IS SUBJECT TO ICC URR 525. (如有偿付,遵循《国际商会银行间偿付统一规则》)

4. THIS CREDIT IS SUBJECT TO ICC UCP600. (本信用证遵循《国际商会跟单信用证统一规则》)

SEND TO REC. INF.　　　72：YOU MAY CONTACT BENEFICIARY AT

TEL NO.86 – 10 – ×××××××

FAX NO.86 – 10 – ×××××××

（收报行信息:贵行可通过下列信息联系受益人,电话:86 – 10 – ××
×××××;传真:86 – 10 – ×××××××）

# 第四节　跟单信用证结算方式的流程与业务实务

在前三节,我们阐述了信用证的基础知识,本节将以国际贸易跟单信用证结算
为例,阐述信用证结算方式的流程与主要业务的实务。

## 一、信用证结算方式的流程

在国际贸易结算中,一笔信用证业务从发生到终结其间要经过多个环节,办理
各种手续,而且由于信用证的种类不同,其条款又有不同的规定,业务环节和手续
各异。但毕竟有共同的规律可循,大体上要经过进口商申请开证、进口方银行开
证、出口方银行通知信用证、出口方审查和提出修改信用证、出口方银行议付信用
证及索汇、进口方付款赎单、提货等主要环节。我们将信用证的结算业务流程简单
归纳为 12 个步骤(见图 4 – 3)。

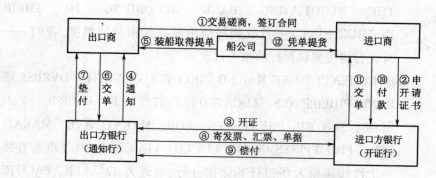

图 4 – 3　信用证业务流程

第一步:买卖双方经过磋商,约定以信用证方式进行结算。

第二步:进口方向开证行递交开证申请书,约定信用证内容,并支付押金或提
供保证人。

第三步:开证行接受开证申请书后,根据申请开立信用证,正本寄给通知行,指
示其转递或通知出口方。

第四步:由通知行转递信用证或通知出口方信用证已到。通知行在开证行要求或授权下对信用证加以保兑。

第五步:出口方认真核对信用证是否与合同相符,如果不符,可要求进口商通过开证行进行修改;待信用证无误后,出口商根据信用证备货、装运、开立汇票并缮制各类单据,船运公司将装船的提单交予出口商。

第六步:出口商将单据和信用证在信用证有效期内交予议付行。

第七步:议付行审查单据符合信用证条款后接受单据并付款,若单证不符,可以拒付。

第八步:议付行将单据寄送开证行或指定的付款行,向其索偿。

第九步:开证行收到单据后,应核对单据是否符合信用证,如正确无误,即应偿付议付行代垫款项,同时通知开证申请人备款赎单。

第十步:进口方付款赎单,如发现不符,可拒付款项并退单。进口商发现单证不符,也可拒绝赎单。

第十一步:开证行将单据交予进口商。

第十二步:进口商凭单据提货。

## 二、进口商申请开证

下面我们选取信用证结算流程中一些主要环节进行阐述。首先阐述开证申请人(进口商)申请开证。

信用证的开立是开证银行的工作,但进口商应提出开证申请。进口商申请开立信用证的手续是:递交有关合同的副本和附件,填写信用证开立申请书,缴付保证金,支付银行费用。进口企业申请开立信用证一般应注意:做好申请开立信用证的准备;正确把握开立信用证的时间;正确填写信用证开立申请书。

### (一)信用证的开证时间

一般来说,若进口采用信用证支付方式,合同签订后,进口商应该按照合同的规定向银行办理申请开立信用证的手续。但是,有的进口合同规定必须满足一定的条件才能开信用证,那么,只有在这些条件满足之后,进口商才能履行申请开立信用证的义务。例如:

第一,如果合同中规定买方应于合同规定的装运期前××日,或规定在本合同签订后××日内开出信用证,则买方应在该期限内开立信用证。如合同只规定了装运期的起止日期,则应让受益人在装运期开始前收到信用证;如合同只规定最迟装运日期,则应在合理时间内开证,以使卖方有足够时间备妥货物并予出运。时间通常掌握在交货期前一个月至一个半月左右。

第二，如果合同规定在卖方确定交货期后才开信用证，则进口商一定要在接到卖方交货期的通知后再申请开证。

第三，如果合同规定在卖方领到出口许可证后开立信用证，则进口商应该在接到卖方已领到许可证的通知后再申请开证，必要时应获取适当证明后再开证。

第四，如果合同规定在出口商支付履约保证金后才开证，进口商应在收到履约保证金后再申请开立信用证。

第五，如果合同规定进口商收到出口商提供的、由银行出具的履约保函之后开立信用证，则进口商应在收到上述履约保函并确认其内容与条款可以接受之后，再向开证行申请开立信用证。

 案例

5月21日，西北A进口公司到国内某银行申请开出以德国B出口商为受益人的信用证，信用证规定最迟装船期为当年5月31日。5月28日，A进口公司收到德国B出口商的通知，指责其迟开信用证，已经违约在先，要求撤销合同。因为买卖双方在合同中规定："信用证必须在装运日前也即在5月份以前开到卖方，信用证的有效期应为装船期后15天在装运口岸到期，否则卖方有权取消本售货合同并保留因此而发生的一切损失的索赔权"。经过双方几次协商，德国B出口商坚持以西北A进口公司迟开信用证为由而拒绝出货，并要求撤销信用证。鉴于此时市场行情上涨，西北A进口公司担心因进口货物落空而撤销国内售货合同，进而影响企业生产，损失更大，不得不用更高的价格买进货物。

【案例分析】

德国B出口商的做法是利用了西北A进口公司没有在合同规定的期限内开证而不及时催证，利用这一理由寻找出价更高的买主，以便获取更大的利润，最终迫使西北A进口公司付出高额代价。其做法虽欠妥，但也没什么大错。

本案例中西北A进口公司没有在合同规定的期限内开证，给德国B出口商造成可乘之机。此案例的经验教训是：进口商应尽量在合同规定的期限内开证，履行合同。如果发现来不及开证，应尽早在开证日前与出口商协商修改合同中规定的开证时间，争取主动。

（二）申请开立信用证的程序

申请开立信用证的程序如图4-4所示。

图 4-4 申请开立信用证的程序

## (三)填制开证申请书

开证申请书(Documentary Credit Application, Application for Issuing L/C)是银行开具信用证的依据,是开证申请人与开证银行之间的有关开立信用证的权利与义务的契约。

1. 开证申请书的主要内容

开证申请书通常为一式两联,由银行专门印发。开证申请书有正面和背面两部分内容。

正面(英文)(如表 4-6 所示)是要求开立信用证的内容,即开证人按合同要求开证行在信用证上列明的条款,也是开证行凭以向受益人或议付行付款的依据。主要内容包括:受益人名称和地址、信用证及合同号码、信用证的有效期及到期地点、装运期、信用证的性质、货物的描述、对单据的要求、信用证的金额和种类、信用证中的特别条款及其他一些条款等。

背面(中文)是开证人对开证行的声明,用以明确双方责任,一般为开证申请人承诺书(开证人签字)。一般由开证行根据相关的国际惯例和习惯做法事先确定并印制,申请人只需签字盖章即可。

表 4-6 开证申请书

Application for Issuing L/C

TO:                                                            Date:

| Beneficiary (full name and address) | | Irrevocable documentary credit |
|---|---|---|
| | | L/C No. |
| | | Contract No. |
| | | Date and place of expiry of the credit |
| Partial shipments | Transshipment | ☐Issue by airmail |
| ☐allowed | ☐allowed | ☐With brief advice by teletransmission |
| ☐not allowed | ☐not allowed | ☐Issue by express delivery |
| | | ☐Issue by teletransmission (which shall be the operative instrument) |
| Loading on board/dispatch/taking in charge at/from | | Amount (both in figures and words) |

| Description of goods: | Credit available with |
|---|---|
| | □by sight payment  □by acceptance  □by negotiation |
| | □by deferred payment at against the documents detailed herein |
| | □and beneficiary's draft for 100 % of the invoice value |
| | □FOB          □or other terms |
| | □CFR          □CIF |

Documents required: (marked with ×)

1. ( ) Signed Commercial Invoice in 5 copies indicating invoice No. ,contract No.

2. ( ) Full set of clean on board ocean Bills of Lading made out to order and blank endorsed, marked "freight ( ) to collect / ( ) prepaid showing ( ) freight amount" notifying APPLICANT.

3. ( ) Air Waybills showing "freight ( ) to collect / ( ) prepaid ( ) indicating freight amount" and consigned to _____.

4. ( ) Memorandum issued by _____ consigned to _____.

5. ( ) Insurance Policy / Certificate in 3 copies for 110 % of the invoice value showing claims payable in China in currency of the draft, bank endorsed, covering ( ) Ocean Marine Transportation / ( ) Air Transportation / ( ) Over Land Transportation All Risks, War Risks.

6. ( ) Packing List / Weight Memo in 3 copies indicating quantity / gross and net weights of each package and packing conditions as called for by the L/C.

7. ( ) Certificate of Quantity / Weight in 2 copies issued an independent surveyor at the loading port, indicating the actual surveyed quantity / weight of shipped goods as well as the packing condition.

8. ( ) Certificate of Quality in 3 copies issued by ( ) manufacturer / ( ) public recognized surveyor / ( ).

9. ( ) Beneficiary's certified copy of FAX dispatched to the accountee with 3 days after shipment advising ( ) name of vessel / ( ) date, quantity, weight and value of shipment.

10. ( ) Beneficiary's Certificate certifying that extra copies of the documents have been dispatched according to the contract terms.

11. ( ) Shipping Co.'s Certificate attesting that the carrying vessel is chartered or booked by accountee or their shipping agents.

12. ( ) Other documents, if any:

    a) Certificate of Origin in 3 copies issued by authorized institution.

    b) Certificate of Health in 3 copies issued by authorized institution.

Additional instructions:

1. ( ) All banking charges outside the opening bank are for beneficiary's account.

2. ( ) Documents must be presented with 15 days after the date of issuance of the transport documents but within the validity of this credit.

3. ( ) Third party as shipper is not acceptable. Short Form / Blank Back B/L is not acceptable.

4. ( ) Both quantity and amount 10% more or less are allowed.

5. ( ) Prepaid freight drawn in excess of L/C amount is acceptable against presentation of original charges voucher issued by Shipping Co. / Air line / or it's agent.

6. ( ) All documents to be forwarded in one cover, unless otherwise stated above.

7. ( ) Other terms, if any:

Account No. :

Transacted by:

Telephone No. :

With _____ (name of bank)

(Applicant: name, signature of authorized person)

2. 开证申请书(正面)的填制要求

开证申请书必须写明贸易合同的主要条款对信用证的各项要求,尤其是据以付款、承兑或议付的单据的种类、文字内容及出具单据的机构等。下面就开证申请书部分栏目的填制要求介绍如下:

(1)信用证的有效期和到期地点。有效期通常掌握在装运期后 15 天,到期地点一般在议付地。

(2)分批装运或转船。应根据合同规定在所选择项目前的方框中打"√"。如果合同规定不允许分批装运和转船运输,应该在开证申请书上明确注明"不允许分批装运(Partial shipment not allowed)"和"不允许转船(Transshipment not allowed)"字样,否则,将被视为允许分批装运和转船运输。

(3)装运条件。应根据合同规定填写装运地(港)和目的地(港)名称以及最迟装运日期。

(4)信用证金额。填写合同规定的总值,包括小写和大写两种情况,并需注明币别。如果进口合同有溢短装条款,即允许金额有一定比例的增减,应具体列明增减幅度,或在金额前加上"about"或"approximately"等词语,按照 UCP600 的解释,该金额可有 10% 的增减幅度;另外,要注意进口合同中对于出口商佣金的规定,信用证金额需与相关规定一致。

(5)货物的描述。填写合同项下的货物,包括品名、规格、数量、包装和单价等,所有内容需与合同保持一致,尤其是相关的价格内容,不得有误。

(6)贸易条件。应根据合同成交的贸易术语在相对应的贸易术语代码前的方框中打"√",如果是其他条件,则应先在"Other terms"前的方框中打"√",然后再在该项目的空白处填上有关的贸易术语。

(7)兑现方式。申请书上已印有四种选择:"即期付款(by sight payment)"、"承兑(by acceptance)"、"议付(by negotiation)"和"延期付款(by deferred payment)"。可根据合同的付款方式确定选项,并在其前面的方框中打"√";如果是延期付款信用证,还应在该选项中"at"之后加注延期付款的具体条件,例如,收到单据后若干天付款等。

(8)汇票金额。应根据合同规定填写;一般为发票金额的百分之多少,如"…for 95% of the invoice value…"。

(9)付款期限。根据合同中的支付条款填写即期支付或远期支付;远期支付需填写具体的付款时间,例如,"…at 60 days after date of B/L"。

(10)付款人。信用证项下的付款人应填开证行或其指定的其他银行,如

"drawn on us"或"on ×××bank"。

（11）所需的单据。信用证申请书一般印有可供选择的单据条款12条，其中第1至第11条是具体的单据条款，而第12条为其他单据条款。具体单据条款应根据买卖合同的需要，在所选单据前的括号中选择，同时注明每份单据的份数及有关单据的内容等。有些单据本身又有一些选项可供选择，可在要选择项目前的括号中选择，如无括号，可以划掉非选项目。第12条的其他单据栏，可将本笔交易中所需的其他单据的要求填列在此处。

### 三、信用证的开证、通知和保兑

根据 UCP600 的规定，开立信用证的指示、信用证本身、修改信用证的指示以及修改书本身必须完整、明确。

#### （一）开证行对外开证

银行接到申请人完整明确的指示后，应立即按指示开出信用证。开立信用证的银行即为开证行。开证行一旦开出信用证，在法律上就与开证申请人构成了开立信用证的权利与义务的关系，开证申请书也就成了两者之间的契约。

出口银行收到开证行开来的信用证后，应根据信用证的要求，将信用证通知或转递给受益人（出口商）。

### 案 例

欧洲某银行开立一张不可撤销的议付信用证，该信用证要求受益人提供"Certificate of Origin：EC Countries"（表明产地为欧盟国家的原产地证明书）。该证经通知行通知后，在信用证规定时间内受益人交来了全套单据。在受益人交来的单据中，商业发票上关于产地的描述为"Country of Origin：EC"，产地证则表明"Country of Origin：EC Countries"。议付行审核受益人提交的全套单据后认为，单单、单证完全一致，于是该行对受益人付款，同时向开证行索汇。开证行在收到议付行交来的全套单据后，认为单单、单证不符：（1）发票上产地一栏标明 EC，而信用证要求为 EC Countries。（2）产地证上产地一栏标明 EC Countries，与发票产地标明EC 不一致。开证行明确表明拒付，并且保留单据听候处理。收到开证行拒付通知后，议付行据理力争：信用证对于发票并未要求提供产地证明，况且发票上的产地系与产地证一致，故议付行认为不能接受拒付，要求开证行立即付款。

【案例分析】

该案的争议源于信用证条款的不完整、不明确。在开证行开列的信用证中，开证行对产地的要求为 EC Countries,而并未具体要求哪一国。在此情况下,受益人提供的单据中涉及产地一栏时既可笼统表示为欧盟国家,也可具体指明某一特定国家(只要该国是欧盟成员国即可)。倘若开证行认为不符合其规定,它应在开证时将产地国予以明确表示。UCP600 规定,开立信用证的指示、信用证本身、修改信用证的指示以及修改书本身必须完整、明确。既然开证行开立的信用证指示不明确,它将自己承受此后果。故在此案中开证行的拒付是不成立的。

从本案中我们可以得到两点启示:

第一,作为开证行在开立信用证时必须完整、明确,议付行在收到不明确、不完整的指示时,应及时与对方联系,以免引起不必要的纠纷。

第二,受益人必须严格按照信用证条款行事。对于非信用证所要求的千万别画蛇添足。在本案中信用证并没要求商业发票显示产地,虽然商业发票中显示产地是许多国家的习惯做法,但为避免麻烦也不应该出现原产地。

### (二)信用证的通知与转递

信用证的通知,是针对电开本信用证而言的。电开本信用证是以通知行为收件人的,通知行收到信用证并核押无误后,即以自己的通知书格式照录全文,通知受益人,办理这样业务的银行就称为通知行。信开本信用证在寄送到出口地银行后,由银行核对印鉴,若相符,银行只需将原证照转给受益人即可,办理这种业务的银行称为转递行(Transmitting Bank)。

### (三)信用证的保兑

受益人接到信用证后,如果认为开证行资信不好或对其资信不甚了解,可要求开证行找一家受益人熟悉的银行对信用证加以保兑。有时开证行在委托通知行通知信用证时,同时要求通知行为信用证加以保兑。如果事先两家银行有约定或通知行同意,通知行即为保兑行。通知行或其他银行对信用证进行保兑后,便承担与开证行相同的责任。

## 四、出口商审证

在实际业务中,由于种种原因,如国外客户或开证银行工作的疏忽和差错,或者某些国家对开立信用证有特别规定,或者国外客户对我国政策不了解,或者开证申请人或开证行的故意行为等,往往会出现开立的信用证条款与合同条款不符或与我国外贸政策不符的情况。许多不符点单据的产生以及提交后被银行退回,大多是出口商对收到的信用证事先检查不够造成的,往往使一些本来可以纠正的错误由于审核不及时没能加以及时地修改。因此,出口商务必做好审证工作,以便安全收汇。

（一）信用证审核的依据

审核信用证的依据主要有合同、UCP600以及业务实际情况与商业习惯三个方面。在实际操作中，出口商收到信用证后，应综合运用这三个依据及其内在关系，对信用证进行较为全面与系统的审核，对信用证的文字、条款有不明确的，可联系通知行向开证行查询；将"不能做到、不易做到"的信用证条款删除或修改，为日后顺利履行合同和安全收汇打下基础。但所有问题应一次提出，防止一改再改。

（二）审证操作要点

具体审证操作有如下要点。

1. 审核开证申请人、受益人的名称、地址是否准确无误

应审核信用证的开证申请人与受益人是否与合同相符。信用证中常有将开证申请人、受益人相互颠倒，或名称不全的情况。如合同上出口方原为"China National Textiles Import & Export Corporation, Shanghai Branch"，信用证中则写成了"China National Textiles Import & Export Corporation"，前者是"中国纺织进出口公司上海分公司"，后者则为"中国纺织进出口公司"，二者是完全不同的当事人。如来证误开，开证申请人应及时联系修改，以免寄单时发生困难。受益人的名称、地址如有误，应及时修改更正，以免给制单带来不必要的麻烦和无法解决的困难。

2. 检查信用证的金额、币制是否符合合同规定

主要检查内容有：信用证金额是否正确，信用证的金额应该与事先协商的相一致；信用证中的单价与总值要准确，大小写并用，内容要一致，如数量上可以有一定幅度的伸缩，那么，信用证也应相应规定在支付金额时允许有一定幅度的增减，而如果在金额前使用了"大约"一词，其意思是允许金额有10%的伸缩；检查币制是否正确，比如，合同中规定的币制是"英镑"，而信用证中使用的却是"美元"，这便是不正确的。

3. 检查付款期限（即期、远期天数）是否与合同一致

信用证的付款期限在信用证中往往不是直接通过信用证本身反映出来，而是反映在汇票的期限上。例如，合同规定"凭即期信用证付款"，信用证中却表达为"L/C available by draft at sight"。出口商在审核信用证的付款期限时，应当审核汇票的期限，看看信用证项下汇票的期限是否与其相符，如果不符，则应当根据合同进行修改。

检查信用证的付款时间是否与有关合同的规定相一致，应特别注意下列情况：

（1）信用证中规定有关款项须在向银行交单后若干天内或见票后若干天内付

款等情况。对此,应检查此类付款时间是否符合合同规定的要求。

(2)信用证在国外到期。规定信用证国外到期,有关单据必须寄送国外,由于我们无法掌握单据到达国外银行所需的时间且容易延误或丢失,有一定的风险,通常我们要求在国内交单、付款。在来不及修改的情况下,应提前一个邮程(邮程的长短应根据地区远近而定)以最快方式寄送。信用证到期地点最好为"IN CHINA"(或"IN ×× CITY,CHINA")。

(3)如信用证中的装运期和有效期是同一天,即通常所称的"双到期",在实际业务操作中,应将装期提前一定的时间(一般在有效期前 10 天),以便有合理的时间来制单结汇。

**4.检查装运期的有关规定是否符合要求**

信用证有关装运期限方面的条款常见的问题有:信用证中没有规定有效期;信用证到期地点不在受益人所在地;信用证的到期日与装运期有矛盾;装运期、到期日或交单期与合同规定不符;交单期时间过短。超过信用证规定装期的运输单据将构成不符点,银行有权不付款。检查信用证规定的装期应注意以下几点:

(1)能否在信用证规定的装期内备妥有关货物并按期出运,如来证收到时装期太近,无法按期装运,应及时与客户联系修改。如果信用证规定的交货期较合同规定的稍晚,应可接受。一般信用证的有效期最好晚于最后装船期半个月到一个月,以便卖方有足够的时间制单、交单。

(2)实际装运期与交单期时间相距不能太短。交单期的规定一般为装船期后15 天,但不宜超过 21 天。

(3)信用证中规定了分批出运的时间和数量,应注意能否办到,否则,任何一批未按期出运,以后各期即告失效。

(4)检查能否在信用证规定的交单期交单。如来证中规定向银行交单的日期不得迟于提单日期后若干天,则若过了限期或单据不齐、有错漏,银行有权不付款。

**5.检查商品描述、数量、包装搭配是否与合同一致**

对商品的说明包括商品的品牌、数量、包装、规格、单价和价格术语等。如合同品名用英文,而来证品名用其他文字,应检查是否为同一货物。应看信用证金额的大、小写以及货币名称是否与合同一致,还有大、小写彼此之间的金额及货币名称是否相符。如数量上可以有一定幅度的伸缩,那么,信用证也应相应规定在支付金额时允许有一定幅度的增减。一般以重量为计量单位的货物,如果允许有溢短装的幅度要求,信用证条款应作类似这样的规定:"Amount of credit and quantity of merchandise 5% more or less acceptable."(信用证的金额及货物的数量均可允许

5%的增减。)该条款明确指出金额及货量均可增减5%。如果在金额前使用了"大约"一词，其意思是允许金额有10%的伸缩。对信用证中装箱单条款，受益人可按情况决定接受与否。如果货物数量较多，且每件非定量包装，须逐一列出每件的毛/净重，这将给提单或装箱单的缮制造成麻烦，且费时，受益人可要求删除该条款。当货物为散装货时，也应拒绝这种装箱单条款。如果买方坚持保留装箱单，而受益人制单确有困难，可以要求以尺码单详细列明每个运输包装的状况，以替代提单或装箱单的有关内容。

---

**■ 知识链接 ■**

### 有关货物方面的条款常见的问题

有关货物方面的条款常见的问题有：品名、规格等与合同不一致；货物数量与合同规定不符；货物包装的数量、种类或方式等与合同规定不符；货物的唛头与已刷唛头不一致；商品的单价与合同不符；使用的贸易术语与合同不一致；货物的单价、数量与总金额不吻合；信用证金额不足；信用证有关金额及币种与合同规定不符；援引合同号码有误；等等。

---

**6. 运输条款是否可以接受**

有关运输保险方面的条款常见的问题有：起运港与合同规定或成交条件不符；目的港与合同规定或成交条件不符；分批装运或转运与合同规定不符；保险险别、保险金额与合同规定不符；等等。具体应注意以下事项：

（1）起运地及目的港必须与合同一致。如果目的港有改变，在我方负担运费的价格术语下，应相应调整价格，或者规定变更地点与原目的港运费差价由买方负担。

（2）如来证指定运输方式、运输工具或运输路线，要求承运单位出具船龄证明或船级证明之类，应及时与有关承运单位联系，如办不到应立即通知修改。

（3）来证规定装20英尺或其他规格集装箱的，要视货量是否合适，还要看所去港口有无该尺寸的集装箱。

（4）检查货物是否允许分批出运。除信用证另有规定外，货物是允许分批出运的。需要特别注意：如信用证中规定了每一批货物出运的确切时间，则必须按此照办，如办不到，必须修改。

（5）检查货物是否允许转运。除信用证另有规定外，货物是允许转运的。

**7. 保险条款是否符合合同规定**

根据成交的贸易术语，确定是进口方还是出口方投保。在 FOB 或 CFR 情况下，由进口方投保；在 CIF 情况下，由出口方投保。因此，在 FOB 或 CFR 成交的条件下,信用证中如果出现要求卖方投保、提供保险单的条款,应要求删除。在 CIF 成交的条件下,则应比照合同审查投保的风险、金额等是否与合同相符。

有些来证中规定:受益人将预保单(保险通知书)寄给进口国保险公司,待收到其签收的保险回执(Acknowledgement of Insurance)后,受益人凭回执及货运单据办理议付。在此条款下,若不能在信用证有效期内收到回执,受益人将无法议付,因而不宜接受,应修改为提交"装船人的保险通知书副本"(Copy of Shipper's Insurance Declaration)。

8.检查信用证中有无"软条款"

"软条款"(Soft Clause)是指置出口方于不利地位的弹性条款,即信用证中所有无法由受益人自主控制的条款。例如,信用证中加列各种条款致使信用证下的开证付款与否不取决于单、证是否表面相符,而取决于第三者的履约行为。"软条款"最基本的特征,在于它赋予了开证申请人或开证银行单方面撤销付款责任的主动权,使得不可撤销信用证变为可撤销信用证,这对出口商来说是十分危险的,因为一般结果往往是难以满足这种条款,而不能安全收汇。

"软条款"的隐蔽性很大,形式多样,没有固定的模式,甚至还故意添上一些专业性的表述,很难引起受益人的警觉。对信用证的生效作出种种限制性规定,是"软条款"信用证的特征之一。

【例4-1】某信用证规定:"On receipt of complete set of documents in conformity with the terms of this credit, we will be duly honoured on presentation if the draft(s) accepted by applicant."该条款规定银行付款需以开证人在汇票上的承兑为前提,这就属于"软条款",受益人应提请开证人删除该条款。

"软条款"信用证常见的表现形式主要有以下几种:

(1)要取得进口许可证,信用证才能生效。

(2)信用证暂时不生效,何时生效由银行另行通知。

(3)信用证规定,必须由申请人或其指定的签字人验货并签署质量检验合格证书,才能付款或生效。

(4)有关运输事项如船运公司、船名、装船日期、装卸港等须以开证申请人的书面通知或开证行的修改通知为准。

(5)品质证书须由申请人出具,或须由开证行核实或其印鉴必须与开证行的档案记录相符,信用证才能生效等。

(6)受益人凭买方签发的货物收据或买卖双方共同签订的交接单据议付。

具有上述条款的信用证,并不必然就是"软条款"信用证。实践中,由于各当事人之间的交易习惯和经常性做法不一,有些要求对于其他当事人而言属于"软条款",对于另一当事人就不是"软条款",而是正常做法所要求的条款。因此,判断何为"软条款",尚需要结合当事人的交易习惯和做法,而不能简单地下结论。对于何为"软条款",需要根据个案来具体问题具体分析。

出口商对于信用证中的"软条款"要严格审证,做到及早发现"软条款"。能做到的尽快办理,不能做到的应坚持修改,要立即通知进口商通过开证行进行修改或删除,千万不要边装运边等信用证修改函,否则货物上船后才发现情况不妙,则为时已晚,一旦对方不肯修改信用证,我方就会陷入被动局面。最好与进口商事先商定好,由那些世界一流的、信誉较好的银行作为开证行。由于这些银行很注意自身的声誉、操作规范、服务质量高,一般会严肃认真地对待"软条款"问题,对出口商来说,风险概率会大大降低。

 案例

某年,我国 A 公司与外国 B 公司达成协议,以 CFR 术语向 B 公司出口女式服装,合同总金额为 400 万美元,以不可撤销信用证付款,双方在合同中约定:货物应由 B 公司指定的检验机构进行检验,货物品质若符合进口国的有关进口标准,则由该检验机构出具合格证书,否则 B 公司可凭拒绝验收报告向 A 公司索赔。合同签订后,B 公司通过当地银行开出了以 A 公司为受益人的即期不可撤销信用证。信用证的单据栏将 B 公司指定的某检验机构出具的合格证书作为 A 公司向银行申请付款时应提交的单据之一。A 公司收到信用证后未提出任何异议,并按时将货物发运。在货物的运输过程中,进口国的相关进口标准发生变动,货抵目的港后,经检验货物品质不符合进口国现行进口标准,检验机构拒绝出具合格证书,买方拒收货物。由于缺少合格证书,A 公司遭到开证行拒付,最后只得以低价将货物转售给另一家公司,造成各种损失近 310 万美元。

【案例分析】

A 公司之所以损失惨重,是因为其接受了将 B 公司指定的检验机构出具的货物品质符合进口国标准的合格证书作为付款单据之一的信用证,这种"软条款"会使卖方冒很大的收汇风险。因在信用证支付方式下,只有卖方向银行提交的单据与信用证的规定相符合,即"单证相符"时银行才会付款。本案中的买卖合同规定,卖方交付的货物的品质必须符合进口国的相关进口标准,并由买方指定的检验机构进行检验,卖方如对该进口标准不熟悉并未能随时把握该标准的变动,则会给其获得检验合格证书带来极大困难。没有合格证书,则单证不符,银行必会拒付。

这样的信用证对卖方根本起不到保证支付的作用。

### 五、信用证的修改

出口商对信用证的修改是否到位就意味着货款是否安全到位。受益人(出口商)如果在检查信用证各条目的时候发现任何遗漏或差错,那么就应该对下列问题立即作出决定,采取必要的措施:①能不能更改计划或单据内容以与信用证内容相符合? ②是不是应该要求买方修改信用证,修改费用应该由哪一方支付? 对于那些非改不可的不符点坚决要改,应尽早向客户指明不符条款,令其修改信用证,以实现信用证与合同的一致。对于那些可改可不改的不符点可以酌情处理。

修改信用证的程序是:受益人审证后发现问题向开证申请人提出修改→开证申请人向开证行提出修改申请→开证行同意改证→开证行改证后通过通知行转给受益人。

当受益人决定修改信用证时,就应向买方提出修改信用证。进口商同意申请修改信用证时,应向开证行填写信用证修改申请书。开证行对于修改信用证的申请,除注意外汇管制的规定外,还会研究改证对开证行的风险及与其他条款有无冲突等问题。当开证行同意且修改信用证后,通过通知行转给受益人。注意:信用证修改通知书必须由原通知行转递或通知,如由开证行直接寄给受益人,受益人应提请原通知行证实。

---

**知识链接**

## UCP600关于信用证修改的有关规定

(1)未经开证行、保兑行(如有的话)及受益人同意,信用证不得修改,也不得撤销。

(2)开证行自发出修改之时起,即不可撤销地受其约束。保兑行可将其保兑扩展至修改,并自通知该修改时,便不可撤销地受其约束。但是,保兑行可以选择将修改通知受益人而不对其加具保兑。若然如此,其必须毫不延误地将此告知开证行,并在其给受益人的通知中告知受益人。

(3)在受益人告知通知修改的银行其接受该修改之前,原信用证(或含有先前被接受的修改的信用证)的条款对受益人仍然有效。受益人应提供接受或拒绝修改的通知。如果受益人未能给予通知,当交单与信用证以及尚未表示接受的修改的要求一致时,即视为受益人已作出接受修改的通知,并且从此时起,该信用证被修改。

(4)通知修改的银行应将任何接受或拒绝的通知转告发出修改的银行。

(5)一份信用证的修改通知书的内容要么全部接受,要么全部拒绝,不能接受其中一部分而拒绝另一部分。

 案例

我国 A 企业向美国 B 企业出口一批货物,合同规定 8 月份装船,后国外来证将装船期改为不得晚于 8 月 15 日。但 8 月 15 日前无船去美国,A 企业立即要求外商将装船期延至 9 月 15 日前装运。随后美商来电称:同意船期展延,有效期也顺延一个月。A 企业于 9 月 10 日装船完毕,15 日持全套单据向银行办理议付,但银行拒绝收单。

**【案例分析】**

根据信用证国际惯例,不可撤销 L/C 非经所有当事人同意,不得任意修改或撤销。由此可见,如开证人和受益人双方撤开开证行而对 L/C 之内容进行修改显属无效,当然议付行拒绝议付。因此,如受益人要求改证应先通知开证人,开证人同意后再由其给开证行,而后开证行通知通知行向受益人发出修改通知,至此这一修改方能生效。如开证人需要修改 L/C,亦应先通知开证行,然后由开证行将修改内容通知通知行转受益人。如受益人同意,则修改成立;如受益人不同意,则不能修改。

## 六、出口商交单

出口人要想及时、安全地收回货款,在按信用证要求发运完货物后,应随即缮制信用证规定的全套单据,开立汇票与发票,连同信用证正本(如经修改还需连同修改通知书),在信用证规定的交单期和信用证的有效期内,递交信用证限定的银行或通知行或自己有往来的其他银行请求议付,该过程被称为交单。

交单应注意三点:其一是单据的种类和份数与信用证的规定相符;其二是单据内容正确,包括所用文字与信用证一致;其三是交单时间必须在信用证规定的交单期和有效期之内。当出口商交单时出现无法做到单证相符、单单相符、单内相符的情况,应向交单行提供书面说明,俗称担保,说明存在哪些不符,以便分清议付行审单和出口商本身审单之间的职责认定,尽早出单收汇。

### (一)交单方式

交单方式有两种:一种是两次交单或称预审交单。在运输单据签发前,先将其他已备妥的单据交银行预审,发现问题及时更正,待货物装运后收到运输单据,可以当天议付并对外寄单。另一种是一次交单,即在全套单据收齐后一次性送交银行,此时货已发运。银行审单后若发现不符点需要退单修改,耗费时日,容易造成逾期而影响收汇安全。因而出口企业宜与银行密切配合,采用两次交单方式,加速收汇。

出口商交单要向银行提交交单委托书(样本见表4-7)。出口信用证交单委托书一式3份,一份于交单时银行签收后退出口公司,一份于结汇时做回单退出口公司,一份交由银行留底。

表4-7 出口信用证交单委托书示例

出口信用证交单委托书

致:中国银行上海市分行_____

  兹随附下列银行正本信用证及所属出口单据,请贵行根据国际商会跟单信用证统一惯例(UCP600)予以审核并办理寄单索汇:

| 开证行 | | 信用证号: | |
| --- | --- | --- | --- |
| | | 通知编号: | |
| 发票号码: | | 发票金额: | |

| 单据名称 | 汇票 | 发票 | 提单 | 空运单 | 保险单 | 装箱单 | 重量单 | 产地证 | FORMA | 检验证 | 受益人证明 | 船公司证明 | 装船通知 |
| --- | --- | --- | --- | --- | --- | --- | --- | --- | --- | --- | --- | --- | --- |
| 份数 | | | | | | | | | | | | | |

付款指示:    核销单编号:_____

请将收汇款以原币( )/人民币( )划入我公司下列账户:

开户行:_____ 账号:_____

特别指示:

1.邮寄方式:□快邮 □普邮 □指定快邮_____

2.本次提交的正本信用证含____份正本修改书。

3.单据中有下列不符点:

 a._____ b._____ c._____

 □ 请向开证行寄单,我公司承担一切责任,不符点请以( )表提( )电提的方式处理

 □ 请电询开证行同意后寄单

4._____

5._____

公司联系人姓名:_____   公 司 签 章

电话:_____ 传真:_____  年 月 日

| 银行签收人: | | 签收日期: | |
| --- | --- | --- | --- |
| 改单/退单记录: | | | |

## (二)交单时间的限制

越早交单,越有利于出口商早日收汇。受益人制单后,应在规定的交单期内,向信用证中指定的银行交付全套单据。提交单据的期限由以下三种因素决定:信用证的失效日期;装运日期后所特定的交单日期;银行在其营业时间外,无接受提交单据的义务。根据 UCP600 第 6 条的规定,信用证必须规定提示单据的有效期限,规定的用于兑付或者议付的有效期限将被认为是提示单据的有效期限;受益人必须于到期日或到期日之前提交单据。信用证除规定一个交单到期日外,凡要求提交运输单据的信用证,一般要规定一个在装运日后按信用证规定必须交单的特定期限。如果未规定该期限,根据 UCP600 第 14 条的规定,银行将不予接受迟于装运日期后 21 天提交的单据。另外,根据 UCP600 第 29 条规定,若信用证的到期日或交单的最后一天,适逢接受单据的银行终止营业日,则规定的到期日或交单期的最后一天将延至该银行开业的第一个营业日。但若该银行中断营业是因为天灾、暴动、骚乱、叛乱、战争、罢工、停工或银行本身无法控制的任何其他原因,则信用证规定的到期日或交单期的最后一天不能顺延。

根据 UCP600 第 3 条的规定,信用证中"于或约于"(on or about)或类似措辞将被理解为一项约定,按此约定,某项事件将在所述日期前后各 5 天内发生,起讫日均包括在内;词语"×月×日止"(to)、"至×月×日"(until)、"直至×月×日"(till)、"从×月×日"(from)及"在×月×日至×月×日之间"(between)用于确定装运期限时,包括所述日期。词语"×月×日之前"(before)及"×月×日之后"(after)不包括所述日期;词语"从×月×日"(from)以及"×月×日之后"(after)用于确定到期日时不包括所述日期;"上半月"和"下半月"应分别理解为每月"1日至15日"和"16日至月末最后一天",包括起讫日期;"月初"、"月中"和"月末"应分别理解为每月 1 日至 10 日、11 日至 20 日和 21 日至月末最后一天,包括起讫日期。

【例 4-2】国外来证规定装运期为" On or about 10 August,2010",银行将理解为在 8 月 5 日至 15 日内装运。不是理解为 8 月 10 日这一天,也不是 8 月 6 日到 14 日内装运。

为如期交单,受益人应充分考虑办理下列事宜对交单期的影响:①生产及包装所需的时间;②内陆运输或集港运输所需时间;③进行必要的检验(如法定商检或客检)所需的时间;④申领出口许可证、产地证所需的时间(如果需要);⑤报关查验所需的时间;⑥船期安排情况;⑦到商会和/(或)领事馆办理认证或出具有关证明所需的时间(如果需要);⑧制造、整理、审核信用证规定的文件所需的时间;⑨单据送交银行所需的时间(包括单据送交银行后经审核发现有误退回更正的时间)。

实际业务中,交单的最迟时间可把握两点:一是以信用证的有效期和交单期到期日两者中较早的一个日期为限;二是当信用证未明确规定交单期时,应将交单期理解为提单日期后21天内,并在信用证有效期内。

【例4-3】出口货物在1月5日出运,信用证装期最迟为1月20日,有效期为1月30日,交单期规定为提单日期后10天。那么在实际操作中,不能把1月30日当做最迟交单日,而是将1月15日作为最迟交单日。

【例4-4】信用证未明确规定最迟装运日,有效期为1月30日,交单期为提单日期后10天。如果提单日期为1月25日,那么最迟交单期不是2月4日,而是1月30日。

【例4-5】提单的签发日期为7月3日,信用证规定的有效期为7月27日,则最迟的交单有效期为7月24日,而不是7月27日或7月3日。

### (三)交单地点的限制

所有信用证必须规定一个付款、承兑的交单地点,或在议付信用证的情况下规定一个交单议付的地点,但自由议付信用证除外。像提交单据的期限一样,信用证的到期地点也会影响受益人的处境。有时会发生这样的情况,开证行将信用证的到期地点定在其本国或他自己的营业柜台,而不是受益人国家,这对受益人极为不利,因为他必须保证于信用证的有效期内在开证银行营业柜台前提交单据。

## 七、银行对单据的处理

议付银行收到受益人(出口商)递交的单据后,在议付前,首先要对信用证进行审核,如果发现有单证不符点,议付行将视情况采取不同的处理措施。

### (一)审核无误,办理结汇

议付银行收到受益人(出口商)递交的单据后,在议付前,首先要议付行对信用证进行审核:一是审核信用证是否过期;二是审核信用证金额是否用完;三是审核信用证是否经开证行撤销。其次是严格按照信用证的规定审核单据,并在收到单据次日起不超过5个银行工作日将审核结果通知受益人。如审核无误,则按照信用证要求,以与出口人约定的方法议付货款,同时办理结汇,即银行将收到的出口外汇按当日人民币市场汇率的银行买入价购入,进而结算成人民币支付给出口人,然后向开证行寄单请求付款。

### (二)提出不符点,视情况采取不同的处理措施

银行对信用证进行审核,如果发现有单证不符点,议付行将视情况采取不同的

处理措施。UCP600将银行处理不符单据的选择规定为四种:持单听候交单人的处理;持单直到开证申请人接受不符单据;径直退单;依据事先得到的交单人的指示行事。实务中,议付行经审单发现不符点,一般在审单记录上简明扼要地逐条记录下来,将单据退回受益人,待换单后达到单证相符才寄单索汇。若单据严重不符,受益人或受益人所在地银行不愿做托收处理,受理单据的银行可将单据退回。

---

**知识链接**

## UCP600关于银行提出不符点的条件

根据UCP600,银行提出不符点必须遵守以下条件:

(1)在合理的时间内提出不符点,即在开证行收到单据次日起算的5个工作日之内向单据的提示者提出不符点。

(2)无延迟地以电讯方式(如条件有限,须以其他快捷方式)将不符点通知提示者。

(3)不符点必须一次性提出,即如第一次所提不符点不成立,即使单据还存在实质性不符点,开证行也无权再次提出。

(4)通知不符点的同时,必须说明单据代为保管听候处理,或即退交单者。

以上条件必须同时满足,否则银行便无权声称单据有不符点而拒付。

---

在实际业务中,由于种种原因,诸如船舶误期、航程变更、意外事故、差错疏忽等,发生不符点的情形往往是难以避免的。在向银行提交单据之前已经形成不符点的事实,如交货数量超过合同规定的数量,或运输单据的签发日期超过了信用证最迟的装运日期,则受益人应及时与开证申请人联系,请其接受这种不符点的事实,或请求其修改信用证,以达到"单证一致、单单一致",避免受益人遭受损失。在向银行交单结汇时,由于受益人制单疏忽造成不符点,则受益人可以修改单据或重新缮制单据,以争取做到单证一致。

如果在单据寄到开证行时才发现不符点,此时,如果时间允许,则可以改单或请求开证申请人改证,以做到单证一致,确保安全收汇。如果时间有限,无法在信用证有效期内和交单期内做到单证一致、单单一致,则可以根据实际情况处理。如:凭保议付、信用证项下单据作托收处理、电提或表提①、退单退货;降价处理等。

---

① 受益人向议付银行提出要求,请其电告开证行不符点内容,请开证行授权付款/议付/承兑,银行术语为"电提"。采用这种方法的好处是:未得到开证行的同意前,议付行尚未对外寄单,受益人可以控制单据。实际业务中,议付行还可在寄往开证行的面函通知书中注明不符点内容,并要求开证行征求开证申请人是否接受单据,这种方法通常称为"表提"。

### 八、进口商付款赎单

在信用证支付方式下,开证银行和进口商要对出口商所交货物单据进行审核。通常由开证银行(这时为付款银行)对单据进行初审,进口商进行复审。在单据符合信用证及合同规定的条件下,开证银行及进口商履行付款责任。

#### (一)银行审单

UCP600将单据与信用证相符的要求细化为"单内相符、单单相符、单证相符"。银行在审单中,对照信用证条款,核对单据的种类、份数和内容,对于单据之间出现的表面上的彼此不一致,即可视为单据表面上与信用证条款不符。对信用证未规定的单据,银行将不予审核。如收到此类单据,银行将它们退回交单人而不需承担责任。对信用证上载有某些条件,但并未规定需提交与之相符单据的,银行将视这些条件为未予规定而不予受理。

银行对任何单据的格式、完整性、准确性、真实性,对在单据中载明或在其上附加的一般性和(或)特殊性的条款,不承担责任或对其负责;银行不对任何单据所表示的货物的描述、数量、重量、质量、状况、包装、交货、价值或存在承担责任或对其负责,也不对货物的发运人、承运人、运输行、收货人和保险人或其他任何人的诚信或行为和(或)疏忽、清偿力、业绩或信誉承担责任或对其负责。此外,银行对由于天灾、暴动、骚乱、战争或银行本身不能控制的任何其他原因、任何罢工或停工而使银行营业中断所产生的后果不承担责任或对其负责。

#### (二)进口商复审

开证银行对单据进行初审后,如属相符,即交申请开证的进口商进行复审。进口商收到开证银行交来的全套单据和汇票后,应根据合同和信用证的规定认真审核单据。进口商审单后,如在3个工作日内未提出异议,开证银行即按即期或远期汇票履行付款或承兑义务。

进口商审单中如发现单证不符或单单不符,应与银行加强联系,共同协商,根据具体情况作出必要的处理,主要包括以下几项:

(1)接受不符点。对出现的不符点,进口商愿意接受的,可指示开证银行对外付款。

 案例

小张是一家私营进出口公司新聘的业务员,上班的第一天便接手审核开证行交来的一套单据。小张发现原信用证中要求卖方投保水渍险加战争险,但卖方在

保险单中却注明投保的险别为"一切险加战争险",这究竟算不算是一个不符点呢？小张一时无法作出最后的决定。

**【案例分析】**

信用证中要求卖方投保水渍险加战争险,但卖方在保险单中却注明投保的险别为"一切险加战争险"。表面上看,这是一个单证不符点,但由于保险单上注明的险别,责任范围比信用证规定的大,对买方有利。所以,只要卖方愿意承担由此增加的额外保险费,代表买方的小张可以接受这个不符点。

（2）要求更改单据。如果不符点较为"一般",可通过寄单方式,由国外银行通知出口商更正单据。

（3）货到后经检验再付款。如果不符点较为"严重",可由国外银行作出书面担保后付款,或者改为货到检验后付款。

（4）停止对外付款,拒绝接受单据。如果不符点"十分严重",可以拒绝接受单据,并指示开证银行必须毫不迟延地以电讯方式通知国外寄单的银行,并列明银行拒收单据的所有不符点,说明是否保留单据、听候交单人处理或退回交单人。

（5）保留追索权。由国外议付行提交书面担保后,开证行先行付款,如收到货物后发现与规定不符,可以将已付的货款追回。

（6）相符部分付款,不符部分拒付。

**（三）银行付款与进口商赎单**

当出口商装运货物后,将汇票及合同（信用证）规定的单据交银行议付货款时,银行对照信用证的规定,对单据是否齐全、其内容是否符合规定等进行全面的审核,如内容无误,即由银行付款。

开证行将票款拨还议付行后,应立即通知进口商备款赎单。如单证相符,进口商就应将开证行所垫票款付清,取得单据,这样开证行和进口商之间由于开立信用证所构成的权利义务关系即告结束。信用证方式下,进口地银行在通知进口商赎单时,进口商用人民币按照国家规定的有关折算的牌价向银行买汇赎单。如果进口商发现单证不符也可以拒绝赎单,此时开证行就会遭受损失,它不能向议付行要求退款,即无追索权。

进口商付款赎单后,即可凭货运单据提货。若发现货物与合同不符,不能向开证行提出赔偿要求,只能向出口商索赔,甚至可以进行诉讼或仲裁。

# 第五节　信用证结算的风险与防范

信用证结算是国际经济活动中最广泛使用的一种结算方式。由于其属于银行信用,对进出口双方来讲都具有安全保证作用,所以是一种比较安全的结算方式。但在具体信用证业务操作中,要清醒地认识到信用证中可能存在的风险,增强风险防范意识,预防在先,以利业务的顺利进行,避免不必要的损失。

## 一、信用证的作用

汇款和托收两种结算方式都是建立在商业信用的基础之上的,风险的负担并不均衡,而信用证结算方式较好地解决了这一问题。由于其属于银行信用,对进出口双方来讲都具有安全保证作用,信用证结算保证了进出口双方的货款和代表货物的单据不致落空,同时又使双方在资金融通上获得便利,而参与信用证业务的有关银行同样也取得了实惠。因此,信用证对促进国际贸易的顺利发展及金融业务的扩大发挥了极为重要的作用。

### (一)银行的保证作用

信用证结算对进出口双方起到的重要作用首先表现为银行的保证作用。

对出口商来说,出口商是信用证支付方式的最大受益者,采用信用证结算方式,可保证出口商的货款取得安全保障。一方面有开证行的第一性的付款承诺,另一方面又有进口商在合同中提供的支付承诺,因此收款安全性更大。只要按信用证的要求提交合格的单据就可取得货款。即使开证行出于某种原因不能付款或拒绝付款,它也有责任把单据退给出口商。由于掌握了货物的单据,出口商可减少损失。

以信用证作为国际贸易付款方式同样也会使进口商获得一定好处,信用证发挥着控制出口商按时履约、提供交易安全保障的作用。用信用证结算,进口商可以通过信用证的条款来控制出口商的交易品质、数量和装船日期,使收到的货物在一定程度上符合合同的规定。

### (二)向进出口商融通资金的作用

对出口商来说,采用信用证结算方式,出口商可以选择出口押汇、打包放款等融资方式,获得资金融通。

对进口商来说,采用信用证结算方式,进口商可利用银行提供的融资方式如提货担保、开证额度和进口押汇等,解决资金周转的问题。

### (三)扩大银行的业务量,增加收益

银行参与信用证交易为其带来了一定利益。作为议付行的出口地银行参与信用证业务,一方面扩大其业务量,获得商业利润;另一方面接受议付后,只要单据符合信用证的规定,议付行可以从开证行那里获得偿付。即使开证行拒付,议付行也

可向受益人追索垫款或凭货运单据处理货物以补偿垫款。因此,议付行参与信用证业务只有获利,基本上没有风险。

作为承担第一性付款责任的开证行,一旦接受进口商的请求开立了信用证,它贷出的是信用而非资金,向受益人付款后可从进口商那里获得偿付,而无需占用自有资金。因此,开证行参与信用证业务可以扩大其业务量,增加收益。尽管开证行以银行信用代替进口商的信用,可能会面临一定的风险,但开证行可通过各种措施分散这一风险,如向进口商要求提供担保、押金等。若进口商不偿付开证行,开证行还可以凭货运单据处理货物来补偿损失。

## 二、信用证结算的风险

尽管信用证方式是建立在银行信用基础上的支付方式,但由于此方式下的进出口商、各银行等相关当事人在业务处理过程中都以信用证条款为基础,以出口商提交的单据为中心,而且信用证项下出口商提交的单据与实际发运的货物相分离,因此信用证项下各当事人可能面临更多、更复杂的风险。信用证业务要求贸易双方严格遵守信用证条款,信用证的当事人必须受 UCP600 的约束才能起到其应有的作用,买卖双方只要有一方未按条款办事,或利用信用证框架中的缺陷刻意欺诈,则信用证项下的风险也会由此产生。

### (一)出口商的风险

出口商的风险常常表现在以下方面:

其一,由于不符点而造成的风险。信用证是开证行向出口商开具的有条件的付款保证。这里所说的条件,就是指出口商出口货物后向银行提交的单据必须符合信用证条款的规定,而且单据与单据之间也要一致,不得发生矛盾。在具体业务操作过程中,常常发生由于交货期、交货数量、规格等不符点而造成收汇风险。任何一个不符点都可能使信用证失去其保证作用,导致出口商收不到货款,即使出口方完全按信用证规定出货,但由于疏忽而造成单证不符,也同样会遭到开证行拒付。

其二,因软条款而导致的风险。有软条款的信用证,开证人可以任意、单方面使单据与信用证不符,即使受益人提交了与信用证规定相符的单据,也可解除其付款责任。这种信用证实质上是变相的可撤销的信用证。实务中的一些软条款,有些是进口商为保护自己的利益而采取的措施,有些则是恶意欺诈的前奏曲,但无论其初衷如何,这些限制性条款都有可能对受益人的安全收汇构成极大威胁。带有软条款的信用证,其支付完全操纵在进口商手中,从而可能使出口商遭受损失。

其三,进口商利用伪造、变造的信用证绕过通知行直接寄出口商,引诱出口商发货,骗取货物。

其四,正本提单直接寄进口商。有些目的港如我国香港、日本等地,由于路途较近,货物出运后很快就抵达目的港。如卖方同意接受信用证规定"1/3 正本提单径寄客户,2/3 提单送银行议付"的条款,则为卖方埋下了风险的种子。因为 3 份正本提单中任何一份生效,其他两份自动失效。如果一份正本提单直接寄给客户,等于把物权拱手交给对方,客户可以不经银行议付而直接凭手中的提单提走货物。如果寄送银行的单据有任何不符点而收不到货款,银行将不承担责任。实质上这是将银行信用自动降为商业信用。

其五,进口商申请开立不合格信用证,并拒绝或拖延修改,或改用其他付款方式支付。此时卖方若贸然发货,将造成单证不符或单货不符的被动局面。

其六,开证行倒闭或无力偿付信用证款项。此时,出口商只能凭借买卖合同要求进口商付款,须承担商业信用风险。

### (二)进口商的风险

由于信用证结算方式下受益人得到货款的条件是:受益人提交符合信用证要求的单据,即银行不问事实,只要收到受益人提交的符合信用证要求的单据后即可付款。如果受益人不根据事实,不根据实际货物而伪造相符单据,甚至制作根本没有货物的假单据,照样可以取得货款,这时进口方就成为欺诈行为的受害者。进口商获得单据后可能会有以下风险:

其一,进口商获得的是虚假单据,进口商据此根本得不到货物。此种情况下,出口商利用表面完全符合信用证要求的伪造的虚假单据,来骗取信用证下开证行或其指定银行的付款,进而使进口商遭受很大损失。

其二,进口商凭单据提取的货物与合同的规定不符。由于信用证是一项自足的文件,独立于买卖合同之外,信用证当事人的权利和义务完全以 L/C 条款为依据,银行对于买卖合同履行中出现的问题(如货物品质、数量不符)概不负责。出口商可能会巧妙利用信用证下银行付款仅凭单据,而不过问货物的实际情况的特点,使得进口商可能获得残次、低值甚至是毫无价值的货物,进而蒙受损失。

其三,出口商在伪造合格单据时,往往与承运人勾结,出具预借提单或倒签提单,或制出表面毫无破绽的运输单据,影响进口方的生产和销售,造成直接的经济损失。信用证方式下,银行对单据的形式、完整性、准确性、真伪等不负责任,对单据所代表的货物的数量、重量、状况、包装、交货、存在与否不负责任,这样就为不法商人伪造单据骗取货款提供了方便。实践表明,出口商与承运人合谋的欺诈行为更具危险性。

## （三）银行面临的风险

由于信用证方式是建立在银行信用基础上的支付方式，业务比较复杂，涉及的当事人多，因此信用证业务中的银行也会面临风险。这些风险主要体现在银行提供服务时所面临的风险。如：开证行可能会承担对外付款后进口商不赎单或拒付的风险；出口地被指定的银行如果在向开证行寄单索汇时，未发现单据中存在的不符点，或者开证行资信不佳时，这些银行就会面临巨大损失的风险；在向偿付行索汇时，如果开证行未及时向偿付行发出偿付授权书，或者偿付行收到索汇书的时间早于收到开证行偿付授权书的时间，则索汇行将面临偿付行拒付的风险；信用证打包贷款给银行带来的风险；等等。

## 三、信用证结算风险的防范

在具体信用证业务操作中，信用证各当事人都要清醒地认识到信用证中可能存在的风险，增强风险防范意识，预防在先，避免不必要的损失。

第一，加强信用风险管理，重视资信调查。外贸企业应建立客户信息档案，定期或不定期地客观分析客户资信情况。在交易前通过一些具有独立性的调查机构仔细审查客户的基本情况，对其注册资本、盈亏情况、业务范围、公司设备，开户银行所在地址、电话和账号、经营作风和过去的历史等等，进行必要的调查评议，选择资信良好的客户作为自己的贸易伙伴。在交易中，企业领导要经常与业务员沟通交流，对业务员在交易过程中产生的疑点、难点问题给予指导帮助。交易后以应收未收账作为监控手段，防止坏账的产生。这样，可以最大可能地避免风险，为业务的顺利进行起到推波助澜的作用。

第二，正确交单议付，加强对货物的监管。信用证业务的特点决定了单据对整笔业务完成的重要性。"单单相符，单证相符"是信用证的基本要求，正确交单议付则是最后结算的基础。作为进口方，可在信用证中加列自我保护条款，可要求出口商提供由权威机构出具的检验证书，也可派人亲自验货并监督装船，以保证获得满意的进口货物。另外，作为受益人，加强催证、审证、改证工作，认真审核信用证，仔细研究信用证条款可否接受，并向客户提出改证要求，确保信用证中无"陷阱"和"软条款"。在制单过程中，必须严格遵守"单单相符，单证相符"原则，以防产生不符点，影响安全收汇。

第三，出口商应向所在国保险机构投保出口信用保险。尽管信用证方式是建立在银行信用基础上，但对出口商而言不是说没有风险了。出口商在发运货物前可以向出口国保险机构投保出口信用保险,以转移和降低收汇风险,从而保障安全收汇。

第四,开证行应认真审查开证申请人的付款能力,严格控制授信额度,对资信不高的申请人要提高保证金比例,落实有效担保。通知行应认真核对 L/C 的密押或印鉴,鉴别其真伪。议付行应认真仔细审核议付单证,确保安全、及时收汇。

第五,努力提高业务人员素质,保持高度的警惕性。外贸业务人员应认真学习专业知识,不断提高业务水平,是防止风险的关键。随着竞争的日趋激烈,瞬息万变的市场对业务人员提出更多更高的要求,贸易做法也越来越灵活多变,如果业务上如果不熟,碰到问题看表面而不看实质,对风险缺少充分的估计,盲目乐观,很容易造成巨大损失。

## 个案分析与操作演练

1. 上网搜索 UCP600,认真学习其内容。

2. 我国 W 进口公司在某年 7 月向德国 T 公司购买大型成套设备。合同规定,设备分两批交货,当年 10 月和 12 月为交货期,CIF 秦皇岛成交,以即期不可撤销信用证支付货款,分批开证;W 进口公司应于货到目的港后 60 天内对设备进行复验,若货物与合同规定不符,W 进口公司凭我国的商品检验证书向 T 公司索赔。在合同订立后,W 进口公司按合同规定请求当地某银行开出首批货物的信用证。T 公司在装船后,凭合格单据向议付银行要求议付,议付银行审单后未发现不符点,作出议付,随后将全套单据寄给开证行。开证行在单证相符的情况下,对议付行的款项做了偿付。在第一批货物尚未到达目的港前,第二批货物的开证期临近,W 进口公司又申请银行开出第二张信用证。就在此时,第一批货物抵达目的港,经 W 进口公司检验发现,货物与合同规定严重不符。W 进口公司当即通知开证行拒付第二张信用证项下的货款,并请其听候指示。然而,开证行在收到议付行寄来的第二批单据后,经审核无误,再次偿付议付行,而当开证行要求 W 进口公司付款赎单时却遭到拒绝。问题:W 进口公司和开证行的做法是否合理?W 进口公司应如何处理此事?

3. 我国某出口公司通过通知行收到一份国外信用证。该公司按照信用证要求将货物装船,但在尚未交单议付时,突然接到开证行的通知,称:"开证申请人已经倒闭,本开证行不再承担付款责任"。那么开证行的做法是否正确呢?

4. A 国出口商出口一批货物到 B 国,进出口双方约定以信用证方式结算。于是 B 国进口商委托其银行(B 银行)开立了一张议付信用证,该证由 C 银行保兑。在 A 出口商根据信用证的规定完成了一切之后,他将全套单据,在规定的信用证有效期内,向 C 银行提示,C 银行认为单据与信用证条款相符,并对单据进行了议付。之后 B 银行收单后经审核认为单据不合格而拒受。C 银行因此而蒙受了巨大的损失。问题:(1)本案中 C 银行的损失由谁负责,是否有向 A 国出口商的追索权? (2)从本案中你得到了哪些启示?

5.(1)合同规定:"Partial Shipment and Transshipment allowed."(允许分批与转运。)来证规定:"Partial Shipment and Transshipment not allowed."(不允许分批与转运。)

(2)合同规定:"L/C shall be available by draft(s) at sight …"(见票即付……)来证规定:"draft(s) at 30 day's sight"(见票后 30 天付款。)

(3)合同规定:"金额 USD20 000.00 CIFC3 Hamburg." 来证规定:"金额 USD20 000.00 CIF Hamburg."

(4)来证规定:"Transshipment is allowed by Evergreen Line at Hong Kong port only."(只能通过承运人 Evergreen Line 在香港地区转运。)

问题:出口商审证时发现上述四种情况,你将如何处理? 若(1)和(2)中的合同规定与来证规定互换你又将如何处理?

6. 某年,天津 NT 食品公司出口东北大豆 6 000 吨至韩国,双方约定采用信用证方式结算。于是,韩国客商要求韩国 M 银行开出信用证一份,该信用证的受益人为天津 NT 食品公司,开证申请人为韩国客商,开证行为韩国 M 银行,议付行则为天津 B 银行。信用证的有效期至某年 5 月 30 日,货物的装运期为 5 月 15 日。4 月,韩国客商通过韩国 M 银行发来修改电一份,要求货物分两批分别于 5 月 15 日、5 月 30 日出运,信用证的有效期展延至 6 月 15 日。天津 B 银行银行在第一时间将信用证修改通知了受益人。5 月 30 日,天津 NT 食品公司将 6 000 吨东北大豆全部装船出运,在备齐了所有信用证要求的单据后,于 6 月 3 日向天津 B 银行银行要求议付。天津 B 银行审单后拒绝对其付款。问题:(1)议付行的拒付是否正确? (2)从本案中,你得到了哪些启示?

7. 我国 A 公司与美国 B 公司签订了一份国际货物买卖合同,由 A 公司向 B 公司销售一批工艺品,双方在合同中约定采用信用证方式付款。合同订立后,B 公司依约开来信用证。该信用证规定,货物最迟装运期至 9 月 30 日,提单是受益人 A 公司应向银行提交的单据之一,信用证到期日为 10 月 15 日,信用证未规定交单期。A 公司于 9 月 12 日将货物装船并取得提单,提单的日期为 9 月 13 日。10 月 5

日,A 公司向银行交单议付,银行以已过交单期为由拒绝付款。问题:银行拒绝付款是否有理?

8. 某银行开立一份不可撤销的议付信用证,并通过另一家银行将信用证传递给受益人,受益人发货后取得单据并向通知银行议付,议付银行议付后将单据传递给开证行,开证行在收到单据后第 9 个工作日以不符点为由拒付。开证行在收到单据后拒付是否合理? 开证申请人是否有理由拒付? 如果开证申请人拒付,谁将承担损失?

9. 我某公司与外商按 CIF 条件签订一笔大宗商品出口合同,合同规定装运期为 8 月份,但未规定具体开证日期。外商拖延开证,我方见装运期快到,从 7 月底开始,连续多次电催外商开证,直到 8 月 5 日,外商才发简电开证。我方怕误装运期,急忙按简电办理装运。8 月 28 日,外商开来信用证正本,正本上对有关单据做了与合同不符的规定。我方审证时未予注意,通过银行议付,银行也未发现,但开证行以单证不符为由,拒付货款。我方以货物及单据均与合同相符为由,根据合同要求买方付款,经过多次交涉未果,最后该批货物被港口海关拍卖处理,使我方遭受款货两空的损失。问题:我方应从中吸取哪些教训(至少列出 4 条)?

10. 信用证如下:

FORM:BANK OF SINGAPORE,SINGAPORE

TO:BANK OF CHINA QINGDAO

| | | |
|---|---|---|
| SEQUENCE OF TOTAL: | 27: | 1/1 |
| FORM OF DOC. CREDIT: | 40A: | IRREVOCABLE |
| DOCU CREDIT NO.: | 20: | 136109 |
| DATE OF ISSUE: | 31C: | 090427 |
| DATE & PLACE OF EXP. | 31D: | 090610 IN BENEFICIARY'S COUNTRY |
| APPLICANT: | 50: | ABC COMPANY. SINGAPORE |
| BENEFICIARY: | 59: | CHINA EXPORT BASES DEVELOPMENT CORPORATION QINGDAO SHANGDONG, CHINA |
| CURRENCY CODE, AMOUNT: | 32: | USD242 250.00 |
| AVAILABLE WITH…BY… | | THE ADVISING BANK BY NEGOTIATION |
| DRAFTS AT… | 42C: | SIGHT |
| DRAWEE: | 42D: | BANK OF SINGAPORE, NEW YORK |
| PARTIAL SHIPMENT: | 43P: | NOT ALLOWED |

| | |
|---|---|
| TRANSSHIPMENT: | 43T: NOT ALLOWED |
| LOAD/DISPATCH/TAKING: | 44A: QINGDAO,CHINA |
| TRANSPORTATION TO… | 44B: SINGAPORE |
| LATEST SHIPMENT DATE: | 44C: 090731 |
| DESCRIP GOODS/SEREVICE: | 45A: |

30MT FROZEN PORK LOIN PACKED IN 25KG/CTN. PRICE AT USD50 PER MT;

30MT FROZEN PORK RIB. PACKED IN 25KG/CTN. PRICE AT USD30 PER MT;

30MT FROZEN PORK LEG. PACKED IN 25KG/CTN. PRICE AT USD60 PER MT

CIF SINGAPORE

DOCUMENTS REQUIRED: 46A:

1)MANUALLY SIGNED COMMERCIAL INVOICE IN TRIPLICATE INDICATING L/C NO. AND CONTRACT NO.

2)PACKING LIST IN TRIPLICATE INDICATING QUANTITY/GROSS WEIGHTS OF EACH PACKAGE AND PACKING CONDITION AS CALLED FOR BY THE L/C.

3) COPY OF TELEX FROM APPLICANT TO SUPPLIERS APPROVING THE SHIPPING SAMPLES.

4) FULL SET PLUS ONE COPY OF CLEAN ON BOARD OCEAN BILLS OF LOADING MADE OUT TO ORDER AND BANK ENDORSED, MARKED "FREIGHT PREPAID" AND NOTIFY APPLICANT.

5)CERTIFICATE OF CHINESS ORIGN IN DUPLICATE.

6) INSURANCE POLICY IN 3 COPIES FOR 110 PCT OF CIF VALUE. COVERING WAR RISK AND ALL RISKS.

7)HEALTH CERTIFICATE IN ONE COPY.

ADDITIONAL CONDITION:47A:

PLEASE CONTACT BENEFICIARY OF THE ISSUANCE OF THE L/C UPON RECEIPT OF THIS SWIFT:

1)THIS CREDIT WILL BECOME EFFECTIVE PROVIDED THAT YOU RECEIVE AUTHORIZATION FROM OUR BANK IN THE FORM OF L/C AMENDMENT.

2)THE NUMBER AND DATE OF THIS CREDIT AND THE NAME OF ISSUING BANK MUST BE QUOTED ON ALL DRAFTS. PLEASE SEND THE DRAFTS TO

BANK OF SINGAPORE, NEW YOUK FOR REIMBURSEMENT AND SEND ALL THE OTHER DOCUMENTS TO US.

3) A FEE OF USD40 ( OR ITS EQUIVALENT ) SHALL BE DEDUCTED FROM THE REIMBURSEMENT CLAIM/FROCEEDS UPON EACH PRESENTATION OF DISCRPANT DOCUMENTS EVEN IF THE CREDIT INDICATHE THAT ALL BANKING CHARGES ARE FOR ACCOUNT OF APPLICANT AND ACCEPTANCE OF SUCH DOCUMENTS DOES NOT IN ANY WAY ALTER THE TERMS AND CONDITIONS OF THIS CREDIT.

4) DOCUMENTS TO BE PRESENTED WITHIN 15 DAYS AFTER THE DATE OF ISSUANCE OF THE SHIPPING DOCUMENTS BUT WITHIN THE VALIDITY OF THE CREDIT.

5) 5 PERCENT MORE OR LESS IN AMOUNT AND QUANTITY ACCEPTABLE.

CHARGES：71B： ALL BANKING CHARGES INCLUDING REIMBURSEMENT CHARGES OUTSIDE SINGAPORE ARE FOR ACCOUNT OF BENEFICIARY

CONFIRMATION INSTR. ： 49： WITHOUT

IT IS SUBJECT TO THE UCP600.

根据以上信用证,请回答以下问题:

(1)本信用证的种类是什么(至少说出三种)?

(2)指出该信用证的有效期、交单期、最迟装运期。

(3)指出该信用证下受益人应提交的单据种类及其份数。

(4)对画线部分内容进行分析,指出这种条款对受益人的影响。

(5)该信用证下的汇票付款人应是谁?

(6)该信用证下的发票签发人应是谁?

(7)根据来证要求,提单的收款人(抬头)应做成"TO ORDER",这应理解为凭谁指定吗?

(8)如果出口商在5月21日装运一批货物,则应在几月几日前向银行交单?

## 复习思考题

1. 名词解释:信用证、开证申请人、开证行、受益人、付款行、偿付行、即期付款信用证、承兑信用证、延期付款信用证、议付信用证、保兑信用证、电开信用证、软条款。

2. 信用证方式有哪些特点?

3. 信用证的基本当事人有哪些? 各自承担什么责任?

4. 简述信用证的分类。

5. 图示跟单信用证业务的一般流程。

6. 简述信用证的基本内容。

7. 如何把握信用证的开证时间?

8. 简述开证申请书的主要内容。

9. 出口商审核信用证的依据有哪些?

10. 简述 UCP600 关于信用证修改的有关规定。

11. 简述出口商的交单方式。

12. 银行对出口商交来的单据是如何处理的?

13. 进口商审单中如发现单证不符或单单不符,应该如何处理?

14. 简述信用证的作用。

15. 信用证方式下出口商面临哪些风险? 应如何防范?

16. 信用证方式下进口商面临哪些风险? 应如何防范?

# 第五章　以银行信用为基础的其他
## 国际结算方式

**学习目标**

通过本章的学习,要求学生:

- 掌握银行保函、备用信用证、国际保理和福费廷的含义、种类、特点和作用;

- 了解银行保函、备用信用证、国际保理和福费廷的当事人及权责;

- 熟悉银行保函、备用信用证、国际保理和福费廷的一般业务程序和做法;

- 理解银行保函和备用信用证、国际保理和福费廷的异同。

汇款、托收和信用证方式是国际结算的三种主要手段,但随着各国之间的货物、劳务、技术和资金的相互流通,所涉及的金额越来越大,交易的内涵、成交的方式正变得日益多样化,上述三种结算方式在某些地区、某些方面和某些业务领域已无法满足交易变化的需求,人们越来越多地希望银行信用能更多地介入进来为买卖双方提供保证——不仅用来对合同价款的支付作出保证,而且也需要用来作为对合约履行的保证。于是,就出现了银行保函、备用信用证、国际保理和福费廷等较为新型的金融信用工具,并迅速得到应用。时至今日,它们不仅已成为与汇款、托收、信用证相并列的新的国际结算方式,而且对保证合同项下有关当事人义务的履行起到了积极的作用。本章就来阐述这些以银行信用为基础的一些新型的国际结算方式:银行保函、备用信用证、国际保理和福费廷。

## 第一节　银行保函

银行保函和跟单信用证都是由银行作出的承诺,但在应用范围、付款责任等方面存在着不同。一笔银行保函业务可能涉及的当事人包括委托人、担保人、受益人、通知行和反担保人等。银行保函适用的国际惯例是《见索即付保函统一规则》。

**一、银行保函的含义、作用与分类**

**(一)银行保函的含义**

在国际商品买卖和国际经济技术合作中,交易双方处在不同的国家和地区,相互之间缺乏必要的了解和信任,会在不同程度上对对方的资信产生怀疑,这是不可避免的。如果能有第三者出具一份担保文件,以此连接位于不同国家或地区的交易双方,消除因彼此之间的不信任而产生的摩擦,就能促进商品买卖和国际经济合作的深入发展。这里提及的担保文件就是保函,出具保函的第三者即担保人可以是商业银行、保险公司、担保公司或其他金融机构,也可以是商业团体等。其中凡属商业银行出具的保函就是银行保函。

保函①(Letter of Guarantee,L/G)是指银行或其他金融机构应交易(贸易项下、合约关系、经济关系)一方当事人的要求,向交易的另一方开出的、为保证该当事人交易项下责任或义务的履行而作出的、在一定期限内承担一定金额支付责任或经济赔偿责任的书面付款保证承诺。银行所开立的保函,称为银行保函(Banker's Letter of Guarantee)。目前国际经济往来中使用最多的是银行保函。

简单地说,银行保函是指商业银行根据申请人的要求,向受益人开出的担保申请人正常履行合同义务的书面证明,它是银行有条件承担一定经济责任的契约文件。当申请人未能履行其所承诺的义务时,银行负有向受益人赔偿经济损失的责任。

**(二)银行保函的作用**

保函作为第三者的信用凭证,其出具的目的是为了使受益者能够得到一种保证,以消除他对申请人是否具有履行某种合同义务的能力或决心的怀疑,从而促使交易顺利进行,保证货款和货物的正常交换。这是保函的基本功能之一。除此之外,保函还通常用来保证合约的正常履行、预付款项的归还、贷款及利息的偿还、合同标的物的质量完好、被扣财务的保释等等。

银行保函作为一种银行信用工具,在现代国际经济交易中具有非常重要的作用。它的主要作用就在于以银行信用为手段来保证申请人履行某种合约义务,维

---

① 谈到保函,在日常业务中,人们常常将它与担保混淆起来使用。严格来讲,这两个概念之间是有所差异的,它们之间的区别主要体现在:首先,保函是一种书面的付款保证承诺,即不论它是以何种手段缮制的,它一定是一种书面的法律文件。而担保既可以是书面的也可以是口头的。其次,保函是人的担保,而担保可以是人的担保,也可以是物的担保。再次,担保的范畴要大于保函,除保函业务外,担保还包括其他的形式,如信用证的保兑、票据的保付等业务都属于担保的范畴。因此,可以说保函只是担保的一种形式。

护受益人的经济利益,促使交易活动的顺利进行。具体来讲,保函作为一种银行信用工具,具有两大作用:

第一个作用是对合同价款支付的保证作用,如付款保函、延期付款保函、补偿贸易保函、租赁保函等都是用来保证合同项下的付款方按期向另一方支付一定的合同价款,保证合同价款与所交易的货物、服务和技术等的交换,这是银行保函的一个重要职能。

第二个作用是对合同义务履行的担保作用。体现保函这一作用的主要有:投标保函、履约保函、预付款保函、质量保函和维修保函等。这类保函实际上是用来作为合同违约发生时对受害方补偿的工具或对违约方惩罚的手段,这是保函另一个重要的职能。

## (三) 银行保函的分类

银行保函作为一种银行信用工具,依不同的标准可以分为不同的种类。实务中,常见的分类标准和种类有以下几种。

### 1. 根据保函与基础交易合同的关系划分

根据保函与基础交易合同之间的关系,可将银行保函分为从属性保函和独立性保函两大类。

(1)从属性保函。从属性保函(Accessory Guarantee)是指那些效力依附于基础商务合同的保函。这种保函是其基础交易合同的附属性契约或附属性合同,担保行依据保函所承担的付款责任的成立与否,将只能以基础合约的条款及背景交易的实际执行情况来加以确定。所以,这类保函本身的法律效力乃是依附于基础合约关系的存在而存在的,合同与保函的关系是一种主从关系。传统的保函大都属于这一类型。

(2)独立性保函。独立性保函(Independent Guarantee)是指根据基础交易开立,但一经开立后本身的效力并不依附于基础交易合同,其付款责任依据保函自身的条款为准的银行保函。在这种保函项下,保函与基础合同之间不再具有类似从属性保函那样的主从关系,而是呈现出一种相互独立、各自独具法律效力的平行法律关系。目前,国际银行界的保函大多数属于独立保函,而不是传统的从属性保函。

### 2. 根据保函项下支付前提划分

根据保函项下支付前提的不同,可将银行保函分为付款类保函和信用类保函两大类。

(1)付款类保函。付款类保函是指银行为有关合同价款的支付义务提供担保所出具的保函,或者说是为保证随着交易的发生而必然产生的债务支付所开立的保函。付款类保函项下支付行为的发生与否,是以受益人能否按照保函中所确定的要求去履行自己的职责和义务为前提条件的。只要受益人履行了属于自己应尽的合约义务,从而获得了求索并享有合同价款的权利,他就可以在保函项下提出索赔并取得自己应得的合同款项。因此,付款类保函的支付前提是受益人是否履约。付款类保函通常包括买卖合同及劳务承包合同项下的付款保函、延期付款保函、补偿贸易保函,借贷合同项下的借款保函,租赁合同项下的租金保付保函等。

(2)信用类保函。信用类保函是指银行对那些只有在合同的一方有违约行为而使其在合同项下承担了赔偿责任时,支付才可能发生的经济活动所开立的保函。在这种保函所涉及的经济活动中,只要不出现保函申请人作为合同一方的违约事件,这种或有支付就不会发生。所以,信用类保函支付的前提是申请人的违约。信用类保函通常包括投标保函、履约保函、预付款保函、质量保函和维修保函等。这些保函的目的都是要保证申请人去履行某种合约义务,只有在申请人未能履约或履约不当时,支付行为才会发生。

### 3. 根据保函索偿条件划分

按索偿条件划分,银行保函通常可分为两种:有条件保函和见索即付保函。

(1)有条件保函。有条件保函(Conditional L/G)是指担保人向受益人付款是有条件的[①],只有在符合保函规定的条件下,担保人才给予付款。可见有条件保函的担保人承担的是第二性、附属的付款责任。这种保函有利于保护申请人的利益,防止受益人的无理索赔和欺诈。

(2)见索即付保函。国际商会《见索即付保函统一规则》(即国际商会第458号出版物)规定:见索即付保函(Demand Guarantees)"是指由银行、保险公司或其他任何组织或个人出具的书面保证,在提交符合保函条款的索赔书(如:工艺师或工程师出具的证明书、法院判决书或仲裁裁定书)时,承担付款责任的承诺文件"。据此,见索即付保函的担保人承担的是第一性的、直接的付款责任,即担保人的偿付责任独立于委托人在交易合同项下的责任义务。只要担保文件(即保函)规定的偿付条件已经具备,担保人便应偿付受益人的索偿。至于委托人是否履行合同项下的责任义务,是否已被合法地解除了该项的责任义务,担保行不负责任。所以,这种保函又称无条件保函(Unconditional L/G)。在这种保函项下,申请人及担保行所承担的风险很大,有时可能会在受益人的无理索赔面前陷入极其被动的境

---

① 担保人在保函的条文中对索赔的发生与受理设定了若干的限制条件,或规定了若干能客观反映某种事实发生、条件落实的单据提供。

地,但是,从目前国际银行保函业务来看,见索即付保函占到了较大的比例,成为国际上通行的银行保函。

4. 根据保函开立方式的不同划分

在保函业务中,通常有直开、转开两种开立方式。

直开是指担保银行应合同一方当事人的申请,直接向合同的另一方当事人开立以其为受益人的保函。在这种开立方式下,由于担保银行直接向受益人承担担保责任,所以通常称为直接担保。担保银行开出保函后,可采取直交或转递两种传递方式。直交即担保银行直接交给受益人或由申请人交给受益人,转递是通过受益人所在地的一家银行即通知行转交给受益人。

转开是指申请人所在地的银行应其客户的要求委托另一家银行(通常为受益人所在地的一家银行)开立保函,并由后者对受益人承担付款责任的一种行为。在这种开立方式下,真正的担保人是受益人所在地的银行,而委托人所在地银行只是反担保人。担保人凭借反担保人的反担保向受益人开立保函,受益人只能向担保人提出索赔,而不能越过担保人向反担保人提出索赔。反担保人只对担保人负责,而不对受益人承担任何直接责任。在转开方式下,涉及的银行数目多,申请人交纳的费用比较高。

因此,根据保函开立方式的不同,银行保函可分为直接保函和间接保函。

(1)直接保函。直接保函是指银行应申请人的要求直接向受益人开立的保函。

(2)间接保函。间接保函是指申请人所在地的银行以提供反担保的形式,委托受益人所在地的一家银行向受益人开立并对受益人承担付款责任的保函。

5. 根据保函的使用范围划分

根据保函的使用范围划分,银行保函可分为出口类保函、进口类保函以及其他类保函。

(1)出口类保函。出口类保函是银行应出口方的申请向进口方开出的保函,是为满足出口货物和出口劳务的需要而开立的保函。出口类保函适用于国际承包业务和商品出口业务。

出口类保函常见的有以下几种:

①投标保函(Tender Guarantee/Tender Bond/Bid Guarantee/ Bid Bond/ Bid Security)。国际招标中,招标人一般都要求投标人在投标时提供一定金额的银行担保,向招标人保证,如投标人有违约事项时,担保行将按保函金额赔付招标人,以

弥补其损失。投标保函是银行应投标人的要求,向招标人出具的保证投标人中标后同意履行标书规定的责任及义务的书面保证文件。在该保函中,担保银行向招标人保证:投标人投标后不撤标或片面修改投标条件;投标人中标后一定和招标人签约,并按招标人规定的日期提交履约保函。否则,担保行将在招标人即受益人提出索赔时,按保函规定的金额对其进行赔付。投标保函金额一般为投标报价金额的 2% ~5%。保函的有效期从开立保函日期到开标日期后的一段时间为止,有时会再加上一定天数的索偿期。若投标人中标,则保函的有效期自动延长,直到投标人与招标人签订合同并提交履约保函为止。

②履约保函(Performance Guarantee/ Performance Bond/Performance Security)。履约保函是银行应出口方或承包商(即中标方)的请求,向进口方或接受承包的业主(即招标方)出具的保证文件。在该保函中,担保行向受益人保证出口方或承包商一定履行其在所签合同项下的责任义务,否则担保行将负责赔偿一定的金额。履约保函的金额通常为合同金额的 5% ~10%,具体比例可由招标人决定。保函的有效期从投标保函失效时至合同执行完毕时为止,有时还会再加上一定天数的索偿期。

③预付款保函(Advanced Payment Guarantee)。预付款保函是进口方或接受承包的业主在预付订金时,要求出口方或承包商提供的银行担保。因此,预付款保函中的有关当事人也就是履约保函中的有关当事人。担保行向受益人保证在出口方或承包商因故不能履约时,由银行负责将预付款项加上利息退还给他。预付款保函金额就是进口方或接受承包的业主预付款项的金额。保函的有效期可定为预付款项全部扣完时为止,也可定为至合同执行完毕日为止,再加上一定天数的索偿期。

上述三类保函也统称为承包保函(Contract Guarantee),多用于国际工程建设的招标与承包。

④质量保函(Quality Guarantee)和维修保函(Maintenance Guarantee)。质量保函和维修保函实际上是同一类型的保函,均是银行应出口方或承包商的要求,就合同标的物的质量向进口方或工程业主所出具的保证文件,所不同的是两者的使用范围有区别:质量保函通常应用于商品买卖合同项目,买方为了确保商品的质量符合合同规定的质量标准,常常要求卖方提供银行担保,保证如货物质量与合同规定不符,卖方应及时更换或维修,否则担保行将按保函金额进行赔付;维修保函则应用于劳务承包工程,工程业主为了保证工程的质量,要求承包商提供银行担保,保证在工程质量不符合合同规定时,承包商负责维修,否则担保银行将按保函金额对

业主进行赔付。

⑤关税保付保函(Customs Guarantee)。关税保付保函是银行应承包商的请求,向工程所在国海关出具的、保证前者在工程完工后一定将施工机械撤离该国的保证文件。关税保付保函的金额即为各国海关规定的税金数额。保函的有效期为合同规定的施工机械或展品撤离该国日期再加上半个月。

⑥账户透支保函(Overdraft Guarantee)。账户透支保函是银行应承包商的请求,就其融通款项的偿还向工程所在国某家银行出具的保证文件。同样在国际承包工程中,承包商在外国施工时,为了能够得到当地银行的资金融通,往往需要开立一个透支账户。在申请开立透支账户时,承包商须向当地银行提供由其本国银行出具的透支保函。在该保函项下,担保银行保证,若申请人未按透支合约的规定及时向账户行补足透支金额,担保行将代为补足。

账户透支保函的金额一般为透支合约规定的透支限额。保函的有效期为透支合约规定的结束透支账户日期再加上半个月。

(2)进口类保函。进口类保函是指银行应进口方申请向出口方开出的保函,是为满足进口货物或进口技术需要而开立的保函,适用于货物进口、技术进口、补偿贸易及来料加工等业务。进口类保函常见的有以下几种:

①付款保函(Payment Guarantee)。付款保函是银行应进口方的要求就其在某项合同项下的付款责任向出口方出具的保证文件。在该种保函项下,担保行向出口方保证在收到有关货物或技术资料后,进口方一定付款,否则担保行将代为支付。付款保函的金额亦即合同金额。保函的有效期按合同规定为付清价款日期再加上半个月。

②延期付款保函(Deferred Payment Guarantee)。延期付款保函是银行就进口方在合同项下的部分付款责任向出口方出具的保证文件。发展中国家从发达国家进口大型、成套的机械设备时一般采用延期付款方式。在该保函中,担保行保证进口方按时履行货款及利息的支付义务,否则它将代为支付。延期付款保函的金额为扣除预付订金后的货款金额。保函的有效期按保函规定为最后一期货款及利息付清日再加上半个月。

【例5-1】进口方按照合同规定预付出口方一定比例(如货款的5%)的定金,其余部分(货款的95%)由进口方银行开立保函,保证进口方凭货运单据支付一部分(如货款的10%),其余部分(货款的85%)分为10个相等份额,每份金额加利息,连续每半年支付一次,共5年分10次付清全部货款。如果买方不能付款,担保行代为付款。

③补偿贸易保函(Compensation Guarantee)。补偿贸易保函是银行应进口设备方的要求,向供应设备方出具的、旨在保证进口设备方履行其在合约项下责任义务的书面保证文件。在该种保函中,担保银行承担如下的保证责任:保证进口设备方在收到与合同相符的设备后,用该设备生产的产品会按合同要求返销给供应设备方或指定的第三者,以偿付进口设备的价款;若进口设备方未能履行上述义务,又不能以现汇偿付设备价款及利息时,则担保行向供应设备方进行赔付。补偿贸易保函的金额为设备价款加利息。保函的有效期为合同规定的进口设备方以产品偿付设备价款之日再加上半个月。

④来料加工保函(Processing Guarantee)和来件装配保函(Assembly Guarantee)。来料加工保函和来件装配保函是银行应进料、进件一方的要求,向供料、供件一方出具的书面保证文件。担保行承担的责任为:保证进料方或进件方在收到与合同相符的原料或元件后,以该原料或元件进行加工或装配,并按合同规定将成品交付供料方或供件方或指定的第三者。若进料方或进件方未能履约而又不能以现汇偿付来料或来件金额及附加利息时,担保行负责赔付。此类保函的金额为来料或来件金额加利息。有效期为合同规定进料或进件方以成品偿付来料或来件金额的日期再加上半个月。

⑤租赁保函(Lease Guarantee)。租赁保函是银行应承租人的要求,对其在租赁合同项下的付款义务向出租人出具的保证文件。它适用于以租赁方式进口机械设备、运输工具等经济活动。担保行向出租人保证其一定代承租人按租赁合同规定交付租金;或保证承租方一定履行合同按时交付租金,否则由银行代交。租赁保函的金额就是租金总额,有效期为按租赁合同规定的全部租金付清日期再加上半个月。

(3)其他类保函。其中包括以下两种:

① 借款保函(Loan Guarantee)。借款保函,是银行应借款方的申请,就其在借款契约项下的偿还义务向贷款方出具的保证文件。在该保函中,担保行向国外贷款方保证,借款人一定按借款契约的规定按时偿还借款并支付利息,否则由银行代为还本付息。借款保函的金额为借款金额加上利息,有效期为借款契约中规定的还清借款及支付利息的日期再加上半个月。

②保释金保函(Bail Bond)。保释金保函是银行应本国船公司或其他运输公司的申请,为其保释因海上事故或其他原因而被扣留的船只或其他运输工具而向当地法院出具的保证文件。承运方应货主的委托运送货物时,如果装载货物的船只或其他运输工具因碰撞事故致使货主和他人蒙受损失,或因承

运方的责任发生货物残损短缺等,在确定赔偿责任之前,当地法院会下令扣留有关船只或其他的运输工具,只有交纳了保释金后才能放行。在这种情况下,船公司或其他的运输公司可要求银行为其出具一份保释金保函,由担保行向当地法院保证船公司等一定会依照法院的判决赔偿损失,否则该行代其赔偿。当地法院收到保函后即可以此代替保释金将船只或其他运输工具放行。保释金保函的金额一般视赔偿金额的多少由当地法院决定。有效期为法院判决日期以后若干天。

## 二、银行保函的当事人及业务程序

### (一)银行保函的当事人

在一笔银行保函业务中通常涉及以下当事人:委托人、受益人、担保人、通知行、保兑行、反担保人。

1. 申请人

申请人(Applicant)即保函的委托人(Principal),是向银行申请开立保函的当事人。保函方式的适应范围十分广泛,因此,保函的申请人因业务不同,可以是投标人(Tenderer)、供货人(Supplier)、买方(Buyer)、卖方(Seller)、签约人(Contractor)、承租人(Lessee)等。

在保函业务中,申请人所承担的责任主要体现在两个方面:一方面,委托人作为基础合同中负有责任或义务的一方当事人,通过开立保函的形式向合同的另一方当事人作出履行合同责任的承诺;另一方面,他也要向担保银行作出承诺,保证在担保银行依据保函作出赔偿后,给予其足够的补偿。

申请人在委托银行立保函时,除了要填写保函申请书外,还要向担保银行提供一定的资金抵押,或由其他第三者出具的反担保,或以自身的资产作为质押品向银行申请一定的授信额度等。当然,申请人还有义务向银行支付开立保函所发生的各种费用。

2. 受益人

受益人(Beneficiary)即接受保函并有权按保函规定的条款向担保行索偿的人。具体来说,受益人既是银行保函中的一方,也是基础合同中的一方。受益人按照合约的规定提供货物或劳务等,在保函规定的索偿条件具备时,可凭索偿文件或连同有关单据,要求担保行偿付。

3. 担保人

担保人(Guarantor)是接受委托人的申请开立保函,并由此向保函的受益人承担了付款保证责任的银行。担保人开立保函后,在对受益人构成一种或有负债的同时,也从委托人那里获得了一种或有债权。在收到受益人符合保函条款的索赔要求时,应立即履行付款,同时也可立即向委托人要求补偿。如果委托人不能立即偿还担保人的付款,担保人有权处置委托人提交的押金和抵押品等。

### 4. 通知行

通知行(Advising Bank),即受担保行的委托将保函通知或转递给受益人的银行,通常是受益人所在地的银行。通知行的责任是:负责核实保函表面的真实性,并严格按照担保行的要求和指示及时将保函通知或转递给受益人;如果因某种原因不能转递给受益人,应将情况及时告知担保行,以便担保行采取其他措施。通知行对保函内容是否正确、保函在寄递过程中可能出现的延误和遗失等均不负责,也不承担任何的支付保证责任。

通知行在通知保函后,有权按规定向担保人或申请人或受益人收取一定的费用。

### 5. 保兑行

保兑行(Confirming Bank)是指根据担保行的要求,在保函上加具保兑,承诺当担保行无力赔偿时,代其履行付款责任的银行,亦称第二担保行。当受益人认为担保银行的资信状况不足以信任时,可要求担保行寻找一家国际知名的大银行作为保兑行对保函进行保兑,这实际上相当于双重担保。保兑行在替担保行赔偿后,有权向担保行索偿。

### 6. 反担保人

反担保人(Counter Guarantor)即应委托人的要求,通过反担保的形式指示银行向受益人开立保函的人,它通常是申请人所在国的一家银行。在国际经济交易中,委托人和受益人通常位于不同的国家或地区,由于受益人所在国法律的限制或其他原因,受益人只接受本国银行所开立的保函。在这种情况下,申请人为达成交易不得不请求当地的一家银行转托受益人所在国的一家银行开出保函。受益人所在国的这家银行为担保人,而接受委托人的请求,向受益人所在国的银行发出开立保函的委托指示,同时保证在担保人遭到索赔时立即予以偿付的银行即为反担保人。反担保人通常不与受益人直接发生关系,也不受理受益人所提出的任何索赔要求,而只是向担保人负责,凭担保人提出的要求予以偿付,并享有对委托人进行追偿的权利。

### (二)银行保函的业务程序

银行保函的业务程序可用图 5-1 来表示。

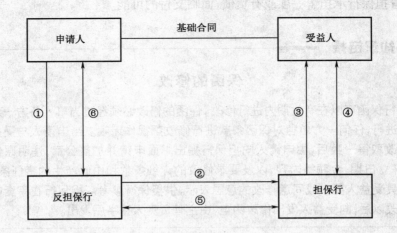

**图 5 - 1 银行保函的业务程序**

注:①申请人向担保行提出开立保函的申请;②担保行经过审查后开立保函委托指示给其在受益人所在地的往来银行,并向其提供反担保;③担保行出具保函给受益人;④受益人在发现申请人违约时,向担保行索偿,担保行偿付;⑤担保行赔付后,向反担保行索偿,反担保行偿付;⑥反担保行赔付后,向申请人索偿,由申请人赔付。

一笔银行保函业务从开立到结束一般需要经过以下几个环节:

**1. 申请人申请开立保函**

申请人向银行申请开立保函时,须填写保函申请书并与担保行签订委托担保协议书,提交保证金或其他反担保及有关的业务参考文件(如标书、合同、有关的契约、协议等)。

保函申请书是申请人与担保人之间的具有一定法律效力的书面文件。担保行依据申请书中的条款开具保函,同时也就享有了在保函项下发生索赔后向申请人追偿的权利,以及在开立保函后收取相关费用的权利。

保函申请书通常包括:保函申请人的详细信息、保函受益人的名称地址、基础交易合同的信息、保函的金额、保函的种类、保函的有效期、保函的开立方式、申请人对担保行作出的承诺、担保行和申请人的权利和义务、担保行可能的免责条款、申请人的签章等。

**2. 担保行开出保函**

银行在开出保函前,通常要认真审查申请人的资信状况、保函申请书及委托担保协议书、有关的业务文件如合同标书、抵押或其他反担保形式等内容。银行对申请人提供的有关资料及申请人的资信审查认可后,便可正式对外签发保函,签发保函意味着担保行承担了一项或有负债,面临支付的可能。

### 知识链接

## 保函的修改

银行保函可以在有效期内进行修改。保函的修改必须经过当事人各方一致同意后方可进行,任何一方单独对保函条款进行修改都视作无效。当申请人与受益人就保函修改取得一致后,由申请人向担保行提出书面申请并加盖公章,注明原保函的编号、开立日期、金额等内容,以及要求修改的详细条款和由此产生的责任条款,同时应出具受益人要求或同意修改的意思表示,供担保行参考。担保行在审查申请并同意修改以后,向受益人发出修改函电,由主管负责人签字后发出。

**3. 保函的通知或转开**

银行开出保函后通常将其发往国外银行,请其代为通知或转递,或以信函的形式开立后交由申请人直接寄往或转交国外受益人。

**4. 保函的索赔和理赔**

在实际业务中,并不是每一笔保函业务都会涉及索赔和理赔的,只有申请人违约或受益人履行了其在基础交易合同项下的责任,有权取得合同款项时,保函才可能被受益人兑现。在国际经济交易中所使用的保函一般都是独立性保函,这种保函项下的索赔是否成立是以保函本身的条款为准的。在提出索赔时还应注意的是,任何索赔都必须在保函的有效期内抵达担保行,否则索赔视为无效。

担保行在保函有效期之内,若收到受益人提交的索赔单据及有关证明文件时,应以保函的索赔条款为依据,对该项索赔是否成立进行严格审核,并在确认索赔单据及有关证明文件完全与保函索赔条款的规定相符合时,及时对外付款,履行其在该项保函中所承担的责任。

保函项下的索赔有以下三种形式:

(1)受益人凭保函进行索赔。如果申请人在履行基础合同义务时违约,受益人就可以提出索赔。受益人必须准备好保函所规定的索赔文件或单据,并在保函失效前送达担保行,由担保行审核后进行相应的赔付。

(2)担保行根据反担保协议向反担保行索赔。担保行在收到受益人的合格索赔要求时,在存在反担保协议的情况下,应毫不延迟地通知反担保行(转开保函);在没有反担保协议时,应直接通知申请人。担保行在对受益人作出赔款后,应将受益人提交的单据或文件,以及担保人出具的、说明已收到合格索赔要求的书面声明毫不延迟地转交给反担保行,并根据反担保协议从反担保行处获得足额补偿。

(3)反担保行向申请人索赔。反担保行收到担保行的通知后,应立即转告申请人,由其准备赔款资金。当反担保行在反担保失效前收到担保行寄来的书面声明及受益人提供的索赔文件或单据时,应在合理时间内根据反担保的要求进行审核。若审核中发现不符点,可以立即通知担保行拒付,并留存文件或单据听候处置;若审核无误,则反担保行应立即作出赔付,并从申请人处获得相应的金额。

5.担保行对委托人进行追偿

担保行在向受益人付款后可根据保函申请书或委托担保协议的约定,要求反担保行兑付反担保,或向委托人进行追偿,如委托人无力支付,担保行可变现委托人事先抵押的财物、票据或其他担保品。

6.保函的注销

一般来讲,保函到期即可注销,担保行将不再对任何索赔承担责任,担保行的担保责任即可解除,保函业务宣告结束。

### 三、银行保函的主要内容及《见索即付保函统一规则》

#### (一)银行保函的主要内容

在实际业务中使用的银行保函种类很多,但不同类别的保函具有基本相同的内容,通常都应包括:①保函受益人的名称和地址;②保函申请人的名称和地址;③担保人的名称、国别和地址;④保函的种类及保函的担保目的;⑤与保函有关的基础交易合同,即开立保函的原因;⑥保函的担保金额和所采用的货币;⑦保函的有效期;⑧保函的赔付条款。

表5-1提供了一份投标保函的样式和内容[①]。

表5-1 投标保函的样式和内容

| Tender Guarantee |
|---|
| TO: |
|     This Guarantee is hereby issued to serve as a Bid Security of _____(name of Bidder)(hereinafter called the "Bidder") for Invitation for Bid(Bid No._____)for supply of _____(description of Goods)to _____(Name of the Buyer). |
|     _____(Name of issuing bank)hereby unconditionally and irrevocably guarantees and binds itself, its successors and assignees to pay you immediately without recourse,the sum of _____ upon receipt of your written notification stating any of the following: |

---

① 苏宗祥,景乃劝,张林森.国际结算(第3版).北京:中国金融出版社,2004:458.

(a) The Bidder has withdrawn his bid after the time and date of the bid opening and before the expiration of its validity period;

(b) The Bidder has failed to enter into Contract with you within thirty (30) calendar days after the notification of Contract award;

(c) The Bidder has failed to establish acceptable Performance Security within thirty (30) calendar days after receipt of the Notification of Award.

It is fully understood that this guarantee takes effect from the date of the bid opening and shall remain valid for a period of _____ calendar days thereafter, and during the period of any extension thereof that may be agreed upon between you and the Bidder with notice to us, unless sooner terminated or released by you.

Issue Bank _____

Signed by _____

(Printed name and designation of official

authorized to sign on behalf of issuing bank)

Official seal

### (二)《见索即付保函统一规则》

1991 年 12 月国际商会通过了新的《见索即付保函统一规则》(Uniform Rules for Demand Guarantees，ICC 第 458 号出版物)，下面将广泛使用的《见索即付保函统一规则》中比较重要的有关规定介绍如下。

1. 保函的性质

保函是与合约或投标条款互相分离的单独业务，担保人与该合约或投标条款没有任何关系，也不受其约束。担保人在保函项下的责任是在提交在表面上与保函条款一致的书面索款要求和保函规定的其他单据时，支付保函中指定的款项。见索即付保函包含一个抽象的付款承诺，只要受益人未表示拒绝，保函一旦开立该承诺即具有约束力。

2. 保函指示

保函指示包括：①委托人；②受益人；③担保人；④需要开立保函的基础交易；⑤应付最高金额与币种；⑥终止日和终止事项；⑦索款条件；⑧扣减担保金额的任何条款。

3. 担保人的义务和责任

(1)担保人应合理审慎地审核保函项下的规定和提交包括索款要求书在内的所有单据，以确保其在表面上与保函条款一致。如这些单据在表面上与保函不符或相互间表面上不一致，则将被拒绝。

(2)担保人和指示人对所提交单据的格式、完整性、准确性、真实性或其法律效力概不负责。

4. 索款要求

(1)索款要求应在保函终止期之前根据其条件作出,特别是保函规定的索款要求所需的所有交易必须在终止日之前在保函开立地提交给担保人,否则担保人将拒绝该索款要求。

(2)保函项下的任何索款要求须用书面形式,并附一份书面说明,声明委托人违反其基础合约项下的责任等。

5. 失效规定

(1)保函规定的提交索款要求的失效时间应为某一规定日期(失效日)或出现失效事件之时,如果失效日期和失效事件在保函中均有规定,则保函应以二者之中首先发生的日期作为失效日。

(2)不管保函中有任何失效规定,在向担保人提交了保函后,或受益人书面声明结束保函项下义务,则保函应被撤销。

(三)银行保函与跟单信用证的比较

银行保函和跟单信用证都是由银行所作出的承诺,同属银行信用形式,有很多相似之处,但是两者也有较大的区别。

1. 银行保函与跟单信用证的相同点

(1)跟单信用证与银行保函一样都属银行信用。

(2)独立性保函与跟单信用证一样,一经开立,就与作为其依据的基础合同相独立,即使其中引用了基础合同的有关内容,也不受基础合同条款约束。

(3)跟单信用证业务和银行保函业务都具有单据化的特点,即不论是在信用证业务下还是在银行保函业务下,各方当事人所处理的只是单据,而不是单据所涉及的货物、服务或其他行为。

2. 银行保函与跟单信用证的主要不同点

(1)就使用范围及用途看,跟单信用证主要应用于进出口贸易货款和其他相关款项的结算,而银行保函的应用范围远远大于跟单信用证,它不仅可用于国际货物买卖中,还广泛应用于国际工程承包、技术贸易、国际租赁和加工贸易等多种国际经济交易活动中,它不仅可以作为合同价款支付的担保工具,还可作为合同义务履行的担保手段。

(2)就所支付的款项的性质而言,跟单信用证项下所支付的款项通常属于货物的价款,而银行保函项下所支付的既可以是合同价款的担保工具,也可作为合同义务履行的担保手段。

(3)就付款责任而言,跟单信用证项下,开证行承担的是第一性付款责任,只要受益人提交符合信用证条款的单据,开证行或其指定行必须履行付款责任,而不管开证申请人是否履行付款义务;在银行保函项下,担保行可能承担第一性的付款责任,也可能承担第二性的付款责任,即只有申请人不付款或不履行基础合同规定的义务时,受益人才可凭保函向担保行要求付款。

（4）跟单信用证的到期地点可以在开证行所在地,也可以在受益人所在地或承兑行/付款行/议付行所在地,而银行保函的到期地点一般在担保人所在地。

（5）适用的国际惯例不同。跟单信用证适用的是国际商会制定的《跟单信用证统一惯例》,而银行保函适用的是《见索即付保函统一规则》。

# 第二节　备用信用证

备用信用证是银行除保函外提供的另外一种信用工具,它是一种特殊的信用证,除应用于招投标、履约以及一般商业用途外,还在很大程度上用于资金融通。备用信用证与跟单信用证和银行保函之间既有相同之处也存在着差别。

## 一、备用信用证的概念与特点

备用信用证既具有信用证的一般特点,又具有担保的性质。

### （一）备用信用证的概念

备用信用证(Standby Letter of Credit,SL/C),又称保证信用证或担保信用证(Guarantee L/C),是指开证行向受益人出具的旨在保证申请人履行合约义务,并在申请人未能履行该义务时,凭受益人提交的文件或单据,向受益人作出一定金额支付的书面付款保证承诺。

可见,备用信用证是开证行对受益人的一项担保,担保在开证申请人不履行其基础合同义务时,向受益人支付信用证的金额,具有备用的性质。

---

**■——　知识链接　■——**

## 备用信用证的种类

备用信用证的种类很多,根据在基础交易中备用信用证的不同作用,主要分为以下8类:

（1）履约保证备用信用证(PERFORMANCE STANDBY)——支持一项除支付金钱以外的义务的履行,包括对由于申请人在基础交易中违约所致损失的赔偿。

（2）预付款保证备用信用证(ADVANCE PAYMENT STANDBY)——用于担保申请人

---

对受益人的预付款所应承担的义务和责任。这种备用信用证通常用于国际工程承包项目中业主向承包人支付的合同总价10%～25%的工程预付款，以及进出口贸易中进口商向出口商支付的预付款。

（3）反担保备用信用证（COUNTER STANDBY）——又称对开备用信用证，它支持反担保备用信用证受益人所开立的另外的备用信用证或其他承诺。

（4）融资保证备用信用证（FINANCIAL STANDBY）——支持付款义务，包括对借款的偿还义务的任何证明性文件。目前外商投资企业用以抵押人民币贷款的备用信用证就属于融资保证备用信用证。

（5）投标备用信用证（TENDER BOND STANDBY）——它用于担保申请人中标后执行合同义务和责任，若投标人未能履行合同，开证人必须按备用信用证的规定向收益人履行赔款义务。投标备用信用证的金额一般为投保报价的1%～5%（具体比例视招标文件规定而定）。

（6）直接付款备用信用证（DIRECT PAYMENT STANDBY）——用于担保到期付款，尤指到期没有任何违约时支付本金和利息。其已经突破了备用信用证备而不用的传统担保性质，主要用于担保企业发行债券或订立债务契约时的到期支付本息义务。

（7）保险备用信用证（INSURANCE STANDBY）——支持申请人的保险或再保险义务。

（8）商业备用信用证（COMMERCIAL STANDBY）——它是指如不能以其他方式付款，为申请人对货物或服务的付款义务进行保证。

### （二）备用信用证的特点

备用信用证属于银行信用，开证行保证在开证申请人不履行其义务时，即由开证行付款。如果开证申请人履行了约定的义务，该信用证则不必使用。因此，备用信用证对于受益人来说，是备用于开证申请人发生违约时取得补偿的一种方式，其具有担保的性质。同时，备用信用证又具有信用证的法律特征，它独立于作为其开立基础的所担保的交易合同，开证行处理的是与信用证有关的文件，而与交易合同无关。

备用信用证通常具有以下特点。

#### 1. 独立性

信用证的独立性原则是信用证制度的基石，这一特点既适合于跟单信用证，也适合于备用信用证。备用信用证同样独立于受益人与申请人之间的基础交易合同，即基础交易关系虽然是备用信用证产生的原因，但是它对备用信用证的法律效力不产生任何影响。

作为专门调整备用信用证的国际商会第590号出版物《国际备用证惯例》

（ISP98）（International Standby Practices，ISP98），它对备用信用证的独立性原则的规定完全继承了 UCP 的规定。根据 ISP98，备用信用证下开证人义务的履行不受以下情况的影响：①开证人从申请人那里获得偿付的权利和能力；②受益人从申请人那里获得付款的权利；③备用证中对任何偿付协议或基础交易的援引；④开证人对任何偿付协议或基础交易的履约或违约的了解与否。

### 2. 不可撤销性

UCP600 规定，跟单信用证不可撤销，ISP98 也规定所有的备用信用证均为不可撤销信用证。备用信用证的不可撤销性是指，在未征得有关当事人同意的情况下，备用信用证一旦开立，开证人不能修改或撤销该证。

### 3. 强制性

备用信用证在开立后即具有约束力，无论申请人是否授权开立，开证人是否收取了费用，或受益人是否收到，它对开证行都是有强制性的。

### 4. 单据性

备用信用证所要求的单据通常只是由受益人出具的关于申请人违约的证明文件。ISP98 第 106 条第 4 款规定，开证人的义务取决于单据的提示，以及对所要求的单据的表面审核。ISP98 第 403 条规定，开证人或其指定人应只在备用信用证规定的限度内审核单据之间是否一致。

## 二、备用信用证的业务流程

备用信用证的业务流程与跟单信用证的流程大体相同，一般来讲，主要经过如下五个步骤：

第一步：开证申请人根据基础合同的规定向银行申请开立备用信用证。

第二步：开证行在经过认真审查后，开出备用信用证，并通过通知行向受益人通知备用信用证。

第三步：若开证申请人按基础合同履行了所承担的义务，开证行就不必因开出备用信用证而履行付款义务，其担保责任在备用信用证到期时解除；如开证申请人未能履约，受益人可根据备用信用证的规定提交有关单据和文件向开证行索赔。

第四步：开证行在收到索赔文件后，经审查符合信用证的规定，应无条件地向受益人付款。

第五步：开证行向受益人付款后，可向开证申请人索赔，开证申请人有义务偿还。

### 三、备用信用证与跟单信用证、银行保函的比较

#### (一)备用信用证与跟单信用证的比较

UCP600 把跟单信用证和备用信用证统称为信用证,并给出了一个统一的定义。备用信用证与跟单信用证有许多相似之处,如两者均属银行信用,开证银行都承担第一性付款责任;两者都具有独立性原则,是独立于基础合同之外的自足文件;两者都以受益人提交规定的单据为付款条件等。但毕竟它们是两种不同的信用证,因此也存在着不同之处。

1. 信用证种类不同

跟单信用证是附带货运单据的结算方式,主要用于进口货款的支付;备用信用证则不要求货运单据,属于光票信用证,一般不直接用于进口货物的款项结算,而是作为一种担保手段而使用。

2. 开立目的不同

开立跟单信用证的目的是由开证行向受益人承担第一性的付款责任,只要受益人按照信用证规定提交合格的单据,银行就应该付款。而开立备用信用证的目的是由开证行向受益人承担保证申请人履行有关合同义务的责任,若申请人未能履约,则由银行负责向受益人赔偿经济损失。倘若申请人按合同规定履行了有关义务,受益人就无需向开证行递交此类违约声明,已开立的备用信用证也就"备而不用"了。

3. 开立信用证的主体不同

开立跟单信用证的主体为银行,而开立备用信用证的主体并不限于银行,还可以是自然人、合伙组织、保险公司等非银行机构。因此,ISP98 以"开证人"(Issuer)替代了"开证银行"(Issuing Bank)。

4. 付款责任不同

在跟单信用证业务中,开证行承担第一性付款责任,受益人履行交货义务后银行首先付款;而备用信用证下尽管开证人在形式上也承担见索即付的第一性付款责任,但它是在申请人未能履行其基础合同义务时由开证人负赔偿责任,具有银行担保的性质。

5. 要求受益人提交的单据不同

跟单信用证要求受益人提交符合信用证要求的货运单据、商业发票、保险单、商检单等作为付款的依据。而在备用信用证下,要求的单据既可以是货运单据,也可以不是货运单据,通常仅仅为受益人出具的证明开证申请人违约的声明或证明

文件、索赔通知书以及其他有关文件或单据。

6. 使用范围不同

跟单信用证主要适用于国际贸易领域,它从产生时起就与国际贸易紧密联系在一起;而备用信用证不仅可以适用于国际贸易,还广泛适用于包括国际贸易在内的多个领域。备用信用证可以涉及任何需要银行担保的业务领域,其使用范围比跟单信用证广,既可用于成套设备、大型机械、运输工具的分期付款、延期付款和租金支付,又可用于一般进出口贸易、国际投标、国际融资、加工装配、补偿贸易及技术贸易的履约保证。

（二）备用信用证与银行保函的比较

一般跟单信用证是在受益人履行了基础合同项下的义务后,才向开证行要求付款;而备用信用证是在开证申请人没有履约时向开证行付款。从这一点看,备用信用证发挥着与银行保函相同的作用。备用信用证和银行保函作为国际结算和担保的重要形式,在国际金融、国际租赁和国际贸易及经济合作中应用得十分广泛。《见索即付保函统一规则》中声明:备用信用证在技术上也可属本规则范围之内。因此,从法律观点看,备用信用证和银行保函并无本质区别,但是在实务和专用术语上,两者还是有较大的不同。

1. 银行保函与备用信用证的相同点

（1）备用信用证与银行保函都是银行根据委托人的请求向受益人作出的书面付款保证承诺,保证只要委托人未能按合同履行义务,开证行或担保行将凭受益人提交的规定的单据或其他文件给予赔付,二者均属银行信用。

（2）备用信用证与独立性银行保函一样,都是以基础合同为依据而开立的,但一经开出,二者均独立于基础交易合同,即使其中引用了基础合同的有关内容,也不受基础合同条款的约束。

（3）备用信用证与银行保函在业务上处理的都是备用信用证或银行保函所规定的单据,而对单据的真伪、转递中的遗失或延误以及受益人与委托人之间关于基础交易合同的纠纷等概不负责。ISP98 明确指出,开证行对受益人承担付款责任是以受益人提交的与备用信用证条款表面相符的单据为依据的,而非基础合同执行情况或开证申请人的授权。

2. 银行保函与备用信用证的不同点

（1）与基础合同的关系不同。保函在性质上有从属性保函和独立性保函之分。备用信用证作为信用证的一种形式,并无从属性与独立性之分,它具有信用证的"独立性、自足性、纯粹单据交易"的特点,开证行只根据信用证条款与条件来决定是否偿付,而与基础合约无关。

(2)开立方式不同。《跟单信用证统一惯例》规定:备用信用证的开立,开证行通过受益人当地的代理行(通知行)转告受益人,通知行需审核信用证的表面真实性。而《见索即付保函统一规则》对通知行没有作出规定,保函可以由担保行或委托人直接递交受益人。

(3)兑付方式不同。备用信用证可在即期付款、延期付款、承兑、议付这四种方式中规定一种作为兑付方式;而银行保函的兑现方式仅为付款。相应的,备用信用证可指定议付行、付款行等,受益人可在当地交单议付或取得付款;而保函往往只有担保行,受益人应该向担保行索偿。

(4)融资作用不同。备用信用证适用于各种用途的融资,申请人可以以其为担保取得信贷,受益人在备用信用证项下的汇票可以议付,以备用信用证作为抵押可以取得打包贷款。另外,银行可以没有申请人而自行开立备用信用证,供受益人在需要时取得款项。而银行保函除了借款保函的目的是以银行信用帮助申请人取得借款外,不具有融资功能,而且不能在没有申请人的情况下由银行自行开立。

(5)适用的法律规范和国际惯例不同。备用信用证适用于《跟单信用证统一惯例》或《国际备用证惯例》[①];而银行保函一般受制于担保行所在地的法律。银行保函大多适用于《见索即付保函统一规则》。

# 第三节 国际保理

在当前的国际贸易结算领域,人们已经越来越重视对国际保理的运用。出口商根据自身的实际需要,往往要求保理商提供包括信用销售控制、债款回收、销售账户管理、坏账担保和贸易融资等全部或部分业务服务。国际保理业务适用于国际保理商联合会制定的《国际保理业务惯例规则》(Code of International Factoring Customs)。

## 一、国际保理的概念、分类和作用

### (一)国际保理的含义

国际保理(International Factoring)是国际保付代理业务的简称,是指在一般商

---

① 按照 ISP98 规定,只有在明确注明依据 ISP98 开立时,备用信用证才受 ISP98 的管辖。一份信用证可同时注明依据 ISP98 和 UCP600 开立,此时 ISP98 优先于 UCP600,即只有在 ISP98 未涉及或另有明确规定的情况下,才可依据 UCP600 原则解释和处理有关条款。

品的贸易中,出口商以商业信用形式(如赊销(O/A)、承兑交单(D/A))出售商品,在货物装船后立即将发票、汇票和提单等有关单据转让给承购应收账款的保理商,收进全部或部分货款,从而取得资金融通的一种业务形式。

这里所说的保理商,一般为银行、财务公司和专门的组织,以银行居多。

### (二)国际保理的种类

国际保理依据不同的标准可划分为不同类型。

#### 1. 依据保理商的不同划分

依据保理商的不同,国际保理可分为单一保理商的保理和双保理商的保理。

(1)单一保理商的保理。单一保理商的保理是指出口商与进口地的保理商(进口保理商)签订保理合同,进口保理商再与出口地的一家银行(非保理商)订立协议,出口地银行只负责传递信息和划拨款项,不承担保理商的责任。因此,这种保理业务只有三方关系人:出口商、进口商和进口保理商。由于这种保理业务存在诸多不便和缺点,因而目前极少使用。

(2)双保理商的保理。双保理商的保理是指出口商与出口地的保理商(出口保理商)订立保理合同,出口保理商再与进口保理商订立协议,相互委托代理业务,出口保理商向出口商提供保理业务服务。因此,这种保理业务包括四方关系人:出口商、进口商、出口保理商和进口保理商。由于这种保理业务对各方关系人均有利,因而使用较多。通常所说的国际保理一般是指双保理商的保理。

#### 2. 依据有无追索权划分

依据有无追索权,保理业务可分为有追索权保理和无追索权保理。

(1)有追索权保理(Recourse Factoring)。有追索权保理是指保理商不负责为出口商核定信用额度和提供坏账担保,只提供包括融资在内的其他业务。若因进口商偿付能力不足而形成坏账时,保理商有权向出口商追索。

(2)无追索权保理(Non‑Recourse Factoring)。无追索权保理是指保理商负责为出口商核定信用额度和提供坏账担保,在额度内因进口商的资信等问题形成的坏账损失由保理商承担。

#### 3. 依据是否提供融资划分

依据是否提供融资,保理业务可分为到期保理和融资保理。

(1)到期保理(Maturity Factoring)。到期保理是指保理商根据出口商给予进口商的付款期限计算出到期日,在该到期日将应收账款付给出口商。

(2)融资保理(Financed Factoring)。融资保理是指保理商一旦收到出口商的应收账款单据,立即预付不超过 90% 的发票金额给出口商,其余的货款在收妥后结算。

### (三) 国际保理的功能

国际保理的功能主要体现在保理商对出口商提供的各项服务上,具体包括信用销售控制、债款回收、销售账户管理、贸易融资和坏账担保等业务。出口商可以根据自己的实际情况要求保理商提供以上全部或部分业务。

#### 1. 信用销售控制

保理商为降低风险,必须对进口商进行全面的调查,包括它的资信状况、清偿能力、经营作风等,以核定相应的信用销售额度。此外,保理商还需要了解进口商所在国的外汇外贸政策、经济形势、政治稳定性等宏观环境因素。如果不采用保理业务,这些工作都必须由出口商自己完成,而且由于自身经验、专业知识、信息网络等的限制,即使出口商花费了相当大的财力和人力,也未必能很好地控制信用风险。在采用了保理业务后,这些工作就自然落在了保理商身上。

#### 2. 债款催收

买方拖欠赊销货款是交易中普遍存在的一个现象。债款的回收对卖方来说是一件非常繁琐的事情。在采用保理业务后,债款催收工作全部交由保理商负责。保理商一般有专人负责这方面的事务,而且拥有催收债款方面的丰富经验,熟悉各国有关的法律条款与司法程序,因而能提高债款催收的效率,解决供货商的后顾之忧。

#### 3. 销售账户管理

供货商将应收账款转让给保理商后,有关的账目管理工作也移交给保理商。由于保理商一般都是商业银行或其附属机构,拥有银行在账务管理方面的各种有利条件,因此完全有能力向客户提供优良的账务管理服务。

#### 4. 贸易融资

当出口商将应收账款转让给保理商后,一般保理商会立即支付不超过应收账款80%的现款,使出口商迅速收回大部分货款,减少资金的积压。虽然银行贷款也能解决出口商资金紧张的问题,但却增加了出口商的短期负债。而保理商的融资既不增加企业的短期负债,又改善了流动性比例,提高其资信等级,有利于企业有价证券的市场表现。

#### 5. 坏账担保

在采用保理业务时,保理商根据对进口商资信调查的结果,规定了出口商向每个进口商赊销的额度,在额度内的应收账款称为已核准应收账款,超过额度的应收账款称为未核准应收账款。保理商对已核准应收账款提供100%的坏账担保,而对未核准应收账款,保理商则不提供坏账担保。对于已核准应收账款,如果进口商因财务上无偿付能力或倒闭、破产等原因而导致不能履行付款责任时,保理商将承担风险。因此只要出口商对每个客户的销售控制在保理商已核定的信用销售额度之内,就能有效地消除来自进口商的信用风险。保理商对已经预付的款项不能要求出口商退款,尚未结清的余额也必须按约定照常支付。

### (四)国际保理的的作用

#### 1.对出口商的作用

国际保理对出口商的不利之处是会提高出口成本并因此导致出口价格上升或出口利润下降。但国际保理对出口商的积极作用也是直接和十分明显的。

第一,有利于出口商进行市场和资信调查。在采用保理业务时,保理商代出口商对进口商的资信进行调查并确定了相应的信用额度,为出口商对进口商采用商业信用形式销售商品提供了信息和依据。由于保理商熟悉国际市场情况,他们还经常向中小出口商提供建议,协助其打进国际市场,增强其竞争能力。

第二,加速了资本的周转。出口商在发运货物后,将有关单据卖断给保理商后可立即获得现金,缩短了资金回收的周期,保证了较为充足的营运资金,加速了资本的周转。

第三,有利于出口商转移风险。只要出口商的商品品质和交货条件符合贸易合同的规定,在保理商无追索权地购买其出口债权后,出口商就可以将信用风险和汇价风险转嫁给保理商,潜在的坏账风险大大减小,债款回收率明显提高。

第四,有利于出口商融资。采用保理业务,出口商发运货物,在将应收账款转让给保理商后,立即取得现金,改善了其资产负债比率,有利于其有价证券的上市和进一步融资。如采用银行贷款方式,虽然出口商也能获得资金融通,但增加了负债,提高了负债资产比率,恶化了资产负债表的状况。

#### 2.对进口商的作用

保理服务对进口商的影响是间接的和不明显的。出口商采用保理服务使得进口商能以非信用证方式支付货款。

第一,使进口商避免积压和占用资金。保理业务适用于以商业信用形式出售商品的业务,对进口商而言,省去了开立信用证的过程,也不需向银行交纳保证金,减少了资金积压,降低了进口成本。

第二,简化进口手续。通过保理业务,买方可迅速得到急需的进口物资,大大节省了要求开证、催证等时间,简化了进口手续。

## 二、国际保理的当事人及业务流程

### (一) 国际保理的当事人

按《国际保付代理惯例规则》的规定,每一笔国际保理业务一般都牵涉四个当事人:出口商、进口商、出口保理商和进口保理商。

1. 出口商

出口商即销售商或称供应商,是指对所提供货物和服务出具发票,将以商业发票表示的应收账款转让给保理商做保理业务的组织。

2. 进口商

进口商即债务人(Debtor),指对由提供货物或服务所产生的应收账款负有付款责任的一方。

3. 出口保理商

出口保理商(Export Factor)是与出口商签订保理协议,从而为出口商对进口商进行资信调查,进而提供相应的信用担保,在担保的进口商信用额度内,对由出口商出具商业发票表明的应收账款做保理业务的一方。出口保理商通常在出口商的所在地。

4. 进口保理商

进口保理商(Import Factor)是根据与出口保理商的协议,为出口保理商就近调查进口商的资信,并依调查情况提出进口商的信用额度,在该额度内代收已由出口保理商转让过来的应收账款,并有义务支付该项账款的一方。根据《国际保理业务惯例》,进口保理商对出口保理商过户给它的并已承担信用风险的应收账款必须付款。进口保理商对出口保理商承担担保付款的责任。

出口商以商业信用形式出卖商品,在货物装船后即将应收账款无追索权地转卖给保理商,从而使出口商的部分或全部应收款立即转换成现金,实际上是将出口应收账款贴现,或者说是将出口应收账款卖断给出口保理商。因此,保理业务从保理商角度也被称为承购应收账款。

### (二) 国际保理的业务流程

国际保理业务的基本程序如图 5-2 所示。

国际保理的业务流程通常可分为下列 7 个阶段:

1. 出口商向出口保理商提出对出口业务的保理申请

出口商为了使自己的出口业务取得保理服务,首先向出口保理商提出申请,填写保理商提供的"信用额度申请表",此表的主要内容包括准备达成的买卖合同的

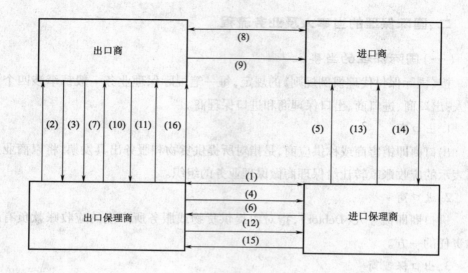

**图 5 - 2 国际保理业务基本程序图**

注:(1)出口保理商和进口保理商签订保理代理合约;(2)出口商和出口保理商签订保理合同;(3)出口商向出口保理商要求为进口商核准信用额度;(4)出口保理商向进口保理商传递信用额度申请书,要求进口保理商对进口商进行信用评估;(5)进口保理商对进口商进行信用评估;(6)进口保理商通知核准信用额度(或拒绝);(7)出口保理商通知核准信用额度(或拒绝);(8)出口商和进口商签订买卖合同;(9)出口商按照合同规定发运货物;(10)出口商向出口保理商递交转让应收货款所有权的通知书;(11)出口保理商接受应收账款单据并提供资金融通;(12)出口保理商将应收账款转移通知书递交给进口保理商;(13)进口保理商向进口商催收货款;(14)进口商向进口保理商付款;(15)进口保理商将款项转付给出口保理商;(16)出口保理商收款后向出口商结算。

内容和进口商的名称、地址,以及申请的信用额度。

2. 出口保理商委托进口保理商核定"买方信用额度"

出口保理商向进口保理商寄出"信用额度申请表"和"出口商信息表"。进口保理商对指定的进口商的资信情况、经营作风等进行调查和评估,并在收到申请后的 14 天内,将结果及该进口商的信用额度汇报给出口保理商。

3. 签订保理协议

出口保理商将进口保理商的调查结果和批准的信用额度告知出口商,在出口商接受该信用额度的基础上双方签订保理协议。其主要内容包括:出口业务的范围、信用额度、所提供的保理服务的种类和手续以及费用等。出口商需将保理协议通知进口保理商并取得进口保理商的正式批准。根据《国际保付代理惯例规则》

的规定,进口保理商将承担债务人未能按照有关销售或服务合同条款在到期日全额支付已核准应收账款所产生的损失风险。

4. 进、出口商签订买卖合同

出口商和进口商签订以汇款中的赊账或托收作为支付方式的国际货物买卖合同金额,以保理商提供的信用额度为最高限额。

5. 出口商装货、制单并交单

买卖合同签订后,出口商按照合同的规定备货、装货并制作单据(包括金融单据和商业单据),向出口保理商交单,请其依据双方协议通过进口保理商向进口商提示单据,要求付款(或先承兑后付款)。当出口商提出融资时,出口保理商可按双方的保理协议在此时向出口商提供一定金额的资金融通。一般情况下,保理商提供的预支金额不超过全部货款的90%,但对一些信用特别可靠的出口商,也可能全额预支。

6. 出口保理商向进口保理商提出委托

出口保理商在收到出口商交付的单据并检验合格后,将单据寄进口商所在地,委托进口保理商向进口商提示,要求付款或承兑后付款。

7. 进口保理商向进口商提示单据,付款人付款或拒付

如在被提示单据时,进口商及时按合同规定付款,则由进口保理商将款项通过出口保理商交出口商,从而顺利完成一笔收款业务;如果在被要求付款时,遭到进口商拒绝或进口商不能及时付款,则进口保理商应依约承担付款责任,并在承担责任的同时获得向进口商索偿的权利。

出口商需要保理商的服务时,需交纳一定的保理手续费,一般是所收账款的1%~3%不等,由保理商视事务繁简及承担风险的大小而定。出口商在向保理商交单时,还可以要求保理商给予融资的便利,此时的出口商应承担增收的融资利息(利率要较通常利率高1.5%~2%)。

需要指出的是,出口商应在与保理商确定的进口商信用额度内与进口商签订合同、发运货物。如因超过此额度而导致进口商拒付的,保理商不予负责;出口商装运货物须严格遵守合同规定,若由于货物的问题而导致进口商的拒付,保理商亦不予负责。

## 案例

某一出口商A向一进口商B出口一批价值12万美元的商品,装船后30天D/A方式付款。由于出口商A仅仅是一家业务规模很小的贸易公司,不想过多地占用自己的流动资金,因此出口商A希望采用国际保理业务融通资金。试问其业务流程是什么?

【案例分析】

出口商 A 希望通过采用国际保理方式进行融资,其具体做法可以简要陈述如下:

(1)出口商 A 首先选定一家出口地的保理商即 C 作为出口保理商,然后与其签订出口保理协议,同时向它提出 12 万美元的授信额度申请,并提交出口保理商要求提供的进口商的有关资料,以备审核。

(2)出口保理商立刻选定进口地的 D 保理商作为进口保理商,然后将出口商 A 的申请递交 D,进口保理商 D 仔细审核申请,然后通过各种方式获得进口商 B 的信誉信息,通过综合各方采集到的关于 B 的资料,作出授信的决定,其授信额度为 8 万美元,并立刻通知出口保理商 C。

(3)出口保理商 C 立刻将进口保理商的授信决定通知出口商 A。出口商很快出运货物连同正本提单一起通过代收行交给进口商 B,而副本提单则交给出口保理商 C。

(4)出口保理商收到副本提单后,很快将发票的细节情况通知进口保理商,并按照保理协议预付出口商 80% 的货款(6.4 万美元)。

(5)货到目的地后,进口商凭承兑远期汇票取得提单提取货物,并承诺到期付款。

(6)进口保理商将所有核准的货款付给出口保理商,当出口保理商获取已经收到货款的通知后,立即将其余货款支付给出口商 A,并扣除相应的费用。

# 第四节　福费廷

福费廷业务起源于第二次世界大战后的欧洲,由瑞士苏黎世银行协会率先开创。20 世纪 70 年代,美国、英国和加拿大等发达国家也开始办理此项业务。目前,该业务已成为一种贸易融资工具。

## 一、福费廷的含义、业务特点和作用

### (一)福费廷的含义

福费廷(Forfaiting)[1]是指在大型成套设备的贸易中,当出口商以赊销方式出

---

[1]　Forfaiting 一词源自法语"a forfeit",意指"放弃权利"(To Surrender One's Rights),通常译为"福费廷"、"包买票据"或"收买应收账款"等。

售商品后,将经过进口地银行担保的进口商承兑的远期承兑汇票或本票卖断给包买商(Forfaiter),从而取得现款的一种资金融通方式,通常又将其称为包买票据业务。

定义中的包买商,也称贴现商或融资商,通常为包买行(Forfaiting Bank)或其附属机构的专门包买公司以及大金融公司、福费廷公司。

定义中的远期付款票据不论是由出口商签发(如远期信用证或 D/A 项下的汇票),还是由进口商签发(如分期付款的本票),原则上都要先由进口国的金融机构加以承兑或保证。因此,福费廷是一种兼具融资和规避风险的中长期贸易融资工具。其中,汇票和本票是福费廷业务中最常见的债权凭证,它们代表着出口收款权。汇票由出口商出具,由作为汇票付款人的进口商以承兑方式确认其债务责任;本票由进口商出具,出口商为本票收款人。

定义中的卖断是指,包买商或买断银行以固定利率的贴现方式,在无追索权(Without Recourse)的条件下,买入出口商因出口货物而产生的远期付款票据(如汇票或本票),并预付现金给出口商。无追索权的购买,意味着包买行买入票据时,放弃了对出口商追索的权利,并因此承担了到期索偿的全部责任和风险,从而免去了出口商远期收款的风险。因此,福费廷是包买商提供服务的手段,目的是向出口商提供贸易融资和风险担保。

### (二)福费廷业务的特点

从以上所述的福费廷的含义以及业务实践来看,福费廷业务具有以下特点:

第一,福费廷是在无追索权的基础上,包买商向出口商提供贴现贸易融资,即出口商放弃对所出售债权的一切权益,做包买票据业务后,将收取债款的权利、风险和责任转嫁给包买商[①],同时,包买商也放弃对出口商的追索权,即包买商承担债权的风险和责任。

第二,福费廷不仅可以结合远期信用证操作,也可以用在非信用证付款的中长期延付方式,如承兑交单(D/A)、赊销(O/A)或分期付款(Installment)等的贸易融资。

第三,包买商所贴现的票据必须先经过进口国银行或政府机构的承兑或保证。

第四,福费廷主要用于资本货物或技术的出口,票据的开立均以国际贸易为背景。

---

① 出口商在背书转让债权凭证的票据时,均加注"无追索权"字样(Without Recourse),从而将收取债款的权利、风险和责任转嫁给包买商。

第五,福费廷业务是一种重要的中期融资业务。福费廷的融资期限多以中长期为主,通常在半年以上,多为5~6年,也有长达10年以上的。

第五,出口商支付承担费(Commitment Fee)。在承担期内,包买商因为对该项交易承担了融资责任而相应限制了它承做其他交易的能力,以及承担了利率和汇价风险,所以要收取一定的费用。

---

**知识链接**

## 出口押汇

出口押汇是指出口方银行根据出口商提供的跟单信用证及全套单据,审核无误后,扣除押汇利息,按当月该外汇指定银行挂牌折成人民币,扣除押汇利息后将资金余额划给出口商的一种融资方式。

在出口押汇和福费廷这两种业务中,出口商都是通过单据或票据的买卖,及时获得资金,加速了资金周转。但出口押汇与福费廷有很大的区别:

(1)在出口押汇业务中,如果单据被拒付,则办理押汇的银行可以对出票人行使追索权,要求出票人偿付;而办理福费廷业务的银行则不能对出票人行使追索权,出口商在办理这种业务时是一种卖断行为,票据遭到拒付与出口商无关,出口商将票据拒付的风险完全转移给银行。

(2)在出口押汇业务中使用的单据为信用证或托收项下的单据,在一般的国际贸易中使用;福费廷业务中使用的票据是与大型成套设备相关的票据,它可以包括数张等值的期票(或汇票),每张票据的间隔时间一般为6个月。

(3)出口押汇中使用的单据除汇票外,还有提单、装箱单、保险单等其他信用证或合同要求的一些单据,银行在向出口商购买这些单据时,主要是货权的转移,故汇票本身并不需担保或承兑;办理福费廷一般只有汇票或本票,这种票据必须由一流的银行担保。

(4)出口押汇手续较简单,一般只收取贷款利息;而办理福费廷业务收费比一般的贴现业务的费用高,除按当时市场利率收取利息外还收取管理费、承担费等。

---

### (三)福费廷业务的作用

在当前买方市场的国际竞争中,出口商提供卖方信贷争取订单的情况日益普遍。有效地利用各种贸易融资工具来确保交易债权的安全,并提高资金周转的效率,已成为出口商参与国际竞争的重要目标。福费廷业务可以为此发挥积极作用。

#### 1. 对出口商的作用

对出口商来说,包买票据业务实际上是将赊销变成了一次现金交易,它仅有的责任是生产和提供符合贸易合同规定的货物或劳务,并正确开立出票据。因此福费廷业务对出口商来说是一项很有吸引力的服务,可以增强出口竞争力,提高出口商资金运用效率,增强避险功能,控制汇率与利率变动风险。

第一,增强出口竞争力。通过福费廷业务,出口商可以为进口商提供优惠的付款条件,如远期信用证、D/A 或分期付款,争取更多的出口机会,尤其是对开拓资金不足的发展中国家来说更具竞争力。

第二,提高出口商资金运用效率。出口商在提交合格票据及有关文件后,可以立即从包买商处获得贴现收入,减少了出口商的资金占压,改善其清偿能力,提高了企业的资信等级。

第三,增强避险功能。采用福费廷业务,出口商不仅可以获得固定利率的中期贸易融资,而且出口商将债权转让给包买商后,如到期进口商不履行付款的责任,包买商不得向出口商行使追索权。出口商以无追索权方式贴现票据,将买方的信用风险、进口国的政治风险转移给贴现商,这使出口商在开拓金融体制不健全或资信程度不高的发展中国家市场时,可以比较放心地进行交易。

第四,控制汇率与利率变动风险。采用福费廷业务,出口商从包买商处立即取得现款收入,这样就将利率与汇率变动风险转移给了包买商。此外,由于包买商是无追索权地购买出口商的债权,来自进口商的信用风险以及进口国的国家风险等也转移到包买商身上。因此,采用福费廷业务,出口商可以有效地控制融资期间汇率与利率变动的风险,特别是当国际利率处于低水平、本币有升值压力时,福费廷的这一作用更加显著。

2. 对进口商的作用

采用福费廷业务,可以帮助进口商争取低利率的国际性通货融资。若进口国的利率水平较高,通过福费廷业务可以帮助进口商取得较优惠的国外融资利率,降低进口利息成本,从而提高进口商的积极性。

利用福费廷业务的手续较简便,不像利用买方信贷那样,进口商要多方联系,多方洽谈。在福费廷业务下,进口商要寻找担保银行对其到期付款进行担保。这时,进口商要向银行支付一定的担保费或提供抵押品,其数额视进口商的资信状况而定。

尽管福费廷具有上述的积极作用,但它的运用也存在着一定的局限性,例如:融资成本相对较高、票据承兑与保证严格(包买商在承做福费廷时,以票据获得信誉良好的银行的承兑或保证为前提)。

---

**知识链接**

## 福费廷的融资成本

福费廷的融资成本由利息、承诺费和付款宽限期三部分构成,其中利息是主要成本。计算利息的贴现利率由伦敦或新加坡金融市场银行间拆借利率(LIBOR或SIBOR)与风险加码(Risk Margin)构成。进口国银行的担保、进口商的信用评级、进口国的政治及商业风险等都会反映在风险加码上。

---

## 二、福费廷业务的当事人及业务流程

### (一)福费廷业务的当事人

福费廷业务涉及的当事人主要有四个。

**1.出口商**

出口商(Exporter)通常是福费廷票据的卖主。出口商在福费廷业务中向进口商提供商品或服务,并向福费廷融资商无追索权地出售有关结算的票据。这些票据既可能是出口商自己出具的汇票,也可能是进口商出具的本票。

**2.进口商**

进口商(Importer)是福费廷交易的债务人,是以赊购方式接受出口商所提供的商品或服务,并以出具本票或承兑出口商出具的汇票而承担票据到期付款的当事人。

**3.包买商**

包买商(Forfaiter),即为出口商提供福费廷融资业务的银行或其他金融机构。若某一项福费廷业务金额很大,单一包买商无力承担,或者顾虑风险太大,则可能联系多个包买商组成福费廷辛迪加(Forfaiting Syndicate),联合承担该项福费廷的融资业务,按商定的比例,各自出资、获得收益和承担风险。

在包买商需要加速自己资金周转,或者减少所承担的风险,或者市场利率水平下降致使原先购入的票据价格上涨,及时出售可获得较多收益的情况下,他也可能转让原先购入的票据。这种情况下,转让票据的包买商就称为初级包买商(Primary Forfaiter),而受让票据的包买商就称为二级包买商(Secondary Forfaiter)。

**4.担保人**

担保人(Guarantor),或称保付人,一般是进口商所在地银行,即为进口商能按时付款作出担保的当事人,通常是进口商所在地的大商业银行。

担保人的介入,是因为仅仅凭进口商本身的承诺(无论是进口商开立的本票,还是进口商承兑出口商开立的汇票),要支持一项福费廷业务的顺利进行显得不足,因此需要资金更为雄厚的银行提供担保。担保人的介入,提高了福费廷业务中票据的可靠性,降低了融资商的风险,使福费廷业务能较顺利地进行。

**知识链接**

### 福费廷业务担保的形式

福费廷业务担保的形式可以是银行保函或备用信用证,也可以由担保人在福费廷业务所使用的票据上加具保证。两相比较,后者更为简捷方便。银行在福费廷使用的票据上加具保证,被称为保付签字(Aval)。Aval源自法语,银行在有关票据上注明"Aval"字样及被担保人的名称并签名后,被称为保付人(Avalist)。保付人就成为所保付票据的主债务人。

### (二)福费廷业务的流程

福费廷业务的流程可以归纳为图5-3。

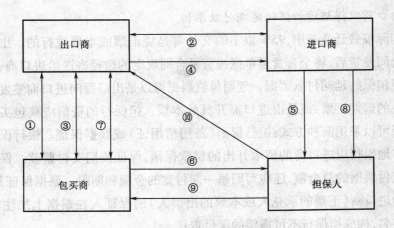

**图5-3 费福廷业务程序图**

注:①出口商询价、包买商报价;②出口商和进口商签订贸易合同;③出口商和包买商签订包买协议;④出口商发运货物,并将全套货运单据按贸易合同规定的途径寄送给进口商;⑤进口商承兑汇票或签发本票后向担保行申请担保;⑥担保行向出口商寄交票据和保函(或经过保证的票据);⑦出口商做成无追索权的背书后要求贴现,包买商支付净款;⑧包买商提示到期票据要求付款;⑨担保人(进口商)到期付款。

从图5-3可知,一笔福费廷业务的基本做法与程序如下:

1. 出口商与进口商签订贸易合同,约定采用福费廷业务

出口商与进口商进行贸易洽谈时,如欲采用福费廷业务,应事先和其所在地银行约定,以便做好各项安排。出口商与进口商签订贸易合同时,要言明采用福费廷业务。如果合同规定买方应预付定金,则这部分金额不能做福费廷业务。

2. 出口商与包买商签订福费廷协议

进出口双方在贸易洽谈时,如果要使用包买票据方式进行融资,出口商应事先和包买商联系,并与包买商签订福费廷协议,规定有关义务与权利。事先联系包买商的好处就是了解福费廷业务的成本和费用,以便在给进口商提供远期付款融资时考虑延付利率和商品价格。出口商要准确地计算出销售价格,考虑把融资成本打入票据金额中。实际上,出口商与包买商签订福费廷协议这一过程包括出口商询价、包买商报价和双方签订协议三个程序。在包买商报价和双方签订协议之间,往往有一个选择期(Option Period),以供出口商决定是否接受包买商的报价。这段选择期一般不超过 48 小时,包买商往往不收取费用。但如果选择期较长,如 1 ~ 3 个月,则包买商要收取选择费(Option fee)作为对承担利率和汇率风险的补偿。

3. 出口商取得经过担保的延期付款票据

在国际福费廷业务中,95% 以上的交易都是凭汇票或本票进行的。出口商根据贸易合同发货后,将全套货运单据按贸易合同规定的途径寄送给进口商,以换取具有银行担保的延期付款票据。延期付款票据可以是出口商向进口商签发并由进口商承兑的远期汇票,或是由进口商开具的本票。担保行的资信应获包买商的认可。担保可以采用两种方式:银行保函(备用信用证)或票据保证。银行保函一般是由进口地银行应进口商的请求开出的付款保函,保证按期支付票款。保函不仅要写明应付票据的总金额,还应写明每一期付款的金额和期限。票据保证是指,担保行作为进口商(汇票的承兑人或本票的出票人)的保证人在票据上加注“保证”字样并签名,构成担保行不可撤销的保付责任。

4. 出口商向包买商交单

出口商取得经担保的远期付款票据后,背书并注明“无追索权”字样,然后连同其他单据向包买商交割。这些其他单据通常根据每笔交易的不同情况,在福费廷协议中作出了明确规定,一般包括提单副本、发票副本、合同副本或保函副本、出口商对其签字及文件真实性的证明、出口商债权转让函以及官方授权书或特许证、进口许可证、支用外汇许可证、印花税支付证明等。从出口商与包买商签订包买票据协议到出口商向包买商交单这段期间,称为承诺期

（Commitment Period）。由于在承诺期内包买商必须恪守其承诺，即到某一约定日期按一个固定贴现率对一定的票据融资，因而相应限制了它承做其他业务的能力，并且承担了利率和汇率风险，所以要收取一定的费用，即承诺费（Commitment Fee）。

5. 包买商无追索权地买入远期票据

包买商在收到出口商提交的单据后，对出口商交来的单据认真审核，审核无误后办理贴现手续。包买商在贴现付款时，须按出口商的指示将款项打到其指定的银行账户上。同时，包买商需要向出口商提供一份贴现清单，列明贴现票据面值、贴现率、期限、承诺费以及贴现后的净值。另外，包买商还往往会抄送一份清单给进口方银行作为存档文件，以便在到期日索偿时参考。

6. 到期票据的清算

包买商将到期票据经担保银行向进口商提示，进口商履行付款的义务。在票据到期前，包买商应把即将到期的票据直接寄给担保人。担保人则于到期日按包买商的指示汇付票款。如果担保人未能在到期日正常付款，但延误的时间未超过包买商在考虑资金转移风险时所预定的宽限期时，包买商不再追索迟付利息。但若延误时间较长，则要追索迟付利息。

【例5-2】假定某机械出口公司通过中国进出口银行做福费延业务，则其做法与步骤如下：

第一步：机械出口公司先与中国进出口银行联系询价，将交易的有关情况，如进口商的详细情况、财务状况、支付能力等，合同金额、延付期限、币种、支付方式、结算票据种类，出口商品的名称、数量，有关进口国的进口许可和支付许可，预计订立合同的时间、预计交货的时间等内容，书面提交给中国进出口银行。

第二步：中国进出口银行审查上述资料后，如认为可行，就向机械出口公司提交一个用于参考的贴现率报价，以便出口商测算出口设备的报价。

第三步：机械出口公司向中国进出口银行确认报价后，与进口商签署贸易合同，在合同中明确规定使用福费延。

第四步：机械出口公司向进口商签发远期汇票，该汇票必须取得进口商往来银行的担保，保证当进口商不能履行付款义务时，由担保银行无条件支付有关款项。担保行的资信必须取得出口商所在地银行（即中国进出口银行）的认可。

第五步：机械出口公司在货物发出后，将全部货运单据通过银行系统寄交进口商。进口商将自己承兑并经担保行担保的远期汇票寄回给机械出口公司，单据的寄送办法按合同规定办理，可以凭信用证条款寄单，也可以跟单托收。

第六步：机械出口公司取得经进口商承兑，并经担保银行担保的汇票后，便按事先约定，以无追索权的形式将其向中国进出口银行办理贴现，取得现款。

### 三、福费廷和国际保理业务的比较

福费廷和国际保理都属于贸易结算融资业务，都是通过债权转让，由第三者（包买商与保理商）向进出口商提供融资，出口商可以在基础合同规定的收款期之前获得占合同金额较大比例的预付款，银行不能对出口商行使追索权。但是这两种方式也存在明显的区别，在实务操作中还存在着不同之处。

#### （一）适用的贸易基础交易不同

福费廷业务主要针对的是资本货物的出口，涉及金额较大；而国际保理业务主要适用于一般消费品交易，每笔交易的金额相对较小。采用福费廷业务时，进出口商双方必须事先协商，取得一致意见；而采用保理业务时，出口商不需事先征得进口商的同意。

#### （二）融资期限不同

国际保理融资期限取决于赊销期限，一般为发货后 1～6 个月，个别可长达 9个月，属于短期融资业务。福费廷业务融资期限一般从半年到五六年，属于中期贸易融资。

#### （三）风险承担方式和对担保的需求不同

福费廷业务由于涉及的金额较大、融资期限较长，而包买商对出口商又无追索权，因此风险较大，必须有第三者对进口商的付款进行担保，即由进口地银行（担保行）对汇票或本票的支付进行保证或开立保函；而在国际保理业务中，国际保理金额小，融资期限短，保理商承担风险较小，不需另外提供担保，保理商主要是通过在与出口商签订合同之前对进口商资信的调查及赊销额度的确定来控制风险的。

#### （四）融资额度和计息方式不同

国际保理业务中出口商往往只能获得不超过发票金额 80% 的融资；而福费廷业务中出口商可以按票面金额获得融资。对于保理商来说，融资保理计息是以预付款为本金计算自预付日到预计收款日的利息，然后在收到债款后从应向出口商支付的余额中扣除，故有效利率等于名义利率；福费廷业务是按贴现方式计算利息的，融资额是预扣贴现利息的净额，因此有效利率高于名义利率。

福费廷和国际保理业务的比较可以归纳为表 5－2。

表 5 - 2 福费廷与国际保理的比较

| 比 较 内 容 | 福费廷 | 国际保理 |
|---|---|---|
| 承做的商品类别与特性 | 机械设备等资本货物出口,金额较大,付款期限较长 | 消费性商品,金额较小,付款期限较短 |
| 付款方式 | 远期信用证,承兑交单,分期付款等 | 非信用证付款方式,如承兑交单、赊账等 |
| 融资期限 | 中长期:半年以上至数年不等(大多承做 180 天以内的信用证买断) | 短期:通常半年以内 |
| 融资金额 | 票据金额的 100% | 若有需要,保理商可预付不超过应收账款金额的 90% 给出口商 |
| 债权形式 | 以本票或汇票贴现的方式移转 | 短期应收账款转让 |
| 对出口商有无追索权 | 无追索权 | 分为有追索权与无追索权两种 |
| 是否有第三者保证 | 进口国银行或政府机构对票据保证 | 无 |
| 风险的移转 | 由包买商承担:进口商的信用风险、进口国政治风险、汇兑风险及交易币别的汇率风险、利率风险 | 由保理商承担:进口商的信用风险 |

## 个案分析与操作演练

1. 上网搜索并自学《见索即付保函统一规则》、《国际备用证惯例》(ISP98)。

2. A 与 B 签订了一份工程承包合同,应 A 要求,G 银行开出以 B 为受益人的保函。假设:

(1)保函规定:如果 A 未能履行上述合同项下的契约责任,我行保证赔付你方之损失,最高金额不超过 2 000 万美元(In the event of A defaulting In performance of its obligations under the above mentioned contract (the construction contract) we will pay you the amount of your loss up to a maximum of USD20 million)。

(2)保函规定:我们保证凭首次书面要求向你方支付索款要求的金额,最高不超过 2 000 万美元的款项(We undertake to pay you on first written demand the amount Specified in Such demand up to a maximum of USD20 million)。

问题:上述两种情况的保函规定,哪种适用于《见索即付保函统一规则》?

3.(1)G 银行 5 月 5 日开立一份以 B 为受益人的见索即付保函,规定于 6 月 5 日生效。5 月 14 日委托人 A 指示银行撤销保函。(2)G 银行于 3 月 1 日开立一份以 B 为受益人的备用信用证,规定于 4 月 1 日生效。3 月 14 日申请人 A 指示开证行撤销备用信用证。问：上述两种情况下，G 银行该怎么办？

4. 应 L（潜在业主）之邀，N 递交了一份标价为 500 万欧元的建筑工程投标书，随附一份 M 银行开立的金额为 25 万欧元的备用信用证。最后，L 在该证下提出索款要求，N 抗辩道：L 已与另一建筑商 T 签约，所以备用信用证已经失效。请依据 ISN98 分析 M 银行可否拒付？

5. 上网搜索、自学国际保理商联合会制定的《国际保理业务惯例规则》，并分析如下个案：某出口商 A 与一进口商 B 达成一笔出口合同，双方拟采用 D/A 远期的方式结算，并同时采用国际保理方式融资。出口商 A 向国内的一家出口保理商申请采用此服务，出口保理商通过进口国当地的一家进口保理商对进口商进行资信调查，共核准了 8 万美元应收账款。此批货物采用分批运输，共进行 5 次运输，出口商已经装运了 2 次，价值 3 万美元。但此时出口商突然收到进口保理商发出的停止装运的通知，并撤销该信用额度的核准。原来进口商 B 由于涉嫌财务欺诈，正在接受该国司法部门的调查，进口保理商认为进口商 B 的资信已经发生了根本的改变，因此提出撤销该批货物信用额度的核准。试分析进口保理商有无权利要求撤销该批货物的信用额度的核准，以及出口商可否获得先前出运的货物已核准的账款的赔偿？

6. A 公司是一家专门从事农运设备生产的美国公司，这几年销售业绩非常出色，如在 2005 年就实现销售收入 1 亿美元，其中八成来自于国内的销售。但是，随着国内市场逐渐饱和与成熟，公司开发国际市场已成为刻不容缓的事情。公司计划到 2011 年，将海外销售的比例增加两倍。在开拓国际市场的过程中，A 公司获悉 M 国有一家 B 公司，在 M 国专业经销农运设备，对 A 公司的产品有极大的需求。但是，M 国的 B 公司提出，由于其本身只是经销商，资金并不是很充裕，因此希望在支付方式上能够给其便利，提出由 M 国当地的银行作保证，付款期限为两年。但是，M 国的经济和政治现状使 A 公司不能同意 B 公司的要求。通过美国的一家权威机构的调查，A 公司获悉 M 国政府对那些没有经过国家有关法律直接保证的债务纠纷的处理，决策经常是非常武断的，对国际惯例的遵守也不是很好。

这样 A 公司要想将设备出口至 M 国，与任何一个出口商一样都必须面临着两大难题：首先，M 国的进口商显然没有办法通过当地银行融资来解决资金问题，这样出口商的资金占压就很大，不利于设备的出口；其次，M 国现行的法律体系及政治状况增加了进口商未来付款的不确定性。此时，一家美国的包买商获悉了这一情况，主动向 A 提出了一个方案：利用 M 国当地银行的担保，向 A 提供无追索权的全额融资。具体的操作是：A 公司装运出货后，从 B 公司收到由 M 国银行担保的一系列本票，然后将本票交给包买商，由其将面值的 100% 扣除一定利率和费用以后获得现金。而无追索意味着未来即使这一款项得不到支付,A 公司也将置身事外。A 公司由此顺利地解决了资金占压及风险问题。问题:A 公司是采用什么方式既解决资金问题又规避了风险的? 请结合此案例阐述该方式的业务特点。

7.经营日用纺织品的英国 TEX 公司主要从我国进口有关商品。几年前,当该公司首次从我国进口商品时,采用的是信用证结算方式。随着进口量的增长,TEX 公司开始谋求至少 60 天的赊销付款方式。虽然他们与我国出口商已建立了良好的合作关系,但是我国供货商考虑到这种方式的收汇风险过大,感到十分棘手。我国供货商希望寻求一种合适的国际贸易结算融资方式,他们目前正在考虑的方式有福费廷和国际保理。请比较福费廷和国际保理的区别。在本案例中,你会建议我国供货商采用哪种方式? 为什么?

8.操作:四川大东贸易公司申请成都农业银行的银行关税保函,成都农业银行在适用成都关区饲料添加剂企业简化通关模式及其他货物进出口活动中,发生拖欠税费(企业在简化通关模式中的规定时间内不能提供《属性证明书》)等不履行海关义务的行为,保证在收到成都海关书面索偿通知书后的 7 个法定工作日内,即向海关无条件支付总金额不超过 200 万人民币元的任何款项。保函从 2010 年 3 月 5 日开始生效,有效期至 2010 年 4 月 5 日。请代为制作一份银行关税保函。

## 复习思考题

1.名词解释:银行保函、独立性保函、从属性保函、投标保函、履约保函、付款保函、备用信用证、国际保理、无追索权保理、福费廷、包买商。

2.分析银行保函的主要作用。

3.简述银行保函的当事人及权责。

4.简述银行保函的业务程序。

5.简述备用信用证的当事人及权责。

6.简述备用信用证与跟单信用证的异同。

7.简述备用信用证的定义及与银行保函的异同。

8.分析保理业务的主要作用。

9.简述国际保理业务服务项目及其业务流程。

10.简述福费廷业务的当事人及权责。

11.简述福费廷业务的一般做法。

12.简述国际保理与福费廷业务的异同。

# 第六章　支付方式的选择与综合运用

支付方式,即结算方式。在国际贸易中,汇款、托收和跟单信用证是三种主要的、最基本的、最常用的结算方式,银行保函、备用信用证、国际保理和福费廷是主要的新兴的结算方式。在国际贸易业务中,一笔交易的货款结算,可以只使用一种结算方式(通常如此),也可根据不同的交易商品、交易对象、交易做法等,将两种以上的结算方式结合使用,从而有利于促成交易、安全及时收汇等。在开展国际贸易业务时,究竟选择哪一种结算形式,可酌情而定。本章阐述国际贸易业务中支付与结算方式的选择与综合运用。

## 第一节　支付方式的选择

在国际贸易结算中,支付条款是国际贸易合同的一个主要内容。不同的支付方式对于贸易双方而言,在贸易结算中的风险以及经营中的资金负担都是不相同的。选择正确的支付方式能使进出口双方在货款收付方面的风险得到控制,并在资金周转方面得到某种通融,从而促进交易目的的实现。

选择何种支付方式进行国际贸易结算,直接关系到贸易能否成交和货款的安全回收,直接影响双方的资金周转和融通,以及各种金融风险和费用的负担,所以这是关系到买卖双方利益的问题。因此,买卖双方在磋商交易时应尽可能争取对自己有利的支付条件。

归纳来说,选择支付方式应考虑如下因素:支付方式本身的特点及其对买卖双方带来的利弊、客户资信、贸易条件、运输单据、货物的供求状况、贸易结算的财务成本等。

## 一、支付方式本身的特点及其对买卖双方带来的利弊

选择何种支付方式即结算方式,需要了解各种结算方式的特点,比较各种结算方式的优劣。在选择结算方式时,安全因素是首先需要考虑的重要问题,其次是占用资金时间的长短,当然也要注意具体操作时的手续繁简、银行费用等。

从结算方式的信用基础比较来看,以商业信用为基础的结算方式是指债权人的收款不是取决于银行而是取决于非银行的企业或个人的资信。汇款和托收是比较典型的这类结算方式。以银行信用为基础的结算方式是指债权人的收款主要取决于银行的资信。跟单信用证、银行保函、备用信用证、国际保理和福费廷业务属于这类结算方式。

从结算方式的资金融通比较来看,在汇款方式下,银行没有向企业提供资金融通,反而在一定程度上占用了汇款人的资金;在托收方式下,银行对出口商的融资只有托收出口押汇一种;在信用证方式下,银行对企业的融资方式最多。银行保函、备用信用证、福费廷也有直接或间接地提供资金融通的作用。

从结算方式的费用比较来看,汇款、托收和银行保函的结算费用比较低,而信用证、国际保理和福费廷业务的结算费用比较高。

各种结算方式的特点、利弊和相互间的异同已在本书的相关章节中述及,以下为方便起见,仅以列表形式(见表6-1、表6-2、表6-3、表6-4、表6-5)对三种基本的支付方式本身及其对买卖双方带来的利弊进行比较分析。

表6-1  三种基本结算方式的做法比较

| 货款清偿方式 \ 特色 | 信用证付款方式 | 托收方式 | 汇款方式 |
|---|---|---|---|
| 如何付款 | 基于付款承诺,由L/C开证行支付 | 托收条件(D/A或D/P),由进口商付款 | 利用电传、邮政、银行汇(支)票方式支付 |
| 使用时的主要条件 | 开证行的信用 | 进口商的信用 | 出口商同意以汇款方式支付 |
| 有关货运单据的寄送方法 | 经由银行转送 | 经由银行转送 | 直接由出口商寄给进口商 |
| 相关国际规则 | UCP600 | 托收统一规则 | 尚无 |

表6-2　三种基本结算方式对买卖方的约束比较

| 方式＼分析 | | 对卖方交单的约束或对买主付款的约束 | 对卖方是否有利 | 对买方是否有利 |
|---|---|---|---|---|
| 汇款 | 预付货款 | 不能约束交单 | 最有利 | 收货无保证 |
| | 货到付款 | 不能约束付款 | 收款无保证 | 最有利 |
| 托收 | | D/P以交单约束付款 | 收款缺乏保证 | 有利 |
| 跟单信用证 | | 以相符单据约束银行或买方付款 | 收款有保证是有利的 | 交单保证是有利的 |

表6-3　三种基本结算方式对买卖方的利弊比较

| 支付方式 | 汇款 | | 托收 | 信用证 |
|---|---|---|---|---|
| | 预付货款 | 货到付款 | | |
| 对卖方有利点 | 有利于资金周转 | 无 | (1)操作不复杂；(2)安全收汇有保证，如被拒付可适当授权托收行保全货物；(3)可通过托收出口押汇得到资金融通的便利 | (1)安全收汇有保证，只要提交符合L/C的单据，银行必须付款；(2)可通过打包贷款或出口押汇得到资金融通的便利 |
| 对卖方不利点 | 如买方未按时付清约定款，卖方又不敢放单或放货，须承担货物的储存和保险费 | (1)占用自有资金时间长，影响资金周转；(2)可能在发货后收不到应得的货款 | (1)收汇客观上存在较大风险，买方并不保证付款；(2)影响资金周转；(3)可能遭到货币贬值带来的损失 | (1)占用资金且费用较高；(2)操作复杂，可能陷入"软条款"陷阱；(3)可能被假"信用证"欺诈而导致货款两空 |
| 对买方有利点 | (1)体现对卖方的信任，有利于交易的达成；(2)较有效控制卖方的资源 | (1)减少资金占用；(2)收到货物检验合格甚至销售后才付款 | (1)免去开立信用证的手续，减少费用支出，有利于资金融通和周转；(2)安全收货有保证 | (1)付款后肯定能取得代表货物所有权的单据；(2)可通过L/C条款促使卖方履行合同规定 |
| 对买方不利点 | (1)提前支付占用资金；(2)对合同所购货物没把握；(3)面对商品贬值或滞销的市场风险 | 无 | (1)在D/P方式下，卖方可能以假单据或残次货物骗取买方付款；(2)如果拒付，商业信誉会受损 | (1)操作复杂，占用资金；(2)卖方可能编造单据使买方收到的货物与L/C要求不符；(3)卖方可能制作假单据从银行骗款 |

表6-4　三种基本结算方式的风险比较

| 结算方式 | | 买方风险 | 卖方风险 |
|---|---|---|---|
| 汇款 | 预付货款 | 卖方不交货；卖方不按时交货；货物与合同规定不符 | 买方不按时汇款 |
| | 货到付款 | 卖方不按合同规定交货 | 买方不收货；买方收货后不付款；买方拖延付款；买方找借口要求降价 |
| 跟单托收 | 付款交单 | 卖方不交货；卖方不按时交货；单据与合同规定不符；收到的货物与单据不符 | 买方不付款赎单；买方要求降价后才付款赎单；进口国政治、经济局势恶化；远期D/P有被代收行改按D/A处理,导致财货两失 |
| | 承兑交单 | 卖方不交货；卖方不按时交货；收到的货物与单据不符 | 买方不承兑；买方要求降价后才承兑、收货；买方承兑或收货后不付款；买方承兑或收货后要求降价才付款 |
| 跟单信用证 | | 付押金后,开证行倒闭；卖方伪造单据；收到的货物与单据不符 | 买方不开证或不按期开证；开证行失去偿付能力；收到的是规定有卖方无法做到或不能接受的条款;规定生效条件,但买方迟迟不予创造此项条件等;含有软条款的信用证；开证行、开证人对单据无理挑剔、借口拒付；伪造信用证 |

表6-5　三种基本结算方式的资金占用、费用负担、手续繁简的比较列表

| 结算方式 | | 手续 | 银行收费 | 买卖双方的资金占用 | 买方风险 | 卖方风险 |
|---|---|---|---|---|---|---|
| 汇款 | 预付货款 | 简单 | 很少 | 不平衡 | 最大 | 最小 |
| | 货到付款 | 简单 | 很少 | 不平衡 | 最小 | 最大 |
| 托收 | 付款交单 | 稍繁 | 稍大 | 不平衡 | 较小 | 较大 |
| | 承兑交单 | 较繁 | 稍大 | 不平衡 | 极小 | 极大 |
| 跟单信用证 | | 最繁 | 最大 | 较平衡 | 稍大 | 较小 |

从表6-1至表6-5来看,如果从收汇安全性高低来说,从高到低依次为:预

付货款,信用证,付款交单,承兑交单,货到付款。如果从占用资金方面来说,从高到低依次是:货到付款,承兑交单,付款交单,信用证,预付货款。如果从手续繁简和银行费用方面来说,从繁到简、从高到低依次为:信用证,托收,汇款。

从表6-1至表6-5可以看出,每一种付款方式对交易双方来说都是利弊兼备。而且,作为在交易中既对立又统一的买方和卖方,一方的有利点(如收汇安全)往往是以另一方的不利点(如风险增大)来换取,而没有对方的参与,任何一方的单边利益都不可能实现。尽管每一方都希望最大限度地保护自己的利益,但任何合同的签订都是以双方的适度妥协为前提的,所以交易双方必须在保护自己与可以被对方接受之间寻求一种平衡。

一般而言,即期L/C结算方式最符合安全及时收汇的原则;远期L/C结算方式,收汇安全、有保证,但不及时,因此汇率发生波动的概率就高,从而削弱了收汇的安全性。至于托收结算方式,由于商业信用代替了银行信用,安全性大大减弱。D/A方式的安全性和及时性最差。D/P方式下,在贸易对手国家出口商品行情下跌、外汇管制加强的情况下,进口商往往不按时付汇,收汇落空的风险也很大。但如果出口商品库存积压,款式陈旧,国际市场价格疲软,在贸易对手资信可靠,该出口商品在对方国家尚有一定销路,并且对方国家付汇控制相对不严的情况下,也可接受托收方式。

## 二、客户资信

在国际贸易中,当事人应根据交易对手的信用状况选择支付方式。交易对手的资信情况对交易的顺利进行起着关键性的作用。因此,出口商要想能够安全地收款,进口商要想安全地收货,都必须调查对方的信用。当对其信用不了解或认为其信用不佳时,尽量选择风险较小的支付方式;而当对方信用好,交易风险很小时,即可选择对交易双方都有利的手续少、费用少的方式。

具体地讲,如果客户的信用等级很一般或是贸易双方是首次进行交易,应该选用L/C的方式;如果客户的信用等级较高,可以选用托收的方式,特别是用D/P,就可以达到既节省开证费的目的,也可以在一定程度上把握物权凭证的安全性;如果客户的信用等级非常高,就可以选用D/A甚至是直接电汇(T/T)的方式,这也是目前在西方国家的进出口贸易中大量使用T/T的根本原因之一。同时,客户的信用等级和客户所在地区有着密切的关系,一般而言,在金融运作体系正常的发达国家,就有可能更多地采取T/T和托收这样的属于商业信用的方式。另外,客户的信用资信是一个动态的概念,需要连续跟踪,及时评价,以便随时调整结算方式。

### 三、贸易条件

国际货物买卖合同中采用不同的国际贸易术语,表明各项合同的交货方式和使用的运输方式是不同的,而不同交货方式和运输方式所适用的结算方式也不会完全相同。因此,在选择结算方式时,要注意合同所采用的贸易术语。

具体地讲,对于象征性交货组中的 CIF 和 CFR,就可以选用托收和 L/C 的方式;而对于 EXW 和实际交货的 D 组术语,一般就不会采取托收的形式进行结算;对于 FOB 和 FCA 等术语,由于运输的事宜是由买方安排的,出口商很难控制货物,所以在一般情况下也不会选择托收的方式。另外,合同金额如果不大,也就经常会考虑和选择速度较快、费用低廉的 T/T 方式了。

### 四、运输单据

运输单据种类的不同也是导致不同支付方式的重要原因。国际结算中所涉及的运输单据,有些属于物权凭证,有些则是非物权凭证,不同性质的运输单据对于支付方式的选择也有一定程度的影响。对于海运提单、多式联运单据等代表物权凭证的单据,控制提单就等于控制货物所有权,交单就等于交货,在实务中则有利于单据交易,所以对于卖方可选择信用证方式甚至 D/P 托收方式收款。但在空运、公路/铁路运输、邮寄等运输单据项下,以及以记名抬头的海运单这些非物权凭证的运输单据下,则不利于单据交易。特别是 D/P 托收方式下,由于没有银行信用作付款保证,有钱货两空的极大风险。

### 五、货物的供求状况

货物供求状况不同,选择的支付方式可能就不同。如果是畅销的货品,卖方可选择对自身有利的支付方式,如要求用 L/C 进行结算,甚至要求买方预付货款。如果是滞销的货品,则所选择的支付方式可能会有利于进口商,如选择 D/A 方式,甚至是货到付款。

### 六、贸易结算的财务成本

国际贸易中的成本由很多因素构成,如商品制造或购买成本、运输成本、保险成本等,在现代国际金融体系下,结算成本也是其中因素之一。如果只有一种结算方式,因无法比较,可以说不存在结算成本问题。但当有多种结算方式供选择时,在不同结算方式的比较中就会产生贸易结算成本的问题。例如因支付方式的改变,导致了交易中某一方财务费用的增加,或者导致了使用第三者(一般是银行)费用的增加,等等。

所谓贸易结算财务成本,就是使用某种支付方式时所必须承担的各项费用,主要包括财务费用和款项转移费用。这里的财务费用是指:由于付款日期的不同,交易双方为履约,比如说,出口商为组织商品的生产,或者说进口商为付款,所额外付出的融资成本,或者是使用自己流动资金的机会成本。付款日越早,进口商的财务费用越高,出口商的财务费用就越低。反之,付款日越晚,进口商的财务费用越低,出口商的财务费用则越高。在实际工作中,财务费用是根据成交日、装运日、卸货日、使用日四个付款时间来计算。

款项转移费用可以简称为转移费用,指的是为实现货款从进口商一方转移到出口商一方所需要的费用。现代国际贸易中的转移费用主要是指支付给银行的费用。银行向客户提供款项转移服务所收取的费用当然是具体的数字,但是不同国家的银行即便向客户提供相同的服务,收取的货币币种不同,数额也不同,故缺乏可比性,因此,只能在常用的几种支付方式中界定它们的相对费用,即哪一种最贵,哪一些介于中间。在美国,支付一笔同样数目的货款,如果采用汇款方式,大约在几十美元;如果采用托收业务,花费大约在 200～300 美元之间;如果是信用证业务,大约在 400～500 美元之间。每一种支付方式的发起方所承担的转移费用,从低到高依次为:①预付货款和赊销方式下的汇款费用;②托收业务中的托收费用;③信用证业务下的所有费用;④银行保函下的所有费用。

在实际操作中,采用何种结算方式需分别算出其对应的财务费用、款项转移费用,然后加以比较选择。一般而言,如果双方都不担心对方违约,或者说,在双方违约风险几乎为零的时候,首选的支付方式应该是预付货款或赊销,其次是托收,再次是信用证,最后才是银行保函。

总之,选择支付方式的最终目的是对贸易双方进行有效的监督,同时尽量降低结算的成本,促使进出口贸易的顺利进行。以上所列举的各个因素会在不同的时间、不同的国家和地区、不同的历史阶段,视不同的具体客观情况而对货款的支付有不同程度的影响①。

## 第二节　支付方式的综合运用

在国际贸易中,单一的支付方式已难以适应需要,于是将多种结算方式及融资

---

① 本节部分内容参考了 huangxiaomin _ 1987 的博客:http://blog.163.com/huangxiaomin _ 1987/blog/static/58017676z009519422101931.

方式结合使用的综合支付方式应运而生。出口商根据不同的国家和地区,不同的客商,不同的市场状态和不同货源国的情况,为了把商品打入国际市场,可采用灵活的、多样的支付方式综合运用,加强竞争,便于成交,旨在按时安全收汇,加速资金周转,争取好的经济效益。

支付方式的综合应用有两种情形:其一是不同支付方式的排列组合,即不同支付方式的搭配;其二是不同支付方式与不同融资方式的结合。

## 一、信用证与汇款相结合

信用证与汇款相结合是指部分货款采用信用证、余额采用汇付方式结算。这种结算方式的结合形式常用于允许交货数量有一定机动幅度的某些初级产品的交易。例如买卖矿砂、煤炭、粮食等散装货物;又如,对于特定商品或特定交易需进口商预付订金的,也有规定预付订金部分以汇款方式支付,其余货款以信用证方式结算。

信用证与汇款相结合的一种做法为:买方在合同签订后,先 T/T 方式支付20% ~30%的货款作为预付款,余款由 L/C 支付,卖方在收到预付款和信用证后开始备货,保证了收汇的安全性;另一种做法是,货款的 70% ~80% 由 L/C 支付,余款待货到目的地若干天内由买方通过 T/T 方式支付给卖方,这样即使买方未在约定期限内 T/T 方式支付余款,损失对卖方造成的影响也不是很大。

## 二、信用证与托收相结合

信用证与托收相结合是指:一笔交易的货款,部分用信用证方式支付,余额用托收方式结算。这种结合形式的具体做法通常是:在信用证中应规定出口商须签发两张汇票,一张汇票是依信用证项下部分,货款凭光票付款,另一张汇票须附全部规定的单据,按即期或远期托收。在实践中,为防止开证银行未收妥全部货款前即将货运单据交给进口商,可以要求信用证必须注明在全部付清发票金额后方可交单的条款。

【例 6 - 1】Payment by irrevocable letter of credit to reach the sellers × × days before the month of shipmen stipulating that the remaining × ×% against × ×% of the invoice value available against clean draft while the draft on D/P sight basis;The full set of shipping documents shall accompany the collection draft and, shall only be released after full payment of the invoice value. If the buyers fail to pay the full invoice value,the shipping documents shall be held by the issuing bank at the seller's disposal.

在出口合同中,也应规定相应的支付条款,以明确进口商的责任。这种做法对进口商而言,可减少开证金额、少付开证押金、少垫资金。对出口商而言,托收部分虽然有一定风险,但因为有部分信用证的保证,而且货运单据在信用证内规定跟随托收汇票,开证行须等全部货款付清后才能向进口商交单,因而,收汇较为安全。但信用证必须订明信用证的种类和支付金额以及托收方式的种类,也必须订明"在全部付清发票金额后方可交单"的条款。

### 三、信用证与银行保函相结合

信用证用银行信用保证了出口商收汇安全,而银行保函则保证了在合约未得到适当履行时受损一方可以得到赔偿。两种方式的结合,是成套设备或工程承包交易中常见的方式。

信用证与银行保函相结合,除了支付货款外,还有预付订金或保留金的收取;一般货款可用信用证支付,预付订金要先开银行保函,保留金的收取可以开保函代替。如果是招标交易,则须投标保函、履约保函、退还预付金保函与信用证相结合。

### 四、托收与备用信用证或银行保函相结合

跟单托收对出口商来说,有一定风险。若在使用跟单托收时,结合使用备用信用证或银行保证书,由开证银行进行保证,则出口商的收款就能基本得到保障。具体做法是,出口商在收到符合合同规定的备用信用证或银行保证书后,就可凭光票与声明书向银行收回货款。

采用这种方式时,通常应在出口合同中订入相应的支付条款。例如:

"凭即期付款交单方式支付全部发票价值。代收银行须无迟延地用电传向托收银行发出付款通知。装船前,需由一家信誉卓著的银行开立一份金额为×××美元、以卖方为受益人的不可撤销备用信用证,规定凭光票和随附的一份书面声明付款,在该声明中注明买方在代收银行提出跟单汇票后5天内按××年×月×日第××号合同履行付款义务。"

"即期付款交单付款,并以卖方为受益人的总金额为×××的银行保证书担保。银行保证书应载有以下条款:如×××号合同项下跟单托收的汇票付款人不能在预定日期付款,受益人有权在本银行保证书项下凭其汇票连同一份列明××
×号合同的款项已被拒付的声明书支款。"

在使用这种结算方式时,备用信用证和银行保函的有效期必须晚于托收付款期限后一定时间,以便被拒付后能有足够时间办理追偿手续。出口商在办理托收手续时,还应在托收申请书中明确规定,在发生拒付时,要求托收银行请代

收银行立即用电报或电传通知,以免耽误,造成备用信用证或银行保证书失效,以致失去追索权利。

## 五、汇款与银行保函相结合

按照汇款分为预付货款和货到付款两种形式,汇款与银行保函的结合形式也分为两种。

### (一)预付货款时,汇款与银行保函的结合使用

预付货款的结算方式,有利于出口商而不利于进口商。因此,预付货款时,出口商可以先开立银行保函,保证按时交货、交单,否则要向进口商退还预付款。然后,进口商向出口商发出汇款,即为汇款与保函的结合使用。

### (二)货到付款时,汇款与银行保函的结合使用

货到付款的结算方式有利于进口商而不利于出口商,出口商仅用于新产品或者滞销货物的出口,以便在国际市场上打开销路。货到付款时,进口商可以先开立银行保函,保证货到一定付款;然后,出口商发货,即完成了汇款与保函的结合使用。

## 六、汇款与托收相结合

托收方式,是一种对进口商较为有利的结算方式;汇款(尤其是预付货款)方式,是一种对出口商较为有利的结算方式。两种方式的结合,往往使进出口商的利弊悬殊缩小或接近。

### 案例

甲国的 A 公司出口机电设备给乙国的 B 公司。A 公司为了收汇安全,希望 B 公司预付货款,而 B 公司为了保证能收到货物,希望采用托收的结算方式。双方需要寻找一种较为平衡的结算方式。考虑到信用证结算费用较高,他们不打算使用信用证结算方式。那么在这种情况下,可以怎样结合不同的结算方式呢?

【案例分析】

本案可以采用托收与汇款相结合的结算方式。A 公司为了收汇更有保障,为了加速资金周转,可以在要求进口商在货物发运前,使用汇款方式,预付一定金额的定金作为保证,或预付一定比例的货款,在货物发运后,当出口商委托银行办理跟单托收时,在托收全部货款中将预付的款项扣除,如托收金额被拒付,出口商可

将货物运回,以预收的订金或货款抵偿运费、利息等一切损失。关于订金或预付货款规定为多少,可视不同客户的资信和不同商品的具体情况确定。

### 七、汇款、托收、信用证、保函多种结算方式结合使用

在成套设备、大型机械产品和交通工具的交易中,因为成交金额较大,产品生产周期较长,一般采取按工程进度和交货进度分若干期付清货款,即分期付款和延期付款的方法,一般采用汇付、托收和信用证相结合的方式。

#### (一)分期付款(Pay by Installments)

买卖双方在合同中规定,在产品投产前,买方可采用汇付方式,先交部分货款作为订金,在买方付出订金前,卖方应向买方提供出口许可证影印本和银行开具的保函。除订金外,其余货款可按不同阶段分期支付,买方开立不可撤销的信用证,即期付款,但最后一笔货款一般是在交货或卖方承担质量保证期满时付清,货物所有权则在付清最后一笔货款时转移。在分期付款的条件下,货款在交货时付清或基本付清。因此,按分期付款条件所签订的合同是一种即期合同。

#### (二)延期付款(Deferred Payment)

在成套设备和大宗交易的情况下,由于成交金额较大,买方一时难以付清全部货款,可采用延期付款的办法。其做法是,买卖双方签订合同后,买方一般要预付一小部分货款作为订金。有的合同还规定,按工程进度和交货进度分期支付部分货款,但大部分货款是在交货后若干年内分期摊付,即采用远期信用证支付。延期支付的那部分货款实际上是一种赊销,等于是卖方给买方提供的商业信贷,因此,买方应承担延期付款的利息。在延期付款的条件下,货物所有权一般在交货时转移。

### 个案分析与操作演练

1. 填表:各种结算方式的比较。

| 方式 \ 分析 | | 对卖方交单的约束或对买主付款的约束 | 对卖方是否有利 | 对买方是否有利 | 手续 | 费用 | 资金负担 |
|---|---|---|---|---|---|---|---|
| 汇款 | 预付货款 | | | | | | |
| | 货到付款 | | | | | | |
| 托收 | | | | | | | |
| 信用证 | | | | | | | |

2. 合同规定如下：50% of the value of goods by the Irrevocable Letter of Credit and remaining 50% on collection basis at sight, the full set of shipping documents are to accompany the collection item. All the documents are not to be delivered to buyer until full payment of the invoice value.

请指出：(1)这是采用了什么结算方式？(2)在本题的方式下，出口方应如何交单？(3)如果买方不付清全部发票金额，开证行应如何处理货运单据？

3. A 公司生产纺织品并出口到一些国家，最近该公司试图打开 B 国的市场。在 B 国，纺织品市场的竞争比较激烈。A 公司与正在商谈中的 C 进口公司是第一次交易。A 公司应该如何选择支付方式，既有利于打开市场，又能减少收汇风险？

4. 加拿大的 P 公司出口农产品给美国的 T 公司。双方商定用信用证方式结算。由于商品的数量不易控制，T 公司在申请开证时，难以确定金额。请分析在这种情况下，怎样结合不同的结算方式，既可以保证收汇，又有数量和金额变化的灵活性？并说明理由。

5. 德国的 A 公司出口机电设备给我国的 B 公司。由于货款金额大，B 公司在申请开证时，银行要求其支付较高的押金。B 公司的流动资金比较紧张，觉得支付该数量的押金比较困难，遂转而与 A 公司商量采用托收的结算方法。但 A 公司基于收汇安全的考虑，认为全额托收不可接受。请分析在这种情况下，可以怎样结合不同的结算方式，既可以使 B 公司少付押金，又可以保证 A 公司的收汇安全？作为 B 公司的开证行，应该在信用证中怎样注明？在出口合同中，又应怎样反映？

6. 美国生产网络设备的 M 公司与墨西哥的电信运营商 G 公司签订了网络设备供货协定。根据该协定，M 公司向 G 公司出口网络设备，G 公司付给 M 公司网络设备的货款，其中：(1)10%为预付订金，在发货前支付；(2)75%为货款，凭发票支付；(3)15%为尾款，在设备正常运营 6 个月后支付。请分析在这种情况下，可以怎样结合不同的结算方式，既保证 M 公司的收汇安全，也保证 G 公司在预付定金后，M 公司能履约发货？

## 复习思考题

1. 选择支付方式主要应考虑哪些因素？
2. 贸易结算的财务成本主要包括哪些方面？
3. 支付方式的综合应用有哪两种情形？
4. 什么是信用证与托收相结合？一般应怎么做？

5. 信用证与银行保函相结合一般运用在哪些方面？

6. 托收与备用信用证或银行保函相结合，通常应在出口合同中订入哪些相应的支付条款？

7. 汇款与银行保函相结合有哪几种形式？

8. 在成套设备、大型机械产品和交通工具的交易中，一般采用哪种结算方式？

# 第七章　国际结算中的单据

## 学习目标

通过本章的学习,要求学生:

- 了解单据的分类与制作的基本要求;
- 掌握商业发票、主要运输单据、保险单据、官方单据的概念、作用和主要内容;
- 了解 UCP600 对单据的主要规定,并能在实际工作中制作主要项目。

在国际贸易结算中,人们通常将发票、运输单据、保险单据等称为商业单据或货运单据,而将以支付一定金额为目的,可以自由流通转让的证券称为票据或金融单据。我们已在第二章阐述了票据,本章阐述的单据主要是指商业单据。商业单据在国际结算,特别是国际贸易结算中起着十分重要的作用。国际结算中的商业单据按性质不同可分为商业发票、运输单据、保险单据和官方单据四类。本章将对这四类中的主要单据进行阐述。

## 第一节　国际结算单据概述

在国际贸易中,结算是借助一定的载体即单据来完成的。单据是贯穿国际结算业务的主线,借助单据,可以达到清偿客户间债权债务关系的目的。

### 一、单据的作用和种类

单据(Documents)是指交易过程中的一系列证明文件,是在国际贸易和国际结算中直接说明货物有关情况的凭证。它通常是由出口商应进口商和其他有关方的要求必须备妥并提交的文件。

#### (一)单据的作用

单据与货款的对流原则已成为国际贸易中商品买卖支付的一般原则。不论采用哪种支付方式,买卖双方都要发生单据的交接,尤其是在象征性交货的情况下,卖方交单意味着交货,而买方也是凭单据付款。单据在国际结算,特别是国际贸易结算中起着十分重要的作用。

第一,单据可以代表物权,即货运单据代表着货物所有权。货运单据的转移意味着货物所有权的转移,卖方交付货运单据就意味着交付货物,而买方取得货运单据就意味着收到货物,谁控制了货运单据就等于控制了货物。

第二,单据是一种履约证明和付款的依据,即单据是有关交易方履行合同的证明。卖方按期向买方交付合同规定的单据就意味着履行了合同规定的义务,而没有按期交单或者没有交齐合同规定的单据就意味着没有完全履行合同规定的义务,就无法取得货款或者取得全部货款。

### (二)单据的种类

商业单据通常包括发票、运输单据、权利凭证或其他类似单据,或非金融单据的其他任何单据。随着国际经济的发展,贸易方式的多样化,使得国际结算中的单据种类越来越多。由于依据的划分标准不同,结算单据的分类多种多样。

1. 按照单据作用的不同划分

按照单据作用的不同,单据可分为两大类:基本单据和附属单据。

(1)基本单据(Additional Documents),即在交易中不可缺少的单据。其中包括运输单据、商业发票、保险单。

(2)附属单据(Additional Documents),是指除基本单据外,进口商根据本国政府有关规定或货物本身不同特点而要求出口商提供的单据。它本身又可以分为两类:一类是进口国官方要求必须提供的单据,如海关发票、领事发票、产地证、检疫证、商品出口许可证、配额、装船证明等;另一类是由于货物本身的特点而要求出口商提供的说明货物情况的单据,如装箱单、重量单、尺码单、检验单、验货报告、受益人证明等。

2. 按照单据的性质不同划分

按照单据的性质不同,可将单据分为商业发票、运输单据、保险单据和官方单据四类。

(1)商业发票。商业发票是卖方在装运货物后开立的凭以向买方索取货款的价目清单和总说明。装箱单、重量单、尺码单等包装单据是商业发票的补充单据。

(2)运输单据。运输单据是证明货物载运情况的单据,是当出口商将货物交给承运人办理装运时,由承运人签发给出口商的证明文件,证明货物已发运或已装上运输工具或已接受监管。由于运输方式不同,运输单据的种类有很多,其中,由船运公司或其代理人签发的海运提单是主要的运输单据。其他的运输单据有:由航空公司或其代理人签发的航空运单;由快递公司和邮局签发的快邮和邮寄收据;由铁路部门签发的铁路运单;由多式运输营运人签发的多式运输单据;由公路运输公司签发的公路运单等。

(3)保险单据。保险单据是保险公司承保后对被承保人出具的承保风险的证明。如保险单、保险凭证和承保证明等。

(4)官方单据。有些国家的政府根据法令或需要对进出口货物所要求的必须缴验的单证统称为官方单据或政府单据。它主要包括进出口许可证、海关发票、领事发票、产地证及商品检验证书等。

3. 根据单据的签发单位不同划分

根据单据的签发单位不同划分,单据可分为出口商自制单据、其他企业签发的单据、政府机构和社会团体签发的单据。

(1)出口商自制单据。出口商自制单据是指由出口商自行缮制签发的单据,如跟单汇票、商业发票、装箱单、重量单等。

(2)其他企业签发的单据。其他企业签发的单据是指与贸易有关的商业性服务企业签发的单据,如由船务公司、航空公司、铁路运输部门、货运代理等运输公司签发的运输单据,以及由保险公司签发的保险单据等。

(3)政府机构和社会团体签发的单据。政府机构和社会团体签发的单据主要是一些公务证明文件,如有关部门签发的出口许可证,贸促会签发的产地证,商检局签发的商检证书等。

## 二、单据缮制的要求

单据制作是出口合同履行中很重要的一个环节,现代的国际贸易结算都是凭单据交货或凭单据付款的方式,因此制作单据工作对于出口商及时收汇有着非常重要的意义。

### (一)单据在履行贸易合同中的流转

出口单证是卖方收汇的基础,也是履行合同的必要手段。出口贸易合同签订后,在合同履行过程中的每一个环节都有相应的单证缮制、组合及运行(见图7-1)。

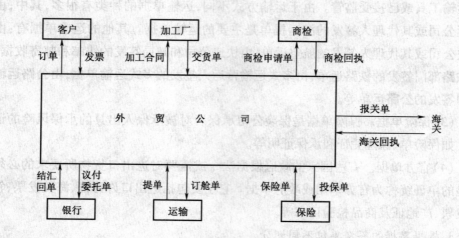

**图7-1　出口业务涉及的单证示意图**

出口单据贯穿于企业对出口产品的备货、出入境检验检疫、租船订舱、报关、保险、结汇等出口业务的全过程之中。出口单据的流转可归纳为以下13个步骤：

审核信用证→缮制商业发票及装箱单→缮制出入境检验检疫出境货物报检单并报检→缮制出口托运单并办理托运手续→缮制出口货物报关单并报关→缮制投保单并投保→缮制运输单据→签证、认证→缮制汇票→发出装船通知→综合审单→交单结汇→存档。

**（二）单据制作的基本要求**

不同的业务环节所要求提交的单据种类和数量各不相同，可根据信用证或合同的具体规定来制单。单证质量不过关，制单、审单粗心大意，轻则给企业收汇带来不必要的麻烦，重则会给企业和国家带来无法挽回的经济损失。制作单据的规范是"三一致"和"五要求"。

**1.单据制作的"三一致"**

（1）单证一致。这是指信用证的要求必须在单据上明确体现。UCP600将单据与信用证相符的要求细化为"单内相符、单单相符、单证相符"。

（2）单单一致。这是指各种单据之间必须相互一致，不能彼此矛盾。各单据上记载的内容须在措辞和用语方面保持一致，如发票上所载的产地应与产地证上的产地相同；发票上运费金额应与运费单据或运费发票上所列一致；检验证书上应注明关于货物描述、航运、信用证或其他单据的引证；各单据相应的重量或数量应完全相等。

（3）单货一致。这是指单据上记载的内容应与实际货物内容相一致。单货不一致极易造成所交货物与合同不相符,从而导致违约情况的发生。另一方面,单货不一致也会在报关、检验时遇到麻烦。

2.单据制作的"五要求"

"五要求"是指缮制单据过程中要做到正确、完整、及时、简明和整洁。

第一要正确。这是对单据的第一要求。单据应与合同规定完全相符。若以信用证方式结算,要求做到"单证一致",即所有的单据都与信用证一致;"单单一致"即单据与单据之间的相同内容都要一致。

第二要完整。其中包括内容完整、份数完整、种类完整。

第三要及时。在信用证项下交单必须掌握装运期、交单期和信用证有效期。

第四要简明。单据的内容要力求简明扼要,切忌画蛇添足,弄巧成拙。单据内容应按信用证要求和国际惯例填写。简化单据可以减少工作量,提高工作效率。

第五要整洁。整洁就是指单据表面的清洁、美观、大方,缮写或打印的字迹要清楚,单据格式的设计力求标准化和规范化,内容的排列要主次分明、重点项目突出醒目、字迹清晰、语法通顺、文句流畅,这是对单据的外在质量的要求。

(三)制单的基本步骤

制单的基本步骤可归纳为以下四步:

第一步:核算。在制单前,须将单证中很多需要计算的数据,如货物的尺码、毛重、净重,发票的单价、总价,中间商的佣金等,逐项认真加以核算。

第二步:备单。根据要求把本批货物所需各种空白单据,按需要的份数逐一配妥备用。仔细备单既可以防止某一单据的漏制,又能提高制单工作的效率。

第三步:制单。完成了上述工作以后,即可以着手制单。制单一般可先从发票和装箱单开始,因为发票记载的内容比较全面,它是一切单证的中心。发票制妥后,就可以参照发票的内容缮制其他单证。

第四步:审单。单据制妥后,要求制单人员自审一遍,如有差错立即更正,以保证迅速有效地向银行交单,并确保企业安全、及时收汇。

# 第二节 商业发票

根据不同的需要,发票可划分为不同种类,如海关发票(Customs Invoice)、形式发票(Proforma Invoice)、领事发票(Consular Invoice)、银行发票(Banker's

Invoice）、联合发票（Combined Invoice）、厂商发票（Manufacturer's Invoice）、商业发票（Commercial Invoice）等。在出口业务中,最常见的是商业发票,习惯上称发票,是卖方在装运货物后开立的凭以向买方索取货款的价目清单和总说明。商业发票在商业单据中起核心作用,其他单据均须参照它来缮制,在内容上不得与发票的记载相矛盾。本节主要阐述商业发票及其补充单据,如包装单、重量单、尺码单等。

### 一、商业发票的作用

商业发票是国际贸易中买方必须向卖方提供的主要单据之一。其作用主要表现在以下几个方面:

第一,商业发票是说明卖方履约的中心单据。发票上对有关的货物做了详细的描述,买方从发票上就能了解卖方所发货物是否符合合同要求,所以是重要的履约证明。

第二,商业发票是交易双方记账的凭证。世界各国的工商企业都以发票作为记账凭证,因此,商业发票上通常都有所装运货物价款的详细计算过程。

第三,商业发票是报关纳税的依据。世界上绝大部分国家的海关都是根据商业发票中关于货物的描述、货价、产地等来计征关税的。

第四,在不用汇票的情况下,商业发票可以代替汇票作为支付货款的凭证。在信用证不要求汇票（为免交印花税）的情况下,可以用发票代替汇票作为付款凭证,开证行根据发票的金额来付款。

第五,商业发票是买方核对卖方所出售的货物是否符合交易合同规定的依据之一。

第六,商业发票是索赔的依据之一。发票既已列明装运货物的价目详情,那么,当货物发生损失时,受损方就可以发票作为依据之一,向有关责任方提出索赔。

### 二、商业发票的主要内容与制作要求

#### （一）UCP600 对商业发票的有关规定

由于信用证方式下银行付款的条件是单证相符、单单相符,因此,UCP600 对商业发票进行了一些规定,这些规定包括:

第一,除非信用证另有规定,商业发票:①必须在表面上由信用证指名的受益人为抬头开立;②必须做成以信用证申请人为抬头;③无需签署。

第二,除非信用证另有规定,银行可拒绝接受其金额超过信用证允许金额的商业发票。

第三,商业发票中货物的描述必须与信用证中的描述一致。在其他单据中,货物描述可使用与信用证中对货物的描述无矛盾的统称。

 案例

我方凭即期不可撤销信用证出口马达一批,合同规定的装运期为2010年8月份。签约后,对方及时开来信用证,我方则根据信用证的要求及时将货物装运出口。但在制作单据时,制单员将商业发票上的商品名称依信用证的规定缮制为"MACHINERY AND MILLWORKS, MOTORS",而海运提单上仅填该商品的统称"MOTORS"。付款行可否以此为由拒付货款?

【案例分析】

根据UCP600的规定,商业发票中的货物描述,必须与信用证规定相符,其他单据则可使用货物的统称,但不得与信用证规定的货物描述有抵触。本案中,制单员将商业发票上的商品名称依信用证的规定缮制为"MACHINERY AND MILLWORKS, MOTORS",而海运提单上仅填该商品的统称"MOTORS",与UCP600的规定相符,所以,银行不可以此为由拒付货款。

(二)商业发票的主要内容及其制作

1.商业发票的主要内容

国际上对商业发票的内容与格式并没有统一的规定。通常而言,商业发票的内容可以分为首文、本文和结文三个部分。

(1)首文部分。发票的首文(Heading),是指发票应列示的一些基本情况,包括发票名称、发票开立人的名称与地址、发票号码、合同号码、发票开立的地点与日期、装运货物的船名、装运港、卸货港、收货人的名称、信用证号码等。

(2)本文部分。发票的本文(Body)部分,是指发票应列示的包括运输标志(Shipping Mark)、货物的描述及数量、规格、包装、单价、总金额、毛重与净重以及价格条件等内容。

(3)结文部分。发票的结文(Complementary Clause)部分主要是开立人的签字与盖章。在信用证结算方式中,签字人必须是信用证的受益人。

商业发票式样见表7-1。

表7-1 商业发票

**SHANGHAI FOREIGN TRADE CORP.**

**SHANGHAI, CHINA**

**COMMERCIAL INVOICE**

To:

Invoice No. : _____

Invoice Date: _____

S/C No. : _____

S/C Date: _____

From:

To: _____

Letter of Credit No. :

Issued By:

_____                    _____

| Marks and Numbers | Number and kind of package Description of goods | Quantity | Unit Price | Amount |
|---|---|---|---|---|
| | | | | |
| | | | | |

TOTAL:

SAY TOTAL:

（受益人签章）

【例7-1】商业发票制作实例

上海华联贸易有限公司与加拿大 TMN 公司成交了一笔出口交易,TMN 公司按期开来信用证的部分内容如下:

DOC. CREDIT NUMBER:2010/45687

APPLICANT: TMN CO. , VANCOUVER,CANADA

BENEFICIARY:SHANGHAI HUALIAN TRADING CORPORATION

57 HUAIHAI ROAD SHANGHAI,CHINA

AMOUNT CURRENCY:USD5 256. 00

AVALIABLE WITH/BY:FREELY NEGOTIABLE AT ANY BANK BY NEGOTIATION

LOADING IN CHARGE:CHINA

FOR TRANSPORT TO: VANCOUVER VIA HONGKONG

LATEST DATE OF SHIPMENT: 100131

DESCRIPTION OF GOODS:

2 920YDS OF 100PCS COTTON DENIM – 8 OZ – ROPE DYED INDIGO(CT – 121)

DOUBLE P/SHRUNK RESIDUAL AHRINKAGE NOT MORE THAN 3 – 4PCS 82 × 50/14S × 14S – WIDTH: 58/59'

AT USD1. 80/YD AS PER PURCHASE ORDER NO. FAB10 – 20100087/01 – 02, CIF VANCOUVER

DOCUMENTS REQUIRED: SIGNED COMMERCIAL INVOICE IN TRIPLICATE.

上海华联贸易有限公司根据信用证制作的商业发票如下:

---

SHANGHAI HUALIAN TRADING CORPORATION

57 HUAIHAI ROAD SHANGHAI, CHINA

INVOICE

TO: TMN CO. ,　　　　　INVOICE NO. : SHE01/7203

　　VANCOUVER, CANADA　DATE: JAN. 28 , 2010

　　　　　　　　　　　　　L/C NO. : 2007/45687

　　　　　　　　　　　　　P. O. NO. : FAB10 – 20100087/01 – 02

SHIPPED FROM SHANGHAI TO VANCOUVER VIA HONGKONG

MARKS&NOS.　　DESCRIPTION QUANTITY UNIT PRICE AMOUNT

GOLDTRON GARMENTS SDN BHD

PO NO. FAB10 – 20100087/01 – 02

COLOR: INDIGO

R/NO. : 1 – 4, 6 – 36

　　　　　　　2 920 YARDS USD1. 80/YARD USD5 256. 00

100PCS COTTON DENIM – 8 OZ – ROPE DYED INDIGO(CT – 121)

DOUBLE P/SHRUNK RESIDUAL AHRINKAGE NOT MORE THAN 3 – 4PCS 82 × 50/14S × 14S – WIDTH: 58/59'

AS PER PURCHASE ORDER NO. FAB10 – 20100087/01 – 02, CIF VANCOUVER

TOTAL: US DOLLARS FIVE THOUSAND TWO HUNDRED FIFTY SIX ONLY

SHANGHAI HUALIAN TRADING CORPORATION

57 HUAIHAI ROAD SHANGHAI, CHINA

(受益人签章)

E. & O. E.

---

2.商业发票的制作

出口商必须审慎地对待发票所列明的每个栏目,做到商业发票反映出的内容完整无缺、单证相符,具体如下:

(1)编号(Invoice No.)。由各公司统一编号。发票作为中心票据,其他票据的号码均可与此号码相一致。

(2)日期(Date)。商业发票的开立日期应早于其他的出口结汇单据(包装单据①除外),该日期主要视货物的筹备情况和信用证的规定而定。至于发票与信用证的关系,除非信用证另有规定,银行将接受出单日期早于信用证开立日期的单据,但该单据必须在信用证规定的期限内提交。可见,商业发票的日期可以早于开证日期,但不得迟于信用证的议付有效期。而且,由于发票开立后,还需要办理运输、保险、检验等有关事宜,因此,发票日期在可能的情况下应尽量提前,给其他单据的日期安排留出空间。

(3)合同号及信用证号(Contract No. and L/C No.)。参照合同和信用证缮制。

(4)收货人或抬头人(to…)。如属托收方式,收货人一般为合同的买方;如属信用证方式,按信用证规定填制,一般为信用证项下的开证申请人。如有地址应与信用证一致。

(5)运输工具及航线(from…to…per…):按实际情况填制,如货物系转运,转运地点也应明确表示。

【例7-2】Per S. S "Red Star" from Qingdao to London with transshipment at Rotterdam.

注意:起运地和目的地应明确、具体,不能笼统表示;发票上的起讫地应与提单上的一致。

【例7-3】信用证规定:From China/any Chinese Port to London,而实际装运将从青岛运往伦敦。填写时应打上具体的中国港口/内陆城市的名称,即 From Qingdao, China to London. 目的港也如此,需要填写具体港口名称。

(6)唛头及件数(Marks and Numbers)。一般要包括:客户名称缩写(如不用客户名称,可以发票号码/合同号码/订单号码代替)、目的港、件数。发票中的唛头应与提单上的唛头相一致;如来证规定唛头,可照来证缮制;如无唛头,可打上 N/M(No Mark)。

(7)商品描述(Description of Goods)。描述内容一般包括合同的几项主要条款,即数量条款、品质条款和包装条款。根据 UCP600,信用证支付方式下的发票对

---

① 由于货物要先经过包装再对外进行销售,因而包装单据的日期不宜迟于商业发票的开立日,多数出口企业习惯上将包装单据和商业发票同日开立。

货物描述应严格与信用证的描述一致。有时来证在有关货物内容引导词的引导下，还包括其他不属于这一类的内容，如有关价格、装运等条款。在制单时，应把这些内容分别填写在合适的栏目、单据中。如属托收方式的，发票对货物的描述内容可参照合同的规定结合实际情况进行填制。

【例7-4】2 000 dozen towels, article No. BB5-20 inch by 40 inch, packed in 20 cartons, as per contract No. 1234.

 案例

某信用证对货物的描述如下：7 000PCS OF 100% COTTON SHIRTS AT USD9.60 PER PCS AS PER CONTRACT NO. 07AB120 FOB QINGDAO。开证行收到单据后，经审核商业发票未注明 FOB QINGDAO，因此认为单证不符而拒绝付款。但受益人认为贸易术语并不是货物描述的一部分，而且其已经在提单上注明了"FREIGHT COLLECT"，表明贸易术语就是 FOB，因此单证是相符的，要求银行付款。请问开证行与受益人哪方有理？为什么？

【案例分析】

开证行有理。因为根据 UCP600，商业发票的货物描述必须与信用证相符合。FOB QINGDAO 的文字放在货物描述这一部分，因此被视为货物描述的一部分，需要在商业发票上予以说明以满足这一要求。由于受益人提交的商业发票未注明 FOB QINGDAO，银行有权把单据看作不符单据而拒绝接受。

（8）单价和总值（Unit Price and Total Amount）。这两个栏目应完整表示出单价的四个组成部分，即计价货币、单位价格金额、计量单位、贸易术语。货币名称、计量单位不能遗漏；发票的单价必须与信用证上的单价完全一致；发票金额不要超过信用证规定的最大金额。如有溢短装，可允许在浮动的限额之内增减；有扣除折扣的，应在此一并扣除；属于明佣的，也可在此扣除；来证要求注明 FOB 价格，或要求分别注明运费、保险费和 FOB 价格的，制作发票时应照办。

在既有折扣又有佣金的交易中，为保证单证一致，发票需要反映扣除佣金的全过程。我们应先扣除折扣，因为折扣部分不应支付佣金。发票金额的制作方法是：在总金额（单价×数量）中先扣除5%的折扣，得出毛净价，然后在此基础上再扣除5%的佣金，得出净价。

（9）包装内容（Packed in ...）。列明信用证中所表明的包装条款。

【例7-5】Total packed in 30 wooden cases of 500kg each.

除此之外,如果以件数计算价格的商品,发票只列出件数和包装条件,可以不填毛、净重,但以重量计价的商品,必须列明重量。另外,由于各国法令、习惯不一,来证要求在发票上注出"证明所制内容真实无误"或"本货系……生产"或注明"FOB 价格"、"运费价值"等,应一一照办。

在实际业务中,常出现一张发票中有多种货号的货物内容,要求在制作发票时,格式整齐。每一货号的货物内容和总数排列有序,应做到:横排是每一货号的货物内容,竖排是各货号货物内容的总和。

(10)声明文句及其他内容。主要是根据买方和信用证的要求,对一些特殊事项加以注明。如加注某些参考号、进口许可证号、生产厂家名称等;证明发票内容的正确与真实,注明货物产地、价值等;加注汇票出票条款等。

【例 7 – 6】"We hereby certify that the contents of invoice herein are true and correct."(兹证明发票中的内容是真实正确的)。"We hereby certify that the goods are of Chinese origin"(兹证明货物产于中国)。

注意:发票在本栏证明了本发票内容真实、正确时,必须将发票末端所印就的"E. & O. E."①划掉。

---

**知识链接**

### 出具发票的份数

出具发票的份数要符合信用证的规定。信用证对发票数量常见的表示方法有以下几种:

ONE INVOICE / INVOICE IN ONE COPY.需提交一份正本发票。

INVOICE IN 3 COPIES.需提交至少一份正本发票,其余可用副本发票。

ONE COPY OF INVOICE.需提交一份正本或副本发票均可。

---

### 三、商业发票的补充单据

商业发票的补充单据主要是包装单据。包装单据(Packing Documents)是指一切记载或描述商品包装情况的单据,是商业发票的附属单据,也是货运单据中的一项重要单据。其主要作用是补充商业发票的不足。

包装单据的种类很多,常见的有以下几种:装箱单(Packing List/Packing Slip,

---

① "E. & O. E."是"Errors and Omissions Excepted"的缩写,译为"有错当查",系指发票签发人事先声明,一旦发票有误,可以更正。"E. & O. E."与上述证明文句矛盾,必须划掉。

装箱单样本如表 7 - 2 所示);包装说明(Packing Specification);详细装箱单(Detail Packing List);包装提要(Packing Summary);重量单(Weight List/Weight Note);重量证书(Weight Certificate/Certificate of Weight);磅码单(Weight Memo);尺码单(Measurement List);花色搭配单(Assortment List)等。根据商品的不同和信用证要求的不同,出口商要提供适当的包装单据。

表 7 - 2　装箱单

| Issuer: | | 装箱单 Packing List | |
|---|---|---|---|
| To: | | Invoice No. | Date |
| Marks&No.；No. & Kind of Pkgs; description of Goods | Gross WT. kgs | Net WT. kgs. | Measts. M³ |
| | | | |

包装单并无固定的格式和内容,一般由出口商根据货物的种类和进口商的要求仿照商业发票的大体格式来制作。出口商制作的包装单格式不尽相同,但基本栏目内容相似,主要包括单据名称、编号、出单日期、货物名称、唛头、规格、件数、毛重与净重、签章等,有时还涉及包装材料、包装方式、包装规格等。

包装单的各项内容必须与其他单据一致,尤其是重量、件数或尺码等必须与提单一致,还要与实货相符。为了与发票保持一致,包装单、重量单、尺码单的号码应与发票上的相同;它们的日期与发票日期相同或略迟于发票日期,但不得早于发票日期;它们不表示收货人、价格和货物装运情况;货物的描述使用统称。

## 第三节　运输单据

运输单据是证明货物载运情况的单据,是当出口商将货物交给承运人办理装运时,由承运人签发给出口商的证明文件,证明货物已发运或已装上运输工具或已接受监管。由于运输方式不同,运输单据的种类有很多,如海运提单;航空运单;快邮和邮寄收据;铁路运单;多式联运单据;公路运单等。本节主要阐述海运提单。

## 一、海运提单

海运提单(Bill of Lading,B/L)(以下简称"提单",样本见表7-3)是海运时使用的运输单据,它是由承运人或其代理人根据运输合同签发给托运人的,表明接受特定的货物或货物已装上船并将经海洋运至目的地交给收货人的收据和物权凭证。收货人在目的港提取货物时,必须提交正本提单。提单是一种货物所有权凭证(Document of Title)。谁拥有提单,谁就拥有了货物。提单持有人可据以提取货物,也可凭此向银行押汇,还可在载货船舶到达目的港交货之前进行转让①。提单是承运人与托运人之间运输契约(合同)的证明。② 物权凭证、货物收据、运输合同的证明这三个基本功能就是提单在法律上的核心内容。

表7-3  海运提单样本

| (1) Shipper | | | COSCO | | |
|---|---|---|---|---|---|
| (2) Consignee | | | B/L No. (4) | | |
| (3) Notify Party | | | 中国远洋运输公司 CHINA OCEAN SHIPPING COMPANY | | |
| (5) Pre Carriage by | (6) Port of Receipt | | Cable:          Telex: | | |
| (7) Ocean Vessel | (8) Port of Loading | | COSCO BEIJING   22264CPCPK CN | | |
| (9) Port of Discharge | (10) Place Delivery | | GUANGZHOU   44080COSCA CN | | |
| | | | SHANGHAI  33057COSCO CN | | |
| (11) Container No. | (12) Seal No. Marks & Nos. | (13) No. of Containers or Pkgs. | (14) Kind of Packages; Description of Goods | (15) Gross Weight | (16) Measurement |
| (17) TOTAL NUMBER OF CONTAINERS OF PACKAGES (IN WORDS) | | | | | |

① 提单还是一种可以流通的有价证券,作为对价转让的标的物或贷款的抵押品,但提单的转让必须在承运人交货前才有效。提单持有人必须在货物运抵目的港一定时间内把货走走,过期不提,视为无主货物,承运人可对货物行使处置权。

② 提单本身并不是运输契约,由于运输契约是在装货前商订,而提单一般是在装货后签发的,因而提单只是运输契约的证明。

续表

| (18) Freight & Charges | (19) Revenue Tons | (20) Rate | (21) Per | (22) Prepaid | (23) Collect |
|---|---|---|---|---|---|
| (24) Ex. Rate | (25) Prepaid at | (27) Payable at | | (29) Place and Date of Issue | |
| | (26) Total Prepaid | (28) No. of Original B(s)/L | | Signed for the Carrier | |
| LADEN ON BOARD THE VESSEL<br>(30) Date:<br>(COSCO STANDARD FORM 07)<br>BY:COSCO SHANGHAI SHIPPING CO. ,LTD.<br>×××<br>(31) ENDORSEMENT: | | | | COSCO SHANGHAI SHIPPING CO. ,LTD.<br>×××<br><br>(32) COPIES | |

## (一)提单的种类

提单可按照不同的要求,从不同的角度进行分类。不同类型的提单,其适用范围也不相同。

第一,根据货物是否已装船,可分为已装船提单(Shipped on Board B/L)和备用提单(Received for Shipment B/L)。前者是指货物已装上船后签发的提单,而后者是指承运人已接管货物并准备装运时所签发的提单,所以又称收讫待运提单。在贸易合同中,买方一般要求卖方提供已装船提单。

第二,根据货物外表状况有无不良批注①,提单可分为清洁提单(Clean B/L)和不清洁提单(Unclean or Foul B/L)。在对外贸易中,银行为安全起见,在议付货款时均要求提供清洁提单。

第三,根据运输方式不同,提单可分为直达提单(Direct B/L)、转船提单(Transhipment B/L)、联运提单(Through B/L)和联合运输提单(Combined Transport B/L)等。直达提单是承运人签发的由起运港以船舶直接运达目的港的提单。起运港的载货船舶不直接驶往目的港,须在转船港换装另一船舶运达目的港时所签发的提单,称为转船提单。如果货物需经两段或两段以上运输运达目的港,而其中第一段是海运时,如海/陆、海/空联运或海/海联运所签发的提单,称为联运提单。联合运输提单是指使用两种或两种以上的运输方式,承运人在收到货物、装箱完毕后签发给托运人包括自起点至终点全程运输的提单。

第四,根据提单抬头不同,提单可分为记名提单(Straight B/L)、不记名提单

---

① 常用的不良批注有:a.货物表面有污渍,有漏损;b.包装标志不清;c.破残;d.短量。

（Bearer B/L）和指示提单（Order B/L）。

记名提单在收货人一栏内列明收货人名称，所以又称为收货人抬头提单，这种提单不能用背书方式转让，而货物只能交予列明的收货人。

不记名提单是在提单上不列明收货人名称的提单，谁持有提单，谁就可凭提单向承运人提取货物，承运人交货是凭单不凭人。

指示提单是指在提单收货人栏内填写"凭指定"或"凭某人指定"字样的提单。指示提单上不列明收货人，可凭背书进行转让，有利于资金的周转，在国际贸易中应用得较普遍。这种提单对收货人的规定采用"凭指定"或"凭某人指定"方式，但在"凭某人指定"时，须明确指定人。指示提单常见的收货方式有：①凭开证行指示（To Order of Issuing Bank）。此种提单须经银行背书方可转让给买方。②凭开证申请人指示（To Order of Applicant）。此种提单须经开证申请人背书才可转让。③凭托运人指示（To Order of Shipper）。这种提单等同于凭指示（To Order）提单，由托运人押汇时将提单背书转让给议付行，议付行以提单为担保品对托运人支付款项，并将提单转给开证行索偿垫付款，再由开证行转交给收货人。指示提单既转让方便，有一定的流通性，又比不记名提单的安全性强，所以这种提单是国际贸易中使用最为广泛的一种提单。

## ▌ 知识链接 ▌

### 提单背书

背书（Endorsement）是转让票据权利的一种书面手续。提单背书有空白背书和记名背书两种。空白背书是由背书人（即提单转让人）在提单背面签上背书人单位名称及负责人签章，但不注明被背书人的名称，也不需取得原提单签发人的认可。指示提单一经背书即可转让，意味着背书人确认该提单的所有权转让。记名背书除同空白背书一样须由背书人签章外，还要注明被背书人的名称。如被背书人再进行转让，必须再加背书。指示提单有凭托运人的指示、凭收货人的指示和凭进口方银行的指示等几种形式，分别需托运人、收货人或进口方银行背书后方可转让或提货。

第五，根据提单签发时间的不同，提单可分为倒签提单、预借提单、过期提单。

倒签提单是因实际装船日期迟于信用证规定的装船期限，卖方在来不及改证时，为了安全结汇，可能要求以出具"保函"的形式，由承运人倒签提单签发日期或装船日期，使之符合信用证的规定。倒签提单是一种既违约又违法的行为，在许多国家都被视为卖方和船方的共同欺诈，一经发现，承运人将不得不与托运人共同赔偿收货人因此而遭受的损失。因此,在实际业务中应尽量避免。

预借提单是因船舶延期抵港、备货拖延等原因引起船、货衔接不当,而信用证中规定的装运期、有效期已到,货物尚未装船完毕,在这种情况下,托运人为了及时结汇,要求承运人预先签发已装船提单,同时由托运人出具"保函",保证一旦发生因预借提单引起的买方索赔行为,卖方将承担一切风险责任的提单。预借提单既违约又违法,通常被视为欺诈行为,因而可能会给承运人带来许多不必要的麻烦,甚至是很大的损失,在实际业务中,应避免采用。

由于航线过短,银行传递单据的速度较慢,会出现货到单未到的情形,这时的提单就成为过期提单。银行对于这种由于客观原因造成的过期,将给予接受。但卖方迟于运输单据签发日期21天后向银行提交提单,银行将有权拒收,这种过期提单是无效的。

此外,提单还可分为全式提单和简式提单、运费预付提单和运费到付提单、正本提单和副本提单、租船合同下的提单、舱面提单等,这里不再一一列举。

### (二)提单的当事人、关系人及提单的签发

#### 1.提单的当事人、关系人

提单的当事人是承运人、托运人。在实际业务中,提单所涉及的主要关系人有收货人、提单持有人等。其中,承运人通常是与托运人签订运输合同、承担运输任务的航运公司;托运人是与承运人签订运输合同、送交所运送货物的人;收货人是有权提货的人,常常是买方。以上各方之间的权利、义务关系就构成了提单关系的主要内容。正本提单的合法持有人拥有对货物的请求权,承运人负有向正本提单的合法持有人交付货物的责任。

#### 2.提单的签发

提单应由承运人或其代理人签发,或者由船长或其代理人签发。承运人自身签署的要注明 as carrier;如果是代理人签署提单,则代理人须注明被代理人的名称和身份,标明 as agent for the carrier ×××。

签发时间一般要在货物装船以后凭场站收据签发,如果在装船前签发,就构成预借提单。对于直接签发船公司提单的货物,一般来说,在开船后1个工作日内货运代理人要与船公司联系领取提单事宜,确定提单份数和领取时间,收到提单后,应核对份数、格式、船名、航次提单号等是否正确,并根据船名、航次按委托单位分类登记,委托单位凭协议确认签章,登记签章后领取提单,并注明发放日期。

提单签发以后,有时会发生更改。更改时应注意下列事项:①应坚持谁签发谁更改的原则,未经承运人同意不得更改。②更改后应保持与其他单证相一致,确保单单相

符、单证相符。③对目的港、收货人、数量等重要项目的更改要特别慎重。如装运后要修改目的港,由于挂港次序问题,会造成倒箱费;如要更改收货人,应检查收货人是否已提货。

### (三)海运提单的主要内容

不同船公司设计的提单格式和内容不尽相同,但由于海运提单是物权凭证,直接牵涉各关系人的责任和权益,因而要求内容尽可能详尽明确,以避免或减少纠纷。完整的提单包括正面关于商品装运情况的记载和背面印就的运输条款。

#### 1. 由托运人填写的部分

由托运人填写的部分包括:托运人、收货人和被通知人的名称和地址,提单号码,船名,装运港和目的港,货物名称叙述,装船件数、毛重、体积,运输标志,包装方式,全套正本提单份数等。

#### 2. 由承运人或代理人填写的部分

由承运人或代理人填写的部分包括:运费交付情况、签发日期与地点、船公司的签章、船长或其代理人的签章等。

#### 3. 承运人或其代理人印定的部分

承运人或其代理人印定的部分是承运人对接受委托承运货物的若干代契约型的声明文字,主要包括:装船条款、内容不知悉条款、承认接受条款、签署条款。

提单背面印就的运输条款规定了承运人的义务、权利和责任的豁免,是承运人与托运人双方处理争议时的依据。根据 UCP600 规定,银行不审核这些条款。

### (四)提单正面的填写

提单正面填写主要应注意如下事项:

第一,托运人或发货人(Shipper)。托运人可以是货主,也可以是货主的代理人或货运代理人,信用证支付方式下一般为信用证中的受益人。托收支付方式下的提单发货人栏应按合同规定的卖方填制。

第二,收货人(Consignee)。本栏的填法,如是信用证支付方式下的提单,要严格按信用证规定办理;如是托收方式下的提单,本栏一般填"To order"或填"To order of shipper"均可,然后由发货人背书。信用证支付方式下如要求记名提单,则可填上具体的收货公司或收货人名称;如属指示提单,则填为"指示"(Order)或"凭指示"(To Order);如需在提单上列明指示人,则可根据不同要求,做成"凭托运人指示"(To Order of Shipper)、"凭收货人指示"(To Order of Consignee)或"凭银行指示"(To Order of ×× Bank);如为不记名式,即在本栏留空不填,或填入"To bearer"(来人抬头)。

填写栏应注意三点:①若填写 To Order 或 To Order of Shipper 等字样,表示指示提单,可转让,一般通过背书方转让给受让人;②若填写实际收货人,表示记名提单,不可以转让;③承运人不接受一票货物有两个或两个以上的收货人,如有,应填写第一收货人,第二收货人填在被通知人栏内。

【例7-7】已知一笔交易中,各有关当事人的名称为:

卖方:SHANGHAI KANGDA IMP. & EXP. CO. , LTD.;其贸易代理为 SHANGHAI PENCHEN IMP. & EXP. CO. ,LTD. ,货运代理为 SHANGHAI FUYUN FORWARDER CO.。

买方: SPORTARTIKELFABRIK KARL UHT GMBH;其货运代理为 WPP FORWARDER CO.。

请写出以下三种情况的托运人和收货人:(1)SHANGHAI KANGDA IMP. & EXP. CO. ,LTD. 直接托运给 SPORTARTIKELFABRIK KARL UHT GMBH;(2)SHANGHAI KANGDA IMP. & EXP. CO. , LTD. 通过其贸易代理直接托运给 SPORTARTIKELFABRIK KARL UHT GMBH;(3)买卖双方均通过其货运代理办理托运。

【解析】(1)托运人:SHANGHAI KANGDA IMP. & EXP. CO. , LTD.;收货人:SPORTARTIKELFABRIK KARL UHT GMBH。(2)托运人:SHANGHAI PENCHEN IMP. & EXP. CO. ,LTD.;收货人:SPORTARTIKELFABRIK KARL UHT GMBH。(3)托运人:SHANGHAI FUYUN FORWARDER CO.;收货人:WPP FORWARDER CO.。

第三,被通知人(Notify Party)。被通知人一般是收货人的代理人。在信用证项下,银行作为收货人而显示在提单上,这时的被通知人往往是实际收货人。如信用证上对提单被通知人有具体规定时,则必须严格按信用证要求填写。如果是记名提单或收货人指示提单,且收货人又有详细地址的,则此栏可以不填。如果是空白指示提单或托运人指示提单,则此栏必须填列被通知人名称及详细地址,否则船方就无法与收货人联系,收货人也不能及时报关提货。信用证规定的被通知人后如有"only"一词,提单亦应照打,不能省略。托收方式下的提单,本栏可按合同的买方名称填入。

第四,提单号码(B/L No.)。一般列在提单右上角,以便于工作联系和查核。发货人向收货人发送装船通知(Shipment Advice)时,也要列明船名和提单号码。

第五,船名(Name of Vessel)。本栏填实际船名,如系班轮有航次号者应注明航次号。

第六,装货港(Port of Loading)。发货地不一定是装货港,本栏应填实际起运港的具体名称,且必须符合信用证和合同的规定。

第七，卸货港（Port of Discharge）。本栏填列货物实际卸下的最终港口名称。如属转船，第一程提单上的卸货港填转船港，收货人填二程船公司；第二程提单装货港填上述转船港，卸货港填最后目的港，如由第一程船公司出联运提单（Through B/L），则卸货港即可填最后目的港，并在提单上列明第一和第二程船名。如经某港转运，要显示"via ××"字样。在运用集装箱运输方式时，目前使用"联合运输提单"（Combined Transport B/L）的，提单上除列明装货港、卸货港外，还要列明"收货地"（Place of Receipt）、"交货地"（Place of Delivery）以及"第一程运输工具"（Pre－carriage by）、"海运船名和航次"（Ocean Vessel, Voy No.）。填写卸货港，还要注意同名港口问题，如属选择港提单，要在此栏中注明。

第八，货名（Description of Goods）。在信用证项下货名必须与信用证上规定的货名一致。

第九，件数和包装种类（Number and Kind of Packages）。本栏主要填包装数量和包装单位。如果提单项下商品的包装单位不仅一种时，应分别表示。如250箱，其中包括100木箱和150纸箱，可表示如下：

100 wooden cases

150 cartons

250 packages

如上述多种包装单位分别表示时，则毛重和尺码栏亦应分别表示。

如是散装货无件数时，本栏可表示"in bulk"（散装）。

第十，唛头（Shipping Marks）。信用证有规定的，必须按规定填列，否则可按发票上的唛头填列。

第十一，毛重、尺码（Gross Weight, Measurement）。除信用证另有规定者外，一般以公斤为单位列出货物的毛重，以立方米列出货物的体积，小数点以后保留三位。若裸装货物没有毛重，只有净重时，在净重前加注："N. W."（Net Weight）。提单的重量应与其他单据的重量一致。

第十二，运费和费用（Freight and Charges）。一般为预付（Freight Prepaid）或到付（Freight Collect）。如CIF或CFR出口，一般应填上运费预付字样，千万不可漏列，否则收货人会因运费问题提不到货，虽可查清情况，但拖延提货时间也将造成损失。如系FOB出口，则可填上"运费到付"字样，除非收货人委托发货人垫付运费。

第十三，提单的签发、日期和份数。提单必须由承运人或船长或他们的代理签发，并应明确表明签发人身份。一般表示方法有"Carrier"，"Captain"或"As

Agent for the Carrier：×××"等。提单份数一般按信用证要求出具,如"Full Set of",一般理解成三份正本和若干份副本,当其中一份正本完成提货任务后,其余各份失效。提单还是结汇的必需单据,特别是在跟单信用证结汇时,银行要求所提供的单证必须一致,因此提单上所签的日期必须与信用证或合同上所要求的最后装船期一致或先于装船期。如果卖方估计货物无法在信用证装船期前装上船,应尽早通知买方,要求修改信用证,而不应利用"倒签提单"、"预借提单"等欺诈行为取得货款。

第十四,签单地点和日期(Place and Date of Issue)。签单地点就是承运人经营业务所在的地点,一般承运人多数在装运港设有代理人,所以签单地点多数是承运人接管货物或装运的地点。

**二、其他运输单据**

由于运输方式不同,运输单据的种类也不同,除海运提单外,其他常用的运输单据如下。

**(一)航空运单**

航空运单(Air Waybill)是空运承运人与托运人订立的民用航空货运凭证。它具有货物收据、运输合约、运费账单、报关依据以及承运人内部业务往来依据等作用,但不是物权凭证,只能做成记名收货人抬头,不能背书转让。航空运单正面载有航线、日期、货物名称、数量、包装、价值、收货人名称与地址、发货人名称与地址、运杂费等项目,背面则印有规定托运人和承运人双方各自责任、权利和义务等内容的规章条款。我国国际航空运单由一式12联组成,包括3联正本、6联副本和3联额外副本。3联正本中:第一联正本交给货主;第二联承运人(航空公司)留存,为运费账单和发票,作为各方费用结算的凭证;第三联注有"Original for the Consignee"字样,作为随机单据,到目的地后交收货人,作为核收货物的依据。航空运单签发日期不能超过交单的限期,否则会违反信用证的规定①。

**(二)铁路运单**

铁路运单(Rail Waybill)是国际铁路运输中使用的单据,是由铁路承运人或其代理人签发的证明托运人与承运人运输合约的凭证。铁路运输与其他方式比较,具有运量大、速度快、受气候自然条件影响小、安全可靠、运输成本低等优点,因此,

---

① UCP600规定,航空运单只有在特别要求实际发运日期时,才以运单批注的发运日期为装运日期,否则均以签发日期作为装运日期。

使货物全程通过铁路到达最后目的地的数量日益增多。铁路运单只是运输合约的证明和货物收据,不是物权凭证,同航空运单一样,一律记名,不得转让。

### (三)公路运单

公路运单(Road Waybill)是利用汽车运输时,由承运人或代理人签发的,作为收到货物的收据和运输合同的证明。汽车运输主要用于货物的集港和疏港运输、边境公路的过境运输等,具有灵活、简便、快捷、直达的特点,能深入偏远的地区;但运量有限,费用较高。

### (四)邮包收据和快邮收据

邮包收据和快邮收据(Post Parcel Receipt and Courier Receipt)是货物采取邮包运输方式邮寄时,邮局或快递公司出具的货物收据或邮寄证明。它由寄件人填写寄、收件人的名称及地址,寄件物体名称及价值等内容。邮局核实重量并收费后,予以签发。国际邮寄业务手续简便,但货物的数量、重量、尺码等受邮袋和邮局承运能力的限制,所以只适用于寄送少量的小件物品。邮包收据和快邮收据一律做成记名抬头,只能由指定收件人领取,因此,它只是邮件收据和合同证明,不是物权凭证,不能转让。

### (五)多式联运单据

多式联运单据(Multimodal Transport Document)是在货物的运输过程中使用一种以上的运输工具,由联运经营人签发的证明多式联运合同以及证明联运经营人接管货物并按合同条款妥善交付货物的单据,又叫联合运输单据(Combined Transport Document)。

多式联运是随集装箱运输的推广而发展起来的一种综合运输方式。签发此单据的人叫联运经营人。该人一般不掌握运输工具,他一方面以承运人身份向货主揽货,另一方面又以托运人的身份向实际承运人托运。对托运人来说,他是总承运人,负责完成全程运输并负责赔偿货物在运输过程中发生的灭失和损坏。所以多式联运单据可以概括为"五个一":

- 一张单据,即全程运输只要一份运输单据。
- 一人签发,即单据只需有多式联运经营人签发,而不需每个承运人签发。
- 一个多式联运航程,尽管使用几种运输工具,但只作为一个航程对待。
- 一人负责整个航程的完成,即联合运输经营人负责自收货地到交货地的运输。
- 一人负责灭失与损坏,即由联合运输经营人负责货物在运输过程中的灭失与损坏。

多式联运单据分为可转让的和不可转让的两种。前者像提单一样做成指示式,通过背书交付来完成转让手续;后者必须列明收货人,收货人不能转让单据。

多式联运单据一般包括以下 15 项内容:货物品类、标志、危险特征的声明、包数或者件数、重量;货物的外表状况;多式联运经营人的名称与主要营业地;托运人名称;收货人名称;多式联运经营人接管货物的时间、地点;交货地点;交货日期或者期间;多式联运单据可转让或者不可转让的声明;多式联运单据签发的时间、地点;多式联运经营人或其授权人的签字;每种运输方式的运费、用于支付的货币、运费由收货人支付的声明等;航线、运输方式和转运地点;关于多式联运遵守公约的规定的声明;双方商定的其他事项。以上一项或者多项内容的缺乏,不影响单据作为多式联运单据的性质。

# 第四节　保险单据

国际货物买卖合同签订后,根据相关贸易术语,买卖双方要对货物的运输与货运保险作出安排。这里所说的保险是指货物运输保险。国际货物运输保险是以国际货物运输过程中的各种货物作为保险标的的保险,是投保人为了规避自然灾害和意外事故风险而采取的一种经济措施。具体来说,国际货物运输保险,是指被保险人(Insured)就其货物按一定的金额和险别向保险人亦称保险公司或承保人(Insurer)提出投保申请,经保险人同意后,保险人便按投保金额和投保险别的费率收取保险费,并出具保险单证,事后,如所保货物在运输过程中遭受保险责任范围内的损失,享有保险利益的单证持有人即可向保险人要求赔偿的行为或制度安排。

国际货物运输保险依运输方式的不同,可以分为海上、陆路、航空、邮政货物运输保险等。由于国际货物大都通过海洋运输,所以,本节主要阐述海上运输保险单据。

## 一、保险单据的种类与作用

### (一)保险单据的种类

保险单据主要有暂保单、保险单、保险凭证。

1. 暂保单

暂保单(Cover Note)是指在保险单发出以前出立给投保人的一种临时保险凭证,它是一种非正式的单据。按保险惯例,暂保单一般由保险代理人签发,表示保险代理人已经按投保人的要求及所列的事项办理了保险手续,等待保险人出立正式的保险单。暂保单在保险单正式出立以前使用,具有和保险单同等的效力。保险单一经出立,则暂保单的效力归并到保险单中。暂保单的使用一般有时间限制,只在规定的时间内有效。UCP600 规定,除非信用证特别授权,保险经纪人出立的暂保单银行不予接受。

2. 保险单

保险单(Insurance Policy)简称保单,是保险人出立的关于保险合同的正式书面凭证。保险单由保险人签发并交给投保人。保险单的内容应包括保险合同的全部条款。信用证要求出具保险凭证而非保险单时,银行也可接受保险单。

---

**知识链接**

### 预约保险单和总括保险单

预约保险单(Open Policy/Cover),是保险人与被保险人双方就一定业务范围签订的长期性的保险合同,一般只列明承保货物的范围、险别、费率,但没有总保险金额。每批货物装运的详细情况由被保险人向保险人申报,只要货物属于预保的范围,保险人将自动予以承保并签发保险凭证。

总括保险单(Blanket Policy),又称概保单,是保险人对被保险人承保一定时期内多批货物运输的保险单据。各批货物启运时,被保险人不必逐笔向保险人发出装运通知,只在保险单内规定装运货物的总名称、大约金额、投保险别、船舶起止港口。各批货物的详细情况可以补行通知,保险费用可在一定时期内进行结算。

---

3. 保险凭证

保险凭证(Insurance Certificate)是由保险人签发交给投保人业已表明保险合同生效的证明文件。保险凭证是保险单的简化形式[①],与保险单有同等的效力。但若保险凭证的内容不详或与保险单的内容不一致时,以保险单规定的内容为准。保险凭证可以单独使用,也可以与保险单并用。但如果信用证要求保险单时,银行不能接受保险凭证,因为它缺乏完整的独立性。

(二)保险单据的主要作用

作为一种书面证明文件,保险单据主要有以下作用:

一是保险人对保险单据所列的货物在其所负责的时间和范围内,承担货物灭失和损害的赔偿责任的凭证。

二是保险人与被保险人签订的保险契约。它是保险人在接受被保险人的"投保单"或"投保申请书"后签署的承诺文件,是合格的保险合同证明。虽然按照保

---

① 实践中的简化形式还有承保证明(Risk Note)。承保证明又叫联合发票,是一种比保险凭证更简单的单据。它只是在出口商的商业发票上加章注明承保的金额、险别及编号,而不另出具保险单据。

险业的惯例,只要保险人在投保单或投保申请书上签了字,保险合同关系就告成立,但根据法律规定,投保单并不具有合同的法律效力,因此,在办理保险时,保险人必须签发保险单。

三是被保险人向保险人要求赔偿的凭证和依据。当保险标的物出险时,被保险人有权根据保险单据的规定要求赔偿,保险单据是赔偿权的证明文件。

### 二、保险单的主要内容

保险单的全部内容包括正反两面。反面是印就的保险条款,说明保险人与被保险人的权利义务。正面内容要由保险人根据每一笔保险的具体情况填写,主要有:保险人和被保险人名称、保险标的、保险金额、保费和费率、运输工具的名称和开航日期、运输起止点、承包的险别、检验或理赔代理、赔付地点、出单日期和地点、保险人签字盖章、发票号码和保险单号码等。

保险单样本如表7-4所示。

**表7-4 中国人民保险公司保险单样本**

中国人民保险公司
THE PEOPLE'S INSURANCE COMPANY OF CHINA

总公司设于北京 一九四九年创立
Head office：BEIJING Established in 1949

**保 险 单** 保险单号次
INSURANCE POLICY POLICY NO.

中国人民保险公司（以下简称本公司）
THIS POLICY OF INSURANCE WITNESSES THAT THE PEOPLE'S INSURANCE COMPANY OF CHINA (HEREINAFTER CALLED "THE COMPANY")

根据
AT THE REQUEST OF(1)

（以下简称被保险人）的要求,由被保险人向本公司缴付约
(HEREINAFTER CALLED "THE INSURED") AND IN CONSIDERATION OF THE AGREED PREMIUM PAID TO THE COMPANY BY THE

定的保险,按照本保险单承保险别和背面所载条款以及下列
INSURED UNDERTAKES TO INSURE THE UNDER MENTIONED GOODS IN TRANSPORTATION SUBJECT TO THE CONDITIONS OF THIS POLICY

条款承保下述货物运输保险,特立本保险单

AS PER THE CLAUSES PRINTED OVERLEAF AND OTHER SPECIAL CLAUSES
ATTACHED HEREON

| (2)标记<br>MARKS & NOS | (3)包装及数量<br>QUANTITY | (4)保险货物项目<br>DESCRIPTION OF<br>GOODS | (5)保险金额<br>AMOUNT INSURED |
|---|---|---|---|
|  |  |  |  |

(6)总保险金额:

TOTAL AMOUNT INSURED:

(7)保费　　　　　(8)费率　　　(9)装载运输工具

PREMIUM　　　　RATE　　　PER CONVEYANCE SS.

(10)开航日期　　　　　　(11)自　　　　(12)至

SLG ON OR ABT.　　　　FROM　　　TO

(13)承保险别:

(14)CONDITIONS

所保货物,如遇出险,本公司凭本保险单及其他有关证件给付赔款。

CLAIMS, IF ANY, PAYABLE ON SURRENDER OF THIS POLICY TO GETHER WITH OTHER
RELEVANT DOCUMENTS

所保货物,如发生本保险单项下负责赔偿的损失或事故,

IN THE EVENT OF ACCIDENT WHEREBY LOSS OR DAMAGE MAY RESULT IN A CLAIM
UNDER THIS POLICY IMMEDIATE NOTICE

应立即通知本公司下述代理人查勘。

APPLYING FOR SURVEY MUST BE GIVEN TO THE COMPANY'S AGENT AS MENTIONED
HEREUNDER:

中国人民保险公司上海分公司

THE PEOPLE'S INSURANCE CO. OF CHINA

SHANGHAI BRANCH

**General Manager**

(15)赔款偿付地点　　　　　上海

CLAIM PAYABLE AT/IN　　SHANGHAI

(16)日期

DATE:

(17)保单背书

下面就保险单的主要项目阐述如下:

被保险人名称(Insured):如果是信用证业务,与信用证受益人一致。

保险人名称(Insurer):主要指承保的保险公司名称,应与信用证要求符合。

标记(Marks and Nos.)、包装及数量(Quantity)、保险货物项目(Description of goods)栏目的填写内容与提单一致。

保险金额(Amount insured)和保险总金额(Total amount insured):保险金额一般是按发票金额加一成(即110%的发票金额)填写,保险总金额这一栏填入保险金额的合计大写。

保险费和保险费率(Premium,Rate):投保费为投保金额与保费率之积,一般只注明"As Arranged"(按照约定)即可。

装载工具(Per Conveyance S.S):如实填写装载船的船名,与提单一致。直达海运写明船名及航次,出单时若船名未定,可填:"TO BE DECLARED"(待告)。如投保时已明确需要在中途转船,第一程船名后加填第二程船名,若第二程船名未加,则以"AND/OR STEAMERS"表示。其他运输工具照实填写。

开航日期(Slg on or ABT):与提单一致,海运填"As Per B/L";陆运填"As Per Cargo Receipt";空运填"As Per Airway Bill"。

起讫地点(From...To...):采用海运运输而到内陆目的地的,必须表明卸货港;陆空邮运,可直接标明起运地和目的地。

承保险别(Conditions):对于保险险别,开证申请人(进口商)一般会向开证行发出完整明确的指示。出口商要根据信用证的规定,确定投保《中国保险条款》(CIC)的险别或英国伦敦《协会货物条款》(Institute Cargo Clause,ICC)的险别。《中国保险条款》(CIC)海洋运输货物保险险别分基本险、附加险及专门险三类,如图7-2所示。英国伦敦《协会货物条款》的三个基本险为 ICC(A),ICC(B)和ICC(C)。

正本份数(The Original):保险人在此处的声明需注明正本份数。按 UCP600 的规定,如果保险单据表明签发的正本超过一份,除非信用证另有规定,必须提交所有的正本。

赔付地点(Claim payable at):如果信用证有规定,则按规定填写,如"Claim payable at Hamburg in US Dollars"。一般填写保险单上所载明的目的港。

保险签发日期(Date):这是保险人(公司)开始对承保货物承担保险责任的日期。保险手续应在货物离开出口仓库前办理。出口货物保险单的签发日期一般不得晚于提单日期,除非保险公司在保险单上注明:"保险责任最迟至货物装船或发运和接受监督之日生效"。

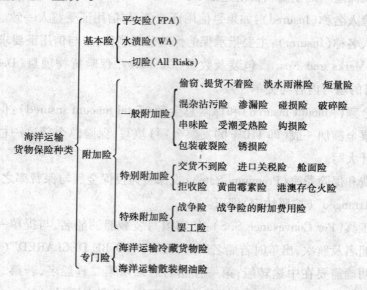

**图7-2　CIC海洋运输货物保险种类**

保险单签署人(General manager)：这是指保险单据必须有保险公司或承包人或其代理人签字或以其他方式证实。

保单背书：在CIF或CIP贸易条件下，投保人即卖方，但发生货损时，实际索赔的权益是买方，所以保险单以卖方为被保险人时，卖方要在保险单的背面签字盖章进行背书，以表示被保险索赔的权益转让给保险单的持有人，同时受让人负担被保险人的义务。

# 第五节　官方单据

有些国家的政府根据法令或需要，对进出口货物所要求的必须缴验的单证统称为官方单据或政府单据。它主要包括进/出口许可证、海关发票、领事发票、产地证及商品检验证书等。

## 一、进口许可证

进口许可证(Import License)，是国家有关当局批准的商品可以进口的证明文件。国家对某些商品禁止进口或控制进口时，常规定没有进口许可证不得进口。其内容包括证号、进口商品的国别、货物名称、数量、金额及有效期限等。其作用一是限制某种商品的进口，以保护民族经济；二是作为海关入境的凭证；同时也是进口国银行开立信用证的依据。

## 二、出口许可证

出口许可证(Export License),是国家有关当局批准的商品可以出口的证明文件。对进口国有配额限制的商品、控制出口或不准出口的商品,均须申请出口许可证才能装船出口。出口许可证的使用可以控制国内供应不足的一些商品的出口或生产所需原材料的出口;可以有计划地分配市场,以防止某种商品的出口总量超过对方国家的市场容纳量;它也是出口国海关放行、进口国海关入境的凭证;有时还兼作海关发票。

## 三、海关发票

海关发票(Customs Invoice),又称估价和原产地联合证明书、按照某国海关法规的证明发票,是进口国海关制定的一种固定的发票格式,要求出口方填制,供进口方凭以报关纳税之用。

各国海关发票的格式各不相同,但其内容的共同点是突出了证明申报进口货物的原产地以及货物的详细价格构成,故海关发票包含关于货物价格、费用的细目。

海关发票主要是作为估价完税或征收差别待遇关税、反倾销税的依据,还可作为统计之用。所以海关发票的作用相似于领事发票,但在签发手续上有所不同:①海关发票可以由出口国按进口国制定的格式自行印刷,而领事发票若不是采取由领事在商业发票上签证的方式,则必须由出口商向进口国大使馆、领事馆领取固定格式的发票;②海关发票由出口商即受益人签字发出,有时要求其他个人签字见证,出口商不需支付费用;领事发票应由出口商向进口国领事馆申请,由其领事签证发出,出口商必须支付费用。

## 四、领事发票

领事发票(Consular Invoice),又称为领事签证发票。有些国家规定,外国向这些国家出口商品时,必须取得并提供进口国在出口国或其邻近地区的领事签证的发票作为货运单据的一部分,交进口商凭以办理报关等手续。有些国家为此专门制作了固定格式的领事发票。有些国家则规定由其领事在普通商业发票上加以签证。还有些国家则不仅要求领事签证发票,而且还要求领事签证提单。这些签证都是要收费的。

领事发票的主要作用是：①代替产地证书，以核定产品的原产地，并据以对不同来源的商品实行差别关税待遇；②代替进口许可证，对没有领事发票的进口商品课以较高的税率，或禁止进口；③通过领事签证核查该商品出口价格，防止商品倾销；④通过对签证发票收取费用可以增加使领馆收入。

### 五、原产地证明书

原产地证明书（Certificate of Origin），简称产地证，是证明交易货物的生产地或制造地，作为进口国给予出口国配额或优惠关税待遇的凭证。在交易双方商定以产地作为商品品质标准时，又是交货品质的证明。

原产地证明书是商品进入国际贸易领域的"经济国籍"，是进口国对货物确定税率待遇、进行贸易统计、实行数量限制（如配额、许可证等）和控制从特定国家进口（如反倾销税、反补贴税）的主要依据之一。原产地证明书一般有三大类：第一类是普惠制原产地证明书（GSP Certificate of Origin，样本见表7-5）；第二类是一般原产地证明书（Certificate of Origin，C/O）；第三类是某些专业性原产地证明书，如纺织品产地证（Certificate of Origin Textile Product）。

表7-5　普惠制产地证

| (1) goods consigned from ( Exporter's business name, address, Country). | Reference No..<br>GENERAL SISTEM OF PREFERENCES CERTIFICATE OF ORIGIN<br><br>( Combined declaration and certificate)<br><br>**Form A**<br>Issued in THE PEOPLE'S REPUBLIC OF CHINA | | | |
| (2) Goods consigned to ( consignee's name, address, country) | (Country)<br>See Notes overleaf | | | |
| (3) Means of transport and route( as far as known) | (4) For official use | | | |
| (5) Item number | (6) Marks and numbers of packages | (7) Number and kind of packages: description of goods | (8) Origin criterion (see notes overleaf) | (9) Gross weight or other quantity | (10) Number and date of invoice |

| (11) Certification | (12) Declaration by the exporter |
|---|---|
|     It is hereby certified on the basis of control carried out, that the declaration by the exporter is correct. |     The undersigned hereby declares that the above details and statements are correct; that all the goods were produced in |
| | （country） And that they comply with the original requirements specified for those goods in the Generalized System of Preferences for goods exported to |
| | （Importing country） |
| （OFFICIAL STAMP）<br>Place and date, signature stamp of certifying authority | Place and date, signature of authorized signatory |

    从各国的实践来看,原产地证明书一般可由各国的官方机构、商会出具,也有出口商和厂商自行出具的情况。中国国际贸易促进委员会是我国原产地证明书的官方机构。

    根据我国有关规定,出口企业最迟于货物出运前3天,持签证机构规定的正本文件,向签证机构申请办理原产地证书。而原产地证明的签发日期一般应在出运日期前。

### 六、商品检验证书

    商品检验证书(Inspection Certificate)是指由有检验资格的人对货物进行检验后出具的说明货物符合某种标准的证明文件。商品检验证书的种类很多,在实际进出口商品交易中,应在检验条款中规定检验证书的类别及其商品检验的要求。

    商品检验证书是国际结算中重要的商品单据之一,用以证明出口方的履约,或作为进口方提出索赔的依据。

### (一)签发机构

    常见的商品检验证书签发机构有三类:

    一是政府设立的商品检验机构或者由经政府注册的、独立的、第三者身份的鉴定机构。这类机构既执行法定检验,又接受公证检验和委托检验,是商品检验证书最主要、最常见的签发者。

二是商品制造厂商。大型企业为了保证产品的品质,树立和维护自身的良好形象,提高产品的竞争力和市场占有率,都专门建有检验部门,用完善的检验设备和技术对产品进行严格检验。它们签发的商品检验证书被称为"厂商检验证明书"。

三是同业公会、协会或个人开设的公证行或公证人。

## (二)证书种类

常见的商品检验证书有下列几种:品质检验证书、数量检验证书、卫生检验证书、兽医检验证书、重量检验证书、消毒检验证书、分析检验证书、植物检验证书、产地检验证书等。

出口货物的检验检疫手续应在出口报关前办理,所以出口商检证书的签发日期应早于报关单日期。

## 个案分析与操作演练

1. 某信用证对货物的描述如下:7 000PCS OF 100% COTTON SHIRTS AT USD 9.60 PER PCS AS PER CONTRACT NO.07AB120 FOB QINGDAO。开证行收到单据后,经审核认为,商业发票未注明 FOB QINGDAO,因此认为单证不符而拒绝付款。但受益人认为,贸易术语并不是货物描述的一部分,而且其已经在提单上注明了"FREIGHT COLLECT",表明贸易术语就是 FOB,因此单证是相符的,要求银行付款。请问:开证行与受益人哪方有理? 为什么?

2. 我国某出口公司先后与伦敦 B 公司和瑞士 S 公司签订两个出售农产品合同,共计 3 500 长吨,价值 8.275 万英镑。装运期为当年 12 月至次年 1 月。但由于原定的装货船舶出故障,只能改装另一艘外轮,至使货物到 2 月 11 日才装船完毕。在我方公司的请求下,外轮代理公司将提单的日期改为 1 月 31 日。货物到达鹿特丹后,买方对装货日期提出异议,要求我方公司提供 1 月份装船证明。我方公司坚持提单是正常的,无需提供证明。结果买方聘请律师上货船查阅船长的船行日志,证明提单日期是伪造的,立即凭律师拍摄的证据,向当地法院控告并由法院发出通知扣留该船。经过 4 个月的协商,最后我方赔款 2.09 万英镑,买方才撤回上诉而结案。请问你对此案如何分析?

3. 我国 A 公司向加拿大 B 公司以 CIF 术语出口一批货物,合同规定 4 月份装运。B 公司于 4 月 10 日开来不可撤销信用证。此证按 UCP600 规定办理。证内规定:装运期不得晚于 4 月 15 日。此时我方已来不及办理租船订舱,立即要求 B 公司将装运期延至 5 月 15 日。随后 B 公司来电称:同意展延船期,有效期也顺延一个月。我国 A 公司于 5 月 10 日装船,提单签发日 5 月 10 日,并于 5 月 14 日将全套符合信用证规定的单据交银行办议付。试问:我国 A 公司能否顺利结汇? 为什么?

4. 中国甲电子公司从日本购进一批电路板,银行 A 为甲开立了一份不可撤销的信用证。货物装船后,航运公司 B 在签发了正本提单情况下,向航运公司 B 代理人出具保函,办理提货手续。银行 A 按 UCP600 的规定将货款支付给日本卖方通知行,但甲没向银行 A 付款赎单,于是,银行 A 以航运公司 B 无正本提单交货为由提起诉讼。被告认为,甲方已向其出具保函,原告应向甲追索信用证下款项,而不应起诉被告。问题:(1)提单的法律性质如何? (2)被告应否承担无正本提单交货的责任? (3)被告能否以甲方出具的保函对抗原告的诉讼?

5. 我国 A 公司向巴基斯坦 B 公司以 CIF 条件出口货物一批。国外来证中单据条款规定:"商业发票一式两份;全套 (full set) 清洁已装船提单,注明'运费预付',做成指示抬头空白背书;保险单一式两份,根据中国人民保险公司 1981 年 1 月 1 日海洋运输货物保险条款投保一切险和战争险。"信用证内并注明"按 UCP600 办理"。A 公司在信用证规定的装运期限内将货物装上船,并于到期日前向议付行交单议付,议付行随即向开证行寄单索偿。开证行收到单据后,来电表示拒绝付款,其理由是单证有下列不符:(1)商业发票上没有受益人的签字;(2)正本提单是以一份组成,不符合全套要求;(3)保险单上的保险金额与发票金额相等,因此投保金额不足。问题:请分析开证行单证不符的理由是否成立? 并说明理由。

6. 某公司自德国进口一批化学品,所开出的信用证中规定以青岛为目的港,但由开证行转来的单据中发现下列各点:装箱单不是由信用证受益人签发的,而是由包装公司签发的;集装箱提单指示的目的港是大连港,而不是青岛或青岛附近的集装箱堆积场;发票和装箱单在一起;提单上的被通知人不正确;提单上的重量大于集装箱单上的重量。请问:进口商欲以以上各点拒付有无道理?

7. 信用证中的有关条款如下:

Currency Code Amount:about USD12 400, less 5% commission and 5% allowance (dis.)

Transshipment:NOT ALLOWED

Transportation to RUSSIAN SEA

Description of Goods or Services:

PORCELAIN POT AS PER SALES CONTRACT NO. TH07/1688 DATED JUN.

12,2008

　　6－1/2"DAI×6－1/2"H PORCELAIN FLOWER WHITE POT 4 000PCS
AT USD3.10 PER PCS CIF RUSSIAN SEA

请制作商业发票的金额栏。

　　8.我国长城有限公司（GREAT WALL CO.,LTD.,NO.1 OF CHANG AN
AVENUE,BEIJING,CHINA）与西班牙 AAA 公司（AAA COMPANY,NO.5 OF SMITH
STREET,BARCELONA, SPAIN）签订一份出口 T 恤（T－SHIRTS）的合同,合同号:
CC0718R。开证行开来信用证,号码是:1207N10028。信用证的最晚装运日期是
2010 年 9 月 5 日,有效期至 2010 年 9 月 20 日。有关的信用证条款如下:

　　:45/DESCRIPTION OF GOODS/SERVICES:

T－SHIRTS

　　:46/DOCUMENTS REQUIRED

　　+ GENERALIZED SYSTEM OF PREFERENCES CERTIFICATE OF ORIGIN
ISSUED BY COMPETENT AUTHORITY IN ONE ORIGINAL PLUS TWO COPIES.

　　长城有限公司 2010 年 9 月 1 日开票号为 2010/F202 的发票,将该货物由天津
装船发往 BARCELONA,于 9 月 5 日装船完毕,取得提单。货物明细如下:

　　毛重:8 000KGS,装 1 000CARTONS,货装 S.S.VICTORY V.146E 轮,唛头:无。

　　长城有限公司 2010 年 9 月 1 日申请普惠制产地证,签发机构 9 月 2 日签发。
请根据普惠制产地证 Form A 的格式（表 7－5）填制普惠制产地证。

　　9.操作题:

　　合同号:TPR10056

　　信用证规定的交货期:不晚于 5 月 30 日

　　信用证有效期:6 月 15 日

　　出口单据的签发日期如下:

| 单据名称 | 签发日期 | 单据名称 | 签发日期 |
|---|---|---|---|
| 出口货物许可证 | 5 月 30 日 | 出口商检证书 | 5 月 31 日 |
| 商业发票 | 5 月 31 日 | 出口货物保险单 | 6 月 1 日 |
| 装箱单 | 5 月 23 日 | 直达海运提单 | 5 月 31 日 |
| 商业汇票 | 5 月 23 日 | 出口货物报关单 | 5 月 31 日 |
| 原产地证明 | 5 月 31 日 | 装船通知 | 5 月 31 日 |

　　根据上述资料和惯例,改正你认为有错误的单据签发日期。

**复习思考题**

1. 名词解释:单据、海运提单、商业发票、保险单、海关发票、进口许可证、原产地证。

2. 简述单据的作用。

3. 国际结算中的基本单据和附属单据都有哪些?

4. 商业发票的主要内容包括什么?

5. 海运提单可分为哪几种类型?

6. 保险单据可分为哪几种类型?

7. 什么是官方单据? 它主要包括哪些?

8. 简述制作单据的"三一致"和"五要求"。

# 【个案分析与操作演练】参考答案

## 第一章

1. 答:CHIPS 是一个贷记清算系统,ABA 号码是参加 CHIPS 的银行所具有的美国银行公会号码,是参加 CHIPS 清算所的代号。每个 CHIPS 会员银行所属客户在该行开立的账户,由清算所发给通用认证号码(Universal Identification Number),即 UID 号码,作为收款人或收款行的代号。凡通过 CHIPS 支付和收款的双方必须都是 CHIPS 会员银行,才能通过 CHIPS 直接清算。通过 CHIPS 的每笔收付均由付款一方开始进行,即由付款一方的 CHIPS 会员银行主动通过其 CHIPS 终端机发出付款指示,注明账户行 ABA 号码和收款行 UID 号码,经 CHIPS 电脑中心传递给另一家 CHIPS 会员银行,收在其客户的账户上。本案中,B 银行收妥款项,通过 CHIPS 发出付款指示,注明账户行的 ABA 号码和收款行的 UID 号码,汇交 A 银行纽约分行贷记款项,A 银行得知款已收妥,即可贷记出口商账户。

2. 答:在国际经济交往中,付款货币不同,所涉及的支付要素就有所不同。有的货币收付不用通过票据交换所,有的则必须通过票据交换所。本案中选择付第三国货币,两国的银行在第三国没有碰头行,那么就要通过第三国的货币清算中心的票据交换所交换转账,完成收付,因而在支付货款过程中延误了不少时间。在选择结算货币时,除了考虑汇率因素外,还应考虑银行结算的便利性,必要时可以向有业务关系的银行咨询银行之间开立账户的情况,尽可能选择支付便利的货币,提高贸易结算的效率。

3. 答:205 800 元。

4. 答:ICC458 适用于银行保函;INCOTERMS2000 适用于规定贸易术语;URC522 适用于托收;UCP600 适用于跟单信用证;ISP98 适用于备用信用证。

## 第二章

1. 答:B 公司承兑汇票后是该汇票的主债务人,应首先向 C 公司支付汇票款项,不得以买卖合同对抗正当持票人;A 公司是该汇票的出票人,承担担保责任。B 公司向 C 公司支付后,可依据买卖关系向 A 公司追索。

2. 答:法院可判决 M 公司是正当持票人,Y 银行应承担出票人的责任,向 M 公司支付汇票金额和有关损失及费用。

3. 答:(1)付款人不能以 C 公司的欺诈行为为由拒绝向 D 公司付款。凡是善意的、已付对价的正当持票人可以向票据上的一切债务人请求付款,不受前手权利瑕疵和前手相互间抗辩的影响。在本题中,D 公司不知道 C 公司以欺诈方式从 B 公司取得票据,并已付对价,因此 D 公司属于善意的、已付对价的正当持票人,票据债务人不能以持票人 D 公司的前手存在权利瑕疵而对抗持票人。(2)A 公司开出的汇票未记载付款日期,不属于无效票据。汇票的付款日期属于相对应记载事项,如果汇票上未记载付款日期的,并不必然导致票据的无效,根据规定视为见票即付。(3)D 公司的付款请求权得不到实现时,在作出拒绝证明后,可以向本案中的出票人 A 公司、背书人 B 公司、C 公司以及付款人中的一人、数人或者全部行使追索权。

4. 答:不可贸然与之签订合同。汇票存在问题:①无法断定该汇票是即期还是远期汇票;②汇票付款规定的写法不规范;③该汇票的付款地点应在美国纽约。

5. 答:第二种即持票人 G 手里的汇票的安全系数最高。因为除了 A 和 B 外,在第二种情况里,有 C、D、E 和 F 四个人构成了对 G 的付款保证;除了 A 和 B 外,第一种里只有 C、D、E 三个人是票据付款的负责人,第三种里只有 C、F 对票据负责。

6. 答:我国出口采用凭外商支票发货时,尤应谨慎。为防止外商签发空头支票,应坚持外商签发"保付支票";或在外商签发一般支票时,先通过我国内银行将支票向国外付款行通过光票托收回货款或查询后,方可发货,以免造成钱货两空的损失。

7. 答:

```
                          BILL OF EXCHANGE

                                              NO. 10097 QINGDAO

EXCHANGE FORUSD9 996.00
    AT *** SIGHT OF THIS FIRST OF EXCHANGE (SECOND OF THE SAME TENOR AND
DATE UNPAID) PAY TO THE ORDER OF BANK OF CHINA.
    THE SUM OF SAY UNITED STATES DOLLARS NINE THOUSAND NINE HUNDRED AND
NINETY SIX ONLY.
    DRAWN UNDER SOCIETE GENERAL PARIS, FRANCE, PARIS LETTER OF CREDIT NO.
1081 DATED APRIL 1, 2010.
    TO SOCIETE GENERAL PARIS, FRANCE.


            CHINA NATIONAL TEXTILES IMP & EXP. CORP.
```

## 第三章

1.答:在甲乙双方银行没有互设账户的情况下,汇款偿付必然要涉及第三家银行——账户行丙银行。本案中,一个值得推敲的问题是通知账户行拨头寸的方式。甲银行使用电报,通知账户行调拨资金,成本太高,就失去信汇意义了。因此,当汇款银行和解付行之间有直接账户关系时,可以使用信汇;而当汇款银行和解付行之间没有直接账户关系时,应选择其他更好的方式。

2.答:预付货款本来是对卖方有利的结算方式。但是,卖方必须注意应在买卖合同中约定选取何种汇付方式并明确汇款到达的时限,并注意其与交货期的衔接。如使用票汇,应待收妥票据款项后方可发货,至少是要收到有效的银行即期汇票之后才发货,以防止由于伪造票据或其他原因而蒙受汇款不到造成的损失。在国际贸易中,如果贸易双方是初次交易,对对方的资信状况不尽了解,一般不应使用基于商业信用、货物与款项交接风险负担不平衡的汇款方式来结算货款。如果决定使用汇款结算方式,必须做好相应的防范,避免钱货两空。

3.答:出口商自己应该承担责任。根据 URC522 的规定:托收指示应该记载进口商详细的地址,如果由于地址记载不详导致代收行无法向进口商承兑交单,使之无法及时提货从而导致货物损失的责任,不能由托收行及代收行来承担,只能由出口商自己负担。通过这个案例,出口商首先应该吸取的教训是:任何被委托的银行只能按照托收指示来行事,托收指示应该详细、明确及具体。

4.答:D/P 结算方式下出口商的交单是以进口人的付款为条件,属于商业信用,因此收汇风险较大。而采用 FOB 贸易术语交运货物的通常做法是:由出口人在合同规定的交货期内在装运港将货物装上买方指定的货轮,即完成交货义务。此后,出口商在 D/P 方式下凭其取得的海运提单连同其他商业单据向进口人索款,待进口人付款后取得货物的提货权。采用上述结算方式和贸易术语对出口商最大的风险在于:进口商的资信和进口商可能与船公司勾结骗货的可能性。因此出口商可以采取以下措施来规避风险:(1)出口商应对进口商的资信有充分的了解,对进口商指定的运输公司和运输代理进行必要的资信调查。(2)出口商可以在运输单据上加上适当的限制性条款,如在海运提单的收货人一栏加注"凭托运人指示"或"凭某某银行指示"等,这样可以加强对进口商的制约。(3)可投保出口信用险,以规避收汇风险。

5.答:代收行凭信托收据将单据借给进口人,未经委托人授权,到期进口人失去偿付能力应由代收行负责。因此,我出口企业不能接受代收行要我向 A 商索取贷款的建议,而应通过托收行责成代收行付款。

6. 答:本案中付款人不能及时提货,代收行不负任何责任。据有关规定,托收指示书内容须包括付款人的详细情况,如全称、邮政地址或办理提示所在地等。本案中,托收指示书不提供付款人的详细地址,代收行无法向付款人承兑交单,使付款人不能及时提货所造成的任何损失,代收行是不负任何责任的。吉林A农产品公司损失惨重的教训有两点:一是要详细填写托收委托书;二是该公司的单证人员于4月15日向托收行办理D/A20天托收手续,如邮程以一个星期计算,5月12日左右就已到期,但相关人员并未发现该款项未收回的问题,直到5月25日,买方来电查询才发现问题。若本案中单证人员能及时发现并改正、补救,货物就不至于发生损失。

7. 答:不能。因为若代收行改变托收行指示中的条款,必须经托收行认可。

8. 答:(1)跟单汇票如下:

```
Jan. 04,2010

SHANGHAI, CHINA

No. SAHN1095

Exchange for  USD50 000.00


D/P At *** sight of this First of Exchange (Second of the same tenor and date unpaid), pay to the
Order of  BANK OF CHINA. SHANGHAI BR.. the sum of  U. S. DOLLARS FIFTY THOUSAND
ONLY.

Drawn under

                        FOR COLLECTION
                   CONTRACT NO. : SAHN1095
                      DATED:Jan. 01,2010



TO HONGKONG N TRADING CO. , LTD,
21LOCKY ROAD HONG KONG

                              SHANGHAI A E. & I. CORP.
                                    (签字或印章)
```

(2)托收汇票上收款人可以是出口商,也可以是托收行,还可能是代收行。因此,其抬头一般有三种写法。以该题为例,收款人可以是出口商,也可以是托收行。收款人是托收行,抬头为"BANK OF CHINA. SHANGHAI BR."在该写法下,中行上海分行须在汇票后背书汇票样本;收款人是出口商,抬头为"SHANGHAI A E. & I.

CO."在该写法下,上海A贸易公司在汇票后背书。

(3)流程图如下:

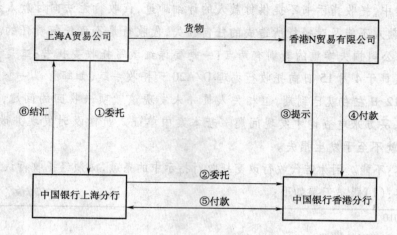

9.答:

| 支付条件 | 托收日 | 提示承兑日 | 付款日 | 交单日 |
|---|---|---|---|---|
| D/P At sight | 1月2日 | / | 1月2日 | 1月2日 |
| D/P At 30 days After sight | 1月2日 | 1月12日 | 2月11日 | 2月11日 |
| D/A At 30 days After sight | 1月2日 | 1月12日 | 2月11日 | 1月12日 |

10.答:(1)出票人:CHINA NATIONAL ANIMAL BY PRODUCTS IMP. & EXP. TIANJIN BRANCH;付款人:MITSUBISHI TRUST & BANKING CO. LTD.。(2)汇票是远期90天;共有两份汇票。(3)托收银行是中国银行。

11.答:(1)提出将D/P即期改为D/P 90天远期,很显然旨在推迟付款,以利其资金周转。(2)日商指定A银行作为该批托收业务的代收行,是为了便于向该行借单,以便早日获取经济效益。在一般的D/P远期业务中,代收行在未经授权的情况下通常是不会轻易同意付款人借单的。该日商之所以提出通过A银行代收货款,当然是该商与A银行有既定融资关系,从而可取得提前借单的便利,以达到进一步利用我方资金的目的。

## 第四章

2.答:这是一起关于信用证对外付款独立性的纠纷。根据开证行在信用证中承担的责任,只要受益人提交的单证一致,开证行必须付款。本案中,开证行的做法是合理的,开证行有权要求W进口公司付款赎单。既然开证行已经履行了信用证规定的义务,W 进口公司就应向开证行偿付信用证金额。至于货物质量问题,W 进口公司可另外根据合同规定向 T 公司索赔。

3. 答:开证行的做法是错误的。因为信用证一旦开立,开证行就要承担第一性付款责任。即使开证申请人倒闭,开证行仍要履行付款责任。因此,该公司应指出开证行的错误之处,且仍按正常程序交单议付,向开证行索取货款。

4. 答:C 银行是保兑行,根据 UCP600 第 8 条的规定,保兑行已经接受单据,保兑行因此没有追索权。如果开证行因为不符点而拒收单据,那些不符点是被保兑行忽略的,这样的后果应由保兑行负责,保兑行不能反过来让出票人或善意持票人负责它在审核单据上的错误。本例中作为保兑行的 C 银行因未发觉单据的不符点而错误地议付,它就丧失了对受益人(A 出口商)的追索权。同时,由于开证行的付款依据是单单、单证一致,所以,C 银行也无从获得偿付,最终损失的只能是 C 银行自己。从本案可以得到两点启示:第一,保兑信用证对受益人来说有着双重付款的保证,无论是开证行还是保兑行,都对受益人承担了第一性付款的责任。第二,信用证项下的付款必须严格按照统一惯例进行,必须以单单一致、单证一致作为付款的唯一依据。

5. 答:(1)、(2)、(3)都表明信用证条款与合同规定表面上并不相符。(1)和(2)中的信用证条款均严于合同条款,这种情况下,除非出口商愿意给予对方相应的让步,出口商应该提出修改。若(1)和(2)中的合同规定与来证规定互换,将对出口商更为有利,出口商可以接受而无须提出修改。(3)中来证未注明佣金是中间商的特意安排,将明佣变成暗佣后开证,对出口商的利益并无影响,因此,无须修改。第(4)种是申请人要求货物通过指定承运人与港口转运,可能是他的商业习惯(如较信任某承运人),出口商应事先与船运公司确认转运能否满足上述要求,再来确定是否接受该条款。

6. 答:本例中信用证的修改通知了受益人,而受益人没有明确表明接受或拒绝,在此情况下,若其按旧证内容办理,我们认为他拒绝了修改,若按新证内容办理,我们则认为他接受了修改。本例的情形显然是 NT 食品公司接受了信用证的修改。由于该信用证的修改项目有三项:分批装运、装运期、有效期,既然 NT 食品公司接受了信用证的修改,它就必须全盘接受,而不能接受部分、拒绝部分。因此,NT 食品公司接受延展装运期和有效期而拒绝分批装运的做法不符合规定,议付行的拒付完全正确。从本案中得到了两点启示:第一,在信用证情况下,任何方对信用证的修改,都必须经过各当事人的同意,特别是受益人的同意,方能生效。第二,当修改项目不仅一项时,必须全部项目接受,否则必须全部项目退回,不能只接受其中一项,而拒绝其他各项。

7. 答:本案涉及信用证的到期日和交单期的问题。信用证的到期日是银行承担付款、承兑及议付货款责任的最迟的期限。信用证的受益人若晚于信用证规定的到期日提交单据的,银行有权拒付。本案中,信用证的到期日是 10 月 15 日,A 公司交单议付的最后期限本应是 10 月 15 日,但因未规定装运日后必须交单的特定期限,所以 A 公司应在装运日期后 21 天以内向银行交单议付。A 公司实际到 10 月 5 日才交单,违反了装运日期后 21 天交单据的规定,银行有权拒付。本案中,如果 10 月 4 日是星期日,银行对外不办公,则依上述顺延规定 A 公司于 10 月 5 日交单,银行就不能以已过期为由而拒付。

8. 答:UCP600 规定了审单的合理期限。为了防范过期拒付的风险,开证行一般都有严格的计时机制,确保银行在不迟于收到单据次日起的 5 个工作日内作出合理的反应。本案中开证行拒付超过了 UCP600 规定的合理期限,不能免除其偿付责任。开证行如未能在规定期限内表示拒绝,则必须履行偿付责任。这种情况下,因为单据有不符点,开证申请人有理由拒付,银行无法从申请人处收取货款,只能因为本身操作中的疏忽而承担损失。

9. 答:(1)在出口业务中,一般应明确规定买方开到信用证的期限,而在本合同中却未作此项规定,欠妥。(2)装运期为 8 月份,而出口公司直到 7 月底才开始催证,为时过晚。(3)8 月 5 日收到简电通知后,即忙于装船,过于草率。要知道,简电开证是无效的,开证行不受其约束。(4)以信用证付款的交易,即使合同中未规定开证期限,按惯例买方有义务不迟于装运期开始前一天将信用证送达卖方,而本案的信用证迟至装运期开始后第 28 天才送达,显然违反惯例。我出口公司理应向外商提出异议,并保留以后索赔的权利,而我方对此却只字未提。(5)收到信用证理应认真地、逐字逐句地加以审核,而我方工作竟如此疏忽大意。(6)发生争议时理应做好货物的保全工作,而本案的货物最后竟然被港口海关拍卖处理,我方对争议的处理工作是如此的不到位,应引以为戒。

10. 答:(1)本信用证的种类是议付、即期、跟单、不保兑的 L/C。

(2)该信用证的有效期为 2009 年 6 月 10 日,交单期为 2009 年 6 月 10 日,最迟装运期为 2009 年 5 月 31 日。

(3)该信用证下受益人应提交的单据包括:3 份已签字的并注明信用证和合同号码的商业发票;3 份装箱单,并注明信用证所规定的每种包装的数量、毛重;开证申请人给出口方同意所装货物样品的电传抄本;全套已装船、清洁、空白抬头、空白背书的凭指示提单,注明"运费已付",通知开证申请人,并提供副本 1 份;2 份表明货物原产于中国的产地证;3 份按发票金额 CIF 价 110% 投保一切险、战争险的保险单;1 份卫生证书。

(4) COPY OF TELEX FROM APPLICANT TO SUPPLIERS APPROVING THE SHIPPING SAMPLES. 这句话要求出口方提供开证申请人给出口方同意所装货物样品的电传抄本,但是如果进口方不提供电传抄本,受益人向银行交单时也无法提供这一单据,故无法结汇。THIS CREDIT WILL BECOME EFFECTIVE PROVIDED THAT YOU RECEIVE AUTHORIZATION FROM OUR BANK IN THE FORM OF L/C AMENDMENT. 这句话是典型的软条款,其意思是如果贵方收到我行以信用证修改形式的授权,该信用证将会生效。开证申请人实际上控制了整笔交易,受益人处于受制于人的地位,该信用证下开证行的付款承诺不确定。A FEE OF USD40(OR ITS EQUIVALENT)SHALL BE DEDUCTED FROM THE REIMBURSEMENT CLAIM/FROCEEDS UPON EACH PRESENTATION OF DISCRPANT DOCUMENTS EVEN IF THE CREDIT INDICATHE THAT ALL BANKING CHARGES ARE FOR ACCOUNT OF APPLICANT AND ACCEPTANCE OF SUCH DOCUMENTS DOES NOT IN ANY WAY ALTER THE TERMS AND CONDITIONS OF THIS CREDIT. 这是信用证"不符点费用条款"。按惯例,信用证下单据如果出现不符点,开证行扣除若干金额后一般还推迟若干天付款,这一点对出口方非常不利。在实务中,出口商一般不能在审证时要求买方修改或删除此条款,只能默默接受,因此,出口商送交银行的单据最好要避免造成不符点而付出额外的费用。

(5)该信用证下汇票的付款人应是:BANK OF SINGAPORE,NEW YORK。

(6)该信用证下发票的签发人应是:CHINA EXPORT BASES DEVELOPMENT CORPORATION,QINGDAO SHANGDONG,CHINA。

(7)这应理解为凭 SHIPPER 指定。

(8)最迟应在 6 月 5 日前向银行交单。

# 第五章

2.答:第一种保函为有条件的保函、从属性的保函,担保人的责任取决于委托人的违约,且仅限于受益人实际遭受的损失,所以该保函不适用于《见索即付保函统一规则》。第二种保函属于《见索即付保函统一规则》范畴内真正的见索即付保函,因为付款责任仅仅取决于书面要求文件的提交,支付金额也仅取决于要求书本身和限定最大责任的保函条款。

3.答:题中两种情况下 G 银行都必须拒绝执行 A 的撤销指示,因为:(1)见索即付保函包含一个抽象的付款承诺,只要受益人未表示拒绝,保函一旦开立该承诺即具有约束力,故保函自5月5日开出后即不可撤销。(2)备用信用证自3月1日开立后即不可撤销,而备用信用证的生效日,即4月1日,代表的是可凭备用信用证提出索款要求的最早日期,但该日期与备用信用证变为不可撤销的时间无关。

4.答:按照ISN98的规定,备用信用证具有独立性和单据化的特点,开证人对受益人的付款责任是以受益人提交的与备用信用证条款表面相符的"单据"为依据,而不介入确定申请人是否违约的事实。因此,除非N能证明L方的欺诈或其他权利滥用行为,并以此凭有关适用法律构成对L方索款要求的有效抗辩,否则M银行必须付款。

5.答:根据国际保理商联合会制定的《国际保理业务惯例规则》第18条规定,进口保理商有权视情况缩减或撤销信用额度。撤销(在此亦包含减额)必须通过书面形式或通过电话(随后以书面确认)通知。在收到撤销通知后,出口保理商应立即通知供应商,此撤销对供应商收到通知后的发货有效。因此根据该规定,如果收到进口商资信的不利报告,进口保理商有权撤销他先前已经核准的信用额度,但是仅仅局限于尚未出运的货物。对于已经出运的货物,进口保理商仍然要承担支付责任。因此,出口商可以获得对于先前已经出运的货物并已核准的账款。

6.答:A公司是通过做福费廷业务既解决资金问题又规避了风险的。福费廷业务的特点见本书,此处略。

7.答:福费廷和国际保理的区别见本书,此处略。在本案中,由于融资期限较短(6个月),金额较小,建议采用国际保理的方式。

8.答案参考如下:

银行关税保函

编号:

被担保人:四川大东贸易公司
法定代表人:
地址:　　　联系电话:
担保人:成都农业银行
法定代表人:
地址:　　　联系电话:

致:成都海关:

应四川大东贸易公司(下称被担保人)要求:我行兹开立以贵关为唯一受益人,总金额为人民币200万元的不可撤销的保函。

我行在保函项下的责任是:如果被担保人在适用成都关区饲料添加剂企业简化通关模式及其他货物进出口活动中发生拖欠税费(企业在简化通关模式中规定时间内不能提供《属性证明书》)等不履行海关义务的行为,我行保证在收到贵关书面索偿通知书后的7个法定工作日内即向贵关无条件支付总金额不超过人民币200万元的任何款项。以上担保责任方式为连带责任担保方式。

本保函2010年3月5日开始生效,有效期至2010年4月5日,本保函至到期自动失效。

| 联系人: | 担保银行(签印) |
| 联系电话: | 法人代表(签印) |

# 第六章

1. 答:

| 方式 \ 分析 | | 对卖方交单的约束或对买主付款的约束 | 对卖方是否有利 | 对买方是否有利 | 手续 | 费用 | 资金负担 |
|---|---|---|---|---|---|---|---|
| 汇款 | 预付货款 | 不能约束交单 | 最有利 | 收货无保证 | 简单 | 很少 | 不平衡 |
| | 货到付款 | 不能约束付款 | 收款无保证 | 最有利 | 简单 | 很少 | 不平衡 |
| 托收 | | D/P以交单约束付款 | 收款缺乏保证 | 有利 | 稍多 | 稍多 | 不平衡 |
| 信用证 | | 以相符单据约束银行,货买方付款 | 收款有保证,是有利的 | 交单保证是有利的 | 多 | 大 | 平衡 |

2. 答:(1)合同规定的译文为:货款50%应开具不可撤销信用证,其余额50%见票付款交单,全套货运单据应附在托收部分项下,于到期时全数付清发票金额后方可交单。这是采用了信用证与托收相结合的结算方式,货款50%应开具不可撤销信用证,其余50%见票付款交单。(2)在本题的方式下,出口方100%发票金额的全套装运单据随附于托收项下,于买方付清发票的全部金额后交单。(3)如买方不付清全部发票金额,则货运单据须由开证行掌握,凭卖方指示处理。

3. 答:在国际贸易中,当事人应根据交易对手信用状况选择支付方式。交易对手的资信情况对交易的顺利进行起着关键性的作用。出口商要想能够安全地收款,进口商要想安全地收货,都必须调查对方的信用。当对其信用不了解或认为其信用不佳时,尽量选择风险较小的支付方式,如信用证结算方式,或多种方式并用,如汇款方式加上保函方式等。而当对方信用好,交易风险很小时,即可选择对交易双方都有利的手续少、费用少的方式。本题中,在出口商刚一进入某一市场,而这一市场又竞争激烈时,为使自己的商品能很快有销路,出口商可以选择 D/A 或货到付款的支付方式,给进口商以支付方式上的好处,而同时接受保理服务,可以起到提高收汇安全性的效果。

4. 答:本案可以采用信用证与汇款相结合的方式,即,主体货款用信用证方式,余款用汇款方式在货物发运后支付。在货物发运前,先开立信用证,规定凭装运单据支付若干金额,待装运完毕核算装运数量,或货物到达目的地经检验后,将余款用汇款方式支付。主体货款用信用证方式,在货物发运前,先开立信用证,可以保证收汇的安全;余款用汇款方式,在货物到达进口国后支付,又考虑到了数量和金额变化的灵活性。通过不同结算方式的结合,满足了结算中不同方面的需要。

5. 答:本案可以采用信用证与托收相结合的方式,即,部分信用证、部分托收的一种结算方式。进口商可开立交易总额若干成的不可撤销信用证。其余若干或用付款交单方式由出口人另开立汇票,通过银行向进口商收取。通常的做法是:信用证规定受益人(出口商)开立两张汇票,属于信用证部分货款,凭光票付款,全套货运单据则附在托收部分汇票项目下,按即期或远期付款托收。在实践中,为防止开证银行未收妥全部货款前,即将货运单据交给进口商,要求信用证必须注明"在全部付清发票金额后方可交单"的条款,如下:Payment by irrevocable letter of credit to reach the sellers × × days before the month of shipmen stipulating that the remaining × ×% against × ×% of the invoice value available against clean draft while the draft on D/P sight basis;The full set of shipping documents shall accompany the collection draft and,shall only be released after full payment of the invoice value. If the buyers fail to pay the full invoice value,the shipping documents shall be held by the issuing bank at the seller's disposal. 在出口合同中,也应规定相应的支付条款,以明确进口商的责任。

6. 答:本案可以采用信用证与保函相结合的方式。在成套设备或工程承包交易中,除了支付货款外,还要有预付定金或保留金的收取。在这样的交易下,一般货款可用信用证方式支付,保留金的支付及出口商违约时的预付定金的归还可以使用保函解决。

## 第七章

1. 答:开证行有理。因为根据 UCP600,商业发票的货物描述必须与信用证相符合。FOB QINGDAO 的文字放在货物描述这一部分,因此被视为货物描述的一部分,需要在商业发票上予以说明以满足这一要求。由于受益人提交的商业发票未注明 FOB QINGDAO,银行有权把单据看作不符单据而拒绝接受。

2.答:倒签提单是一种违法行为,一旦被识破,产生的后果是严重的。但是在国际贸易中,倒签提单的情况还是相当普遍。尤其是当延期时间不多的情况下,还是有许多出口商会铤而走险。当倒签的日子较长的情况出现,就容易引起买方怀疑,最终可以通过查阅船长的航行日志或者班轮时刻表等途径加以识破。

3.答:A 公司不能结汇。理由:(1)根据 UCP600 规定,只要受益人提供的单据符合信用证规定,开证行必须履行付款义务。本案中 A 公司提出信用证装运期的延期要求仅得到 B 公司的允诺,并未由银行开出修改通知书,所以 B 公司同意修改是无效的。(2)信用证上规定装运期"不晚于4月15日",而 A 公司所交提单的签发日为5月10日,与信用证规定不符,即单证不符,银行可以拒付。

4.答:(1)提单是承运人接受托运人交付的货物时给托运人的一种书面凭证。国际惯例认为提单具有物权凭证性质。(2)承运人有权利也有义务将货物交与向其提示正本提单者,本案被告作为承运人,仅凭甲方一纸保函便交货,致使原告提示正本提单并证明自己为提单被背书人而无货可提。被告显然违反了国际惯例,违反了其提单上做的仅向合法持有正本提单之人交付货物的承诺,应承担责任。(3)保函是提货人与承运人之间的双方民事行为,只约束双方当事人,不得对抗包括提单合法持有人在内的第三人。承运人须向正本提单合法持有者承担赔偿责任。

5.答:(1)该理由不成立。理由:根据 UCP600 的规定,除非信用证另有规定,商业发票无需签字。因此商业发票上没有受益人签字,应认为单证相符。

(2)该理由不成立。理由:根据 UCP600 的规定,全套正本提单可以是一份或一份以上正本提单。因此本证项下正本提单由一份组成,应属单证相符。

(3)该理由成立。根据 UCP600 的规定,信用证未规定保险金额,则最低保险金额应为 CIF 或 CIP 金额加10%。本案保险金额与发票金额相等,因此投保金额不足,构成单证不符。

6.答:进口商可以依据上述各点拒付。因为出口商提交的单据只有做到"单单相符,单证相符"才能得到付款。因此,本案中由于出口商所提交的单据存在多处不符点:包装单由包装公司而不是出口商出具;提单上指示的卸货港大连与信用证上规定的青岛港不符;提单上的被通知人不符合信用证中的规定;提单上的重量与装箱单的记载不符。故可以判定该信用证下的单证和单据之间有许多不符之处,进口商可以据此拒付。

7.发票金额栏制作如下:

<u>4 000PCS@ USD3.10</u>          USD12 400.00

Less 5% allowance：          USD620.00

------------------------------------------------------

                              USD11 780.00

Less 5% commission：          USD589.00

------------------------------------------------------

CIF RUSSIAN SEA NET：          USD11 191.00

8.答：

| 1. goods consigned from（Exporter's business name, address, Country）.<br><br>GREAT WALL CO.,LTD.<br>NO.1 OF CHANG AN AVENUE,<br>BEIJING,CHINA | Reference No..<br>GENERAL　SISTEM　OF　PREFERENCES CERTIFICATE OF ORIGIN<br><br>（Combined declaration and certificate）<br><br>Form A<br><br>Issued in THE PEOPLE'S REPUBLIC OF CHINA |
|---|---|
| 2. Goods consigned to（consignee's name, address, country）<br><br>AAA COMPANY<br>NO.5 OF SMITH STREET,<br>BARCELONA,Spain | ------------------------------------------------<br>（Country） |
| 3. Means of transport and route（as far as known）<br><br>SHIPMENT FROM TIANJIN,CHINA TO BARCELONA BY SEA | 4. For official use　　　　See Notes overleaf |

| 5. Item number<br>1 | 6. Marks and numbers of packages<br>N/M | 7. Number and kind of packages：description of goods<br>ONE THOUSAND（1000）CARTONS OF T－SHIRTS<br>*************** | 8. Origin criterion（see notes overleaf）<br>"P" | 9. Gross weight or other quantity<br>8 000KGS | 10. Number and date of invoice<br>2010/F202<br>SEP.1,2010 |
|---|---|---|---|---|---|

| 11. Certification | 12. Declaration by the exporter |
|---|---|
| It is hereby certified on the basis of control carried out, that the declaration by the exporter is correct.<br><br><br>(OFFICIAL STAMP)<br><br><br><br>BEIJING SEP. 2, 2010 | The undersigned hereby declares that the above details and statements are correct; that all the goods were produced in<br><br>CHINA<br><br>(country)<br>And that they comply with the original requirements specified for those goods in the Generalized Systerm of Preferences for goods exported to<br><br>SPAIN |
| Place and date, signature stamp of certifying authority | (Importing country)<br>BEIJING SEP. 1, 2010<br><br>Place and date, signature of authorized signatory |

9. 答:改错时有两个思路:①先根据信用证规定的交货期确定海运提单的签发日期,再根据出口合同履行程序推出其他单据的签发日期。②先确定商业发票的签发日期,因为商业发票是所有结汇单证中最早出具的,再根据出口合同履行程序推出其他单据的签发日期。

以思路①为例:第一,根据信用证规定的交货期,确定直达海运提单签发日期最迟为5月30日。第二,如果合同和信用证没有特别规定,装船通知的签发时间最好与提单日期一致。第三,一般出口货物的申报期限应在出口货物运抵海关监管区或海关指定的监管地点后、运输工具装货的24小时以前,向海关申报。集装箱货物通常在装货的3天前开始申报。所以出口货物报关单的日期应在5月27~29日。第四,保险手续应在货物离开出口仓库前办理。出口货物保险单的签发日期一般不得晚于提单日期,除非保险公司在保险单上注明:"保险责任最迟至货物装船或发运和接受监督之日生效"。第五,出口货物的检验检疫手续应在出口报关前办理,所以出口商检证书的签发日期应早于报关单日期。第六,根据我国有关规定,出口企业最迟于货物出运前3天,持签证机构规定的正本文件,向签证机构申请办理原产地证书。而原产地证明的签发日期一般应在出运日期前。第七,商业发票的签发日期一般早于上述各项单据。因为在办理商检和报关等手续时都需要商业发票。第八,装箱单的签发日期一般应与商业发票一致。因为在办理商检和报关等手续时都需要装箱单。第九,汇票的出票日期应由银行在审核单据无误准备向国外寄单时填写,所以应是所有单据中最晚签发的,但不得晚于 6 月 15 日 (信用证有效期)。最后,出口货物许可证应于报关前较早时间解决。因此,本题改正后的签发日期参考如下:

| 单据名称 | 改正后的签发日期 | 单据名称 | 改正后的签发日期 |
|---|---|---|---|
| 出口货物许可证 | 5 月 25 日 | 出口商检证书 | 5 月 28 日 |
| 商业发票 | 5 月 26 日 | 出口货物保险单 | 5 月 29 日 |
| 装箱单 | 5 月 26 日 | 直达海运提单 | 5 月 30 日 |
| 商业汇票 | 6 月 4 日 | 出口货物报关单 | 5 月 29 日 |
| 原产地证明 | 5 月 28 日 | 装船通知 | 5 月 30 日 |

# 参考文献

[1] 贺瑛. 国际结算[M]. 上海:复旦大学出版社,2006.

[2] 贺瑛. 国际结算习题与案例[M]. 上海:复旦大学出版社,2008.

[3] 姚新超. 国际结算——实务与操作(第二版)[M]. 北京:对外经济贸易大学出版社,2008.

[4] 徐进亮. 国际结算惯例与案例[M]. 北京:对外经济贸易大学出版社,2007.

[5] 温晓芳,李向群. 国际结算[M]. 北京:对外经济贸易大学出版社,2009.

[6] 肖美香. 国际结算[M]. 北京:对外经济贸易大学出版社,2010.

[7] 全国商务单证培训认证考试办公室. 全国商务单证培训认证考试复习指南[M]. 北京:中国商务出版社,2005.

[8] 王小能. 中国票据法律制度研究[M]. 北京:北京大学出版社,1999.

[9] 梁宇贤,票据法新论[M]. 北京:中国人民大学出版社,2004.

[10] 张燕玲,王仲和. 国际结算业务指南[M]. 北京:中华工商联合出版社,1996.

[11] 陈岩,刘玲. UCP600 与信用证精要[M]. 北京:对外经济贸易大学出版社,2007.

[12] 李金泽. UCP600 适用与信用证法律风险防控[M]. 北京:法律出版社,2007.

[13] 吴国新,李元旭. 国际贸易单证实务学习指导书[M]. 清华大学出版社,2006.

[14] 童宏祥. 外贸单证实务操作练习与解答(最新修订)[M]. 上海:华东理工大学出版社,2006.

[15] 余世明. 国际商务单证实务练习题及分析解答[M]. 广东:暨南大学出版社,2006.

[16] 乔飞鸽. 国际结算[M]. 北京:对外经济贸易大学出版社,2005.

**图书在版编目(CIP)数据**

国际支付与结算/高倩倩,顾永才主编. —北京:首都经济贸易大学出版社,
2010.10

(21 世纪高职高专精品系列规划教材)

ISBN 978 - 7 - 5638 - 1857 - 0

Ⅰ.①国…　Ⅱ.①高…　②顾…　Ⅲ.①国际贸易—支付方式—高等学校—教材
②国际结算—高等学校—教材　Ⅳ.①F830.73

中国版本图书馆 CIP 数据核字(2010)第 181100 号

**国际支付与结算**

高倩倩　顾永才　主　编

王斌义　郑建军　副主编

| | | |
|---|---|---|
| **出版发行** | 首都经济贸易大学出版社 | |
| **地　　址** | 北京市朝阳区红庙(邮编 100026) | |
| **电　　话** | (010)65976483　65065761　65071505(传真) | |
| **网　　址** | http://www.sjmcb.com | |
| **E - mail** | publish@ cueb. edu. cn | |
| **经　　销** | 全国新华书店 | |
| **照　　排** | 首都经济贸易大学出版社激光照排服务部 | |
| **印　　刷** | 北京地泰德印刷有限责任公司 | |
| **开　　本** | 787 毫米 ×980 毫米　1/16 | |
| **字　　数** | 300 千字 | |
| **印　　张** | 15.75 | |
| **版　　次** | 2010 年 10 月第 1 版第 1 次印刷 | |
| **印　　数** | 1 ~4 000 | |
| **书　　号** | ISBN 978 - 7 - 5638 - 1857 - 0/F · 1056 | |
| **定　　价** | 25.00 元 | |

图书印装若有质量问题,本社负责调换